明朝其实很有趣

穆子苏 —— 著

中国华侨出版社
·北京·

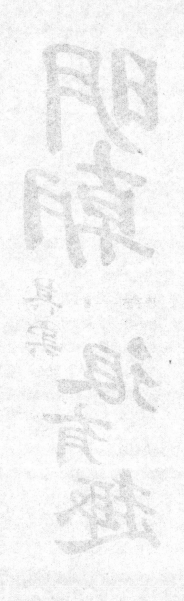

前言

　　1368 年正月初四，朱元璋在应天（今南京）登基，年号洪武，国号大明，大明帝国开始。太祖崩，而后有"仁宣之治""弘治中兴""隆庆新政"，中间既有奸臣乱国，阉党横行之污流，亦有戚继光、左光斗、徐阶、张居正等人的振作。大明朝将近 300 年的国祚，因为有这些多彩画面，才给后人留下诸般思考。

　　1644 年，李自成进入北京，近 300 年的大明帝国大厦轰然倾倒，留给我们的是滚滚烟尘和无尽思索。

　　明朝是汉族地主阶级建立的最后一个王朝，也是中国历史发展进程中的一个重要转折时期。大明帝国将封建帝制文化传统推到了极致，是中国两千年帝王政治的集大成者，其对于中国政治传统、文化传统的影响既深且巨。

　　明朝诞生于轰轰烈烈的农民起义，最终又被农民起义所灭亡。它的由盛到衰富于戏剧性，其间出现的人物和发生的事件独特离奇：有中国古代唯一一位曾经当过和尚的皇帝，恐怖的特务统治，祸乱沿海的"倭寇"，痴迷于木工的木匠皇帝，自封为"威武大将军"的玩乐皇帝，迷离的梃击、红丸、移宫等三大奇案，剧烈的党争，自缢的亡国之君，等等。

书写一部历史，不是为了向世人展现往昔的人情世故，叫人为王者感叹踌躇，而是为了与历史的人物身影交错，携手同游，共经盛世兴衰的波澜，体味人生的豪迈与遗憾，捕捉人性中的善与恶。

本书以人性解史，以趣味说史，将整个大明王朝将近300年的历史娓娓道来，从元朝末期的群雄并起夺天下写起，全新解读这个中国历史上最后一个由汉族人建立的封建王朝。本书尽量避免枯燥乏味的叙述方式，在尊重史实的基础上，以幽默风趣却不乏智慧的语言、调侃轻松却不失庄重的语调进行解读，深入历史事件内部，用全新的观点，将明朝的人和事真实地展现在读者面前，并试图进入历史事件背后，深度挖掘历史人物内在的真实情感，使读者与其产生共鸣。本书运用三维结构，用历史事件来展现人性的复杂，透过历史的迷雾，解构历史中的人物，以人性洞察历史，还原历史的真相，以期帮助读者真正地了解历史，并以史为鉴，指导未来。

目录

明朝 其实 很有趣

成佛还是举枪，这是个问题

元至正四年（1344 年）的秋天，凤阳城西门外的皇觉寺来了一个衣衫破烂的少年，这个少年就是朱元璋。他在家里排第四，家族兄弟中排行第八，故名朱重八。后来，朱元璋的父亲、大哥以及母亲先后去世。为了活命，朱元璋与其余家人被迫分开，各自逃生。

大灾之年，面对僧多饭少的窘境，寺中的长老无奈地派一些僧人外出乞食。于是，在寺里待了仅仅两个月，还没学会几句经文的朱元璋，就被迫煞有其事地"出门云游"了。

在淮西那片贫瘠的土地上，一个孤苦无依、食不果腹的少年，穿城过巷，山栖露宿，放弃自尊，无奈地叩开一户户的人家，默默忍受着路人的讥讽和嘲弄……这便是朱元璋的流浪生涯，这样的生活一过就是三年。然而这三年的磨难对于朱元璋来说，却是至关重要的。

经过三年的流浪，朱元璋重新回到了皇觉寺，做起了吃斋念佛的和尚。种种迹象表明，这时候的朱元璋并没有参加起义军的意图。当然原因很简单：起义是要承担风险的。对于随时可能掉脑袋的事情，谁都会仔细斟酌。倒不是朱元璋贪生怕死——因为不计后果率性而起的从来不是英雄，而是莽夫；只有那些善于忍耐、懂得把握时机的人才是真正的英雄。

朱元璋虽身在佛寺，但心却无一日不想着那尘世间的种种，因为此时的朱元璋已经具备了逐鹿天下的资本。

他有见识。数年的流浪生涯，朱元璋的足迹遍布光、固、汝、颍诸州，对淮西一代的山川地貌、风土人情有了深刻的了解。

他有本领。朱元璋在皇觉寺蛰伏期间，发愤读书，广泛涉猎各类书籍。而年少时的苦难经历，更是铸就了他坚毅、果敢的性格。这一切的一切都在后来朱元璋称雄天下的过程中起到了举足轻重的作用。

他没有后顾之忧。此时的朱元璋，孑然一身，了无牵挂。没有家庭与亲人的束缚，他已敢于放手一搏；在乱世之中，朱元璋大可以更加灵活地选择适合自己发展的道路。

威信树立起来了

元至正十二年（1352年）闰三月初一的早上，朱元璋收拾好行李——其实就一个小布袋里的几件衣物而已，跨出皇觉寺大门，踏上了去往近邻濠州的路途。朱元璋是要去"参军"的。

濠州城内驻扎着的数千红巾军已被元军盯上，元政府的彻里不花率大批精兵前来围攻，逼迫红巾军退到城南三十里处休整。城里城外均被一股紧张和肃杀的气氛笼罩着，稍有风吹草动，懦弱者就要害怕一阵。

此刻负责守城池的郭子兴在元帅府内紧锁眉头，在脑海里思索着一条完美的守城大计。这时走进一小头目，禀报说在城门口活捉到一个自称要来投军的探子，呼喊着要见大帅。苦恼于被元军围困的郭子兴正在气头上，听到有"探子"来访，自然来了兴趣：官军都要杀进城来了，这人还来投军，自己不妨去探个究竟。

郭子兴来到城门口，下马端详来人：此人相貌甚是奇特，"地包天，下巴凸出，额头也向前凸出"，头部呈上下凸出，中间凹陷形状，侧看如月牙儿。气质也不凡，正是"志意廓然，人莫能测"。（《明史·太祖本纪》）

朱元璋可能没有料到，眼前这个带有几分威严的人竟是他一生中的大贵人，一个懂得赏识、愿意重用他的人。

郭子兴质问他是不是探子，来此地何事，又恐吓他若敢狡辩，就立即叫人把他拉出去砍头。朱元璋起初还有点紧张，但对此次来投军的风险他早有准备，就索性平静下来："都来了，还怕什么！"所以他镇定地回答了大帅的提问。

出乎郭子兴意料的是，他从眼前这个人的眼神里看到的是镇定，而非惊慌。平时看惯了手下唯唯诺诺的郭子兴，突然见了一个不惧威严的人，不禁眼前一亮，心里对来人颇为欣赏。于是，郭子兴叫人放开朱元璋，细细问了详情。原来，这人确实是来投军的，部下汤和便是"中间人"。

就在这天，二十五岁的朱元璋如愿加入了红巾军，开始了他长达十五年的战斗生涯。他被编入郭子兴的亲兵队伍，郭大帅成了他的直属上司。

朱元璋在军营中渐渐崭露头角。他看得出郭子兴对自己有意栽培，如同找到了组织一般认真肯干，甚是卖力。路遥知马力，认识朱元璋越久，他身上异于同龄农民士兵的特点就越发被郭子兴看好：这个年轻人思路清晰，说话做事有条不紊，交给他的事无不办得妥帖至极；他不浮躁，不莽撞，没有一个同龄人有他的那份稳重干练。

朱元璋在沙场上勇敢无比，"从旁翼卫，跳荡无前，斩首捕生过当"，在亲兵里可谓出类拔萃。两个月后，朱元璋顺理成章地被提拔为九夫长，开始领导九人的队伍。他总是身先士卒，所获的战利品却从不中饱私囊，队伍里的人都乐意听其指挥，连职位高他一截的汤和都经常围着他转，小事大事都前来咨询一番。

郭子兴其实是个草头王，地主出身的他全凭自己一手壮大起来的队伍守卫着濠州城池。他想广聚天下英才，培养一帮自己的亲信，以发展壮大自己的事业。眼前这个朱元璋确实不凡，郭子兴有意将他培养成自己的心腹——除了父子、兄弟关系最亲外，再有，就是姻亲关系了。

郭大帅一拍脑袋，自己不正有个适龄的义女吗？

这个义女年方二十，姓马，名字不详，民间习惯称呼她"马秀英"。马秀英早年母亲亡故，父亲生前与郭子兴交好，父亲去世后郭子兴便收她为义女。据说这马姑娘有一双天足，人称"马大脚"。生于贫困人家的马姑娘经历过艰难困苦，个性坚韧，做事谨慎。她"有智鉴，好书史"。（《明通鉴》）肚子里有货，看人自然也准，自然对朱元璋另眼相看。

马秀英嫁给朱元璋以后，夫妻二人恩爱有加。

成为义军元帅的女婿后，朱元璋第一次有了地位，前途也越发远大。这是朱元璋生平第一次这样喜欢军人生活，他甚至发现了自己与生俱来的军事才能，无须军校培养。

不久，朱元璋从小队长一路高升，先是镇抚，很快又升为总兵官。年纪轻轻，资历又浅，晋升过快的朱元璋难免引来郭子兴手下其他总兵官的不服，甚至嫉妒。风头过盛，往往都会成为众矢之的。

终于，朱元璋的声名威望均位列总兵官之首——按理说，头把交椅自然由他来坐，然而老资格军官却为此大为不解。流言蜚语越传越离谱，说什么朱元璋是靠"娇客"的身份上位的，说什么"出生入死不如娶个好老婆"，等等。

为了树立自己的威信，朱元璋首先放下身段，以退为进。古代既是"以右为尊",他就吩咐在兵官例会前把会议室的椅子换成长凳，开会时各人可以自由挑选座位。不出朱元璋所料，他有意迟到的这天，各位将领毫不客气地占据了右边的位子。他二话不说，顺势坐在了左边的位子上。

会议正式开始。讨论军事问题的时候，从右边第一人开始发言。然而这些大老粗们吭哧半天，也说不出几句有水平的话。最后轮到朱元璋发言，他侃侃而谈，分析得入情入理，听得大家频频点头，最后意见被采纳。几次会议过后，各个兵官自觉把右首的位置留给朱元璋。朱元璋的威信就这样树立起来了。

朱元璋手上的砝码多了起来，岳父的事业也如日中天。岳父的恩情朱元璋从未忘怀，从此对岳父更加尽心尽力——冲锋陷阵、固守城池、化解矛盾，还曾极力救回岳父大人的一条性命。然而，在称王这件事上，朱元璋一直不支持郭子兴。因为他从来不是一个理想主义者，而历史从来都是识时务者的天下。

朱元璋的第一桶金

腐朽的元王朝已然崩溃，但这场席卷全国的叛乱风暴却似乎远远没有停息的迹象，反而愈演愈烈，在中原大地无情地肆虐。定远作为一个江淮腹地的小县，自然也难以幸免。元至正十三年（1353 年）的春天，伴随着依然凛冽的寒风，二十多个年轻人踏上了这片饱受战火摧残的土地。

这年春天，朱元璋终于下定决心，毅然离开了郭子兴的保护伞自立门户，打拼自己的一番天地。

对于"南略定远"一事，《明史》中只有草草的数十字，显得微不足道。的确，和后来气贯长虹、金戈铁马的诸多大战役相比，"南略定远"颇有些波澜不惊。但平淡并不代表不重要，这场战争的重要性是不言而喻的，就好比万里长征迈出的第一步。只有深入透彻地看到这一仗对朱元璋境遇造成的转变，我们才能明白这一战的重要性。

朱元璋在"南略定远"之前的境遇可以说很不好。此时的朱元璋手中无兵，这是最直接，也是最致命的地方。当时追随朱元璋的不过二三十人，这点人马，充其量也就是一个步兵小队，想要攻城略地显然不够。而且离开了郭子兴，朱元璋连个地盘都没有。

刚刚白手起家的朱元璋急需一个稳固的根据地来积蓄力量，尽快发展壮大自己才是乱世中的生存之道。这时候的朱元璋也缺乏必要的援助。虽然郭子兴在面子上还是朱元璋的"岳父"，但二人的关系已不如往昔——显而易见，若是关系好，朱元璋也不会离郭而去另立门户了。在此时希望郭子兴施以援手是不现实的，郭子兴巴不得朱元璋在定远被干掉，不添乱已经是万幸了。既然郭子兴指望不上，那么其他人呢？环顾中原，群雄并起，大家争天下打得不可开交，谁也不愿意培养出一个新的竞争对手。

境遇不佳的朱元璋急迫地需要通过"南略定远"，充实自己、发展自己。但显然区区二十余人是完不成这个重要使命的。于是"招兵买马"作为当务之急摆在了朱元璋面前。

招兵，俗称拉壮丁。这是战争时期，诸侯们最常用的手段。这个方法最简单也最直接，可以很快拉起一支队伍。对于这个方法，朱元璋和他的精英们显得轻车熟路。在很短的时间里，朱元璋便拥有了一支上千人的部队。但通过这种方式组建的部队，战斗力究竟怎么样呢？

很明显，这些刚刚放下锄头的老百姓，战斗力是极为有限的。依靠这样的部队去打定远，无疑是以卵击石。朱元璋需要的是一支经过战争洗礼的部队，人数要更多，战斗力也要更强。这样的军队有吗？有！朱元璋很快就盯上了它。

定远城附近有个张家堡，驻扎着一支三千人的队伍。这支队伍时值孤立无援、没有归属的处境，而朱元璋和这支队伍的首领是有些交情的。这样的好事，用诸葛亮的话来说就是"此殆天所以资将军，将军岂有意乎"。朱元璋不是刘备，这样一支军队，这样一个好机会，他显然是不会错过的。于是，朱元璋以"叙旧"为名，摆了一出"鸿门宴"，干净利落地干掉了这支部队的首领，毫不客气地接收了这支队伍。

朱元璋终于可以长舒一口气了，毕竟手中已经拥有了四千余人，朱元璋对拿下定远颇有信心。但是在定远，朱元璋还有一个实力雄厚的强敌——横涧山的缪大亨。缪大亨是个土生土长的定远人，群雄并起之时，此人也拉起了一支队伍。可是此人不但不反元，还拉着队伍帮元军攻打濠州城，希望分一杯羹。结果不但濠州城久攻不下，元军还被杀得大败，缪大亨大败而归，无奈退守定远。

此时的缪大亨，实力是朱元璋的数倍，又是在家乡作战，可谓是占尽天时和地利。尽管占有诸多优势，缪大亨必败的命运却已经注定。因为缪大亨兴的是不义之师，助纣为虐，是为不义。缪大亨缺乏谋略，手握雄兵数万，却坐看朱元璋由弱变强——如此不思进取，只图自保，乃是兵家大忌。此外，缪大亨的部队缺乏一个明确的目标和斗争方向，军队缺乏凝聚力，将兵离心，军心涣散，士气低落。反观朱元璋，有明确的目标，显然是民心所向。另外，朱元璋目标非常明确——在定远扎稳脚跟，发展自己。而且，朱元璋的军队刚刚智取了张家堡，实力大增，军中士气高昂，上下一心，同仇敌忾，军队战斗力飙升。

经过一番认真的研究分析，朱元璋决定开始行动了。

一场漂亮的夜袭即将展开。这场精彩的以少胜多的战役只用了不到一天的时间，就以缪大亨投降、朱元璋完胜而落下了帷幕。

经此一战，朱元璋不但完成了既定目标——"南略定远"，而且意外地得到了缪大亨手下的两万军队。此时朱元璋境遇大为改观，这是他称雄天下的道路上坚实的第一步。

集庆，俺老朱来了

紫金山，虎踞龙腾；石头山，陡峭险要；长江水，日夜奔涌。朱元璋举目远眺，弥漫的水汽中，一座城池若隐若现。那，就是朱元璋心心念念的集庆。

集庆就是现在的南京。这可是个好地方，背山面水，实属"王气所在"。除了风水好，集庆还是一个农业发达、商业繁荣的地区。

朱元璋在定远时收入麾下的将领冯胜，不仅是个难得的将才，更是一个非常有远见的人。他向朱元璋提出，应该马上渡江而战，攻占集庆。朱元璋深以为然，想要攻占天下，就先攻占一个曾经的帝都吧。朱元璋下定决心——占领集庆！

应该说，占领集庆是一个非常正确而重要的决定。朱元璋当时的兵力不可小觑，但他所占领的城池过于狭小，几万人的吃喝可是个大问题。集庆凭借其得天独厚的地理位置历来是兵家必争之地，能够占领这个交通枢纽和粮食重要产区，才有可能进行下一步的动作——逐鹿天下。

可是，一个问题立刻就摆在了眼前：渡江，但是，船在哪儿？

朱元璋虽然手握重兵，兵种却十分单一，不是步兵就是骑兵，没有一个能下水战斗的。没有水军，是朱元璋攻占集庆的最大障碍。

好在这个问题随着两个人的出现得到了彻底解决。史载："会巢湖帅廖永安、俞通海以水军千艘来附，太祖大喜，往抚其众。"巢湖帅，其实就是海盗头子，平日里杀人越货。廖、俞的上千艘战船，说白了就是些战斗力平庸的渔船，并且在后来的战役中成了朱元璋的掣肘。但在此时，聊胜于无。在朱元璋眼里，能带给他水兵的人就是最有用的人。

不得不说，廖、俞二人实在有眼光，他们在一个最恰当的时机，把宝押在了最正确的人身上。

说是攻占集庆，朱元璋却没有冒进，他发挥了天才般的军事才能：提出攻占集庆，首先要攻打采石——进可攻，退可守，免得一个不慎，无力回天。攻下采石后，朱元璋又一举拿下太平。此乃一着险棋：此时的太平周围尽是元朝的军队，元右丞阿鲁灰、中丞蛮子海牙等军队拦着水路，陈野先水军的将领康茂才率领数万人正猛攻太平。然而朱元璋派兵前后夹击，生擒了陈野先，一并接收了其军队。

元至正十五年（1355年）秋，郭天叙、张天祐率军两次攻打集庆，却均因陈野先的背叛失败，郭天叙、张天祐也在这两次战役中战死。陈野先叛逃后被民兵所杀，他的从子陈兆先收拾他的余部，屯聚于方山，继续与朱元璋为敌。

对朱元璋来说，两次失败，未尝不是一件好事：一直以来压在他头上作威作福的郭子兴之子郭天叙没有了，郭子兴的旧部下张天祐也没有了。郭子兴的余威终于散去，他的军队则悉归朱元璋所有，朱元璋顺理成章地做了义军的最高统帅。

其实，朱元璋早知陈野先不可靠，对其一直不信任，但他依然派出郭、张率领陈的旧部攻打集庆——用一支内部裂痕重重的部队去攻打城坚墙高的集庆，失败是必然的，但战斗的失败却意味着朱元璋个人的成功。这不得不让人怀疑，朱元璋是有意为之，意在为自己清除障碍。

元至正十六年（1356年），朱元璋亲率三军攻打集庆。他先派常遇春在采石故布疑兵，以小股力量分散元的水军集结，而后利用自己的大军各个击破。元军大败，主帅蛮子海牙以余众走集庆，元军舟楫尽为朱元璋所有。三月，朱元璋率军水陆并进，从太平进军至江宁，第一件事就是把陈兆先的大营拔掉，并生擒了陈兆先，陈部三万六千余人尽为朱元璋所俘。

朱元璋从战俘中挑选了五百名骁勇善战的收入麾下。然而，这五百人却寝食难安，朱元璋的手段是众所周知的，他会怎么对待俘虏？朱元璋察觉到他们的想法后，晚上命令这五百人都到自己的大帐中来，自己身边只留冯国用。晚上睡觉时，朱元璋把铠甲悉数脱下，熟睡至黎明。这五百人看了，疑虑尽去，到了攻打集庆之时，杀敌陷阵冲在最前的往往是他们。

终于到了最后的时刻，朱元璋迫不及待地想要踏入集庆的大门。在距离集庆城门五里的地方，他命士兵一边行军，一边敲锣打鼓。城中的元军本就精神紧张，这么一来更是被吓破了胆。不得已，元军守将福寿只得主动出击，不过很快就被打败。

福寿无奈，关闭城门死守。朱元璋命将士用云梯登上城楼，城楼上的防线随即被攻破。福寿又率人与义军巷战，誓死抵抗。兵溃后，福寿在城中楼前，依然坚持指挥左右抵挡。有人劝他投降，福寿严厉斥责并射杀了劝降者。最后，福寿终因寡不敌众战死。在经历多番周折后，朱元璋终于正式入主集庆。之后，朱元璋厚葬了福寿。

入城后，朱元璋马上召集城中官吏、百姓。"上入城，悉召官吏父老人民，谕之曰：'元失其政，所在纷扰。兵戈并起，生民涂炭。汝等处危城之中，朝夕惴惴，不能自保。吾率众至此，为民除乱耳。汝宜各安职业，毋怀疑惧。贤人君子，有能相从立功业者，吾礼用之。居官者慎毋暴横，以殃吾民，旧政有不便者，吾为汝除之。'"（《明实录》）这些话一出，城中百姓没有不欢欣鼓舞的。可以说，从心理上，集庆人接受了朱元璋。后来，朱元璋改集庆为应天。

集庆一战，朱元璋不仅得到了梦寐以求的水军，充实了自己的军事力量，郭子兴嫡系将领的战死也让他拿回了属于他的军队和兵权。从此，他可以放开手脚，大干一场了。

我的地盘听我的

经过多年的战争，朱元璋的军事实力愈加强大。元至正二十七年（1367年）十月，朱元璋派手下大将徐达、常遇春率大军北取中原。临行前，朱元璋召集二人，给他们分析当下的局势，并询问二人的军事安排。常遇春的计划是："今南方已定，兵力有余，直捣元都，以我百战之师，敌彼久逸之卒，可挺竿而胜也。都城既克，乘胜长驱，余

皆建瓴而下矣。"(《明史纪事本末》)

　　和元朝的部队相比，朱元璋的部队确实是经历过战火洗礼的百战之师。因此，常遇春认为，完全可以毕其功于一役，直接攻下元大都，那其他的省郡就更是不在话下了。而朱元璋此时再一次发挥了他天才般的军事才能，他说："元建都百年，城守必固。若如卿言，悬师深入，顿于坚城之下，馈饷不继，援兵四集，非我利也。吾欲先取山东，撤其屏蔽；旋师河南，断其羽翼；拔潼关而守之，据其户槛。天下形势，入我掌握。然后进兵元大都，则彼势孤援绝，不战可克。既克其都，鼓行而西，云中、九原以及关、陇，可席卷而下。"

　　朱元璋很清楚，虽然元朝已经没有多少寿命可言，但元毕竟曾征服了这片土地，所以战斗力依旧不可小觑。并且，元朝建立已有百年，城池的坚固必定超乎想象。如果直接攻打元大都，一旦不能及时破城，西吴军队极可能陷入缺少粮草、四面受困的境地。因此，朱元璋决定，先进攻山东，打掉元朝面对江南的屏蔽，然后再一点一点吞掉它周围的城市，直到元大都成为一座孤岛，再一举拿下。

　　事实证明，朱元璋是对的。

　　在大军出发前，朱元璋给所有的士兵定下了严格的纪律，要求他们破城之后"勿妄杀人，勿夺民财，勿毁民居，勿废农具，勿杀耕牛，勿掠人子女。或有遗弃孤幼在营，父母亲戚来求者，即还之"。(《明史纪事本末》)他还写了一封檄文发给齐、鲁、河、洛、燕、蓟、秦、晋等地的人民，历数了元朝的暴虐，然后表示自己起兵是不忍看生灵涂炭，不得已而为之。

　　当时镇守山东的是一对父子，父亲王宣，儿子王信。这对父子实在是一对反复无常的家伙，让人哭笑不得。

当徐达的大军到达淮安时，曾派人前去劝降王宣父子。王宣在拿到劝降书后，当即派人给徐达的军队送去钱款，表明自己的心意。朱元璋一看这个人这么识时务，就派徐唐臣等人，到沂州去给王宣授官，不但封王宣做江淮平章政事，还让他带兵跟随徐达。结果王宣父子阳奉阴违，一边派人到徐达军中犒军，一边又秘密募兵，想趁夜杀掉徐唐臣，不想却被徐唐臣逃脱。回到徐达军队的徐唐臣，向徐达说明了情况，徐达立刻起兵攻打沂州，结果一招水淹七军就让王宣措手不及，只得再次开门投降。徐达让王宣写信劝说儿子王信投降，而王信不从，杀掉使者后逃往山西。

王宣虽然投降了，但这次，徐达做了一件老搭档常遇春爱干的事，杀降。王宣的反复彻底激怒了温文的徐达，自作聪明就得自作自受。

其实，"身在曹营心在汉"是很多忠心于某一政权的人在强大的敌人面前经常采取的措施。只不过，像王宣这样的墙头草，一看形势不对就把投降作为救命稻草的人，实在看不出他能忠心于谁。

徐达攻下沂州后，接到了朱元璋的谕旨。朱元璋说，如果打算攻打益都，那么就要派精兵守住黄河，断绝援兵的来路；如果益都攻打不成，就转战济宁、济南二城，这两座城池在手，山东就大势已去，得之如探囊取物般容易。

于是，徐达命令手下先是夺取了榆行、梁城等镇寨，然后又按照朱元璋的指示派人遏制住取道黄河的援兵。一切准备工作完成后，徐达率人攻打益都。守将普颜不花奋力抵抗，一直到最后的一兵一卒也战死敌手。城破时，普颜不花对母亲说："儿不能两全忠孝矣。"徐达听说后，派人前来劝降，希望可以收服这一员猛将。普颜不花不从，与部下俱与城死，他的妻子也和孩子一并随他而去。

而后的战役，徐达大军所到之处，几乎还没等军队扎寨就主动举了白旗。一路下来，几乎再无战火。徐达只消带着军队接收城池，除此之外，再无其他。

虽然徐达十分轻松地攻取了山东，但朱元璋还是不甚放心。他认为，虽然元朝的守将们都降了，但始终不是我们的人。万一他们有了二心，内外勾结，恐怕对我们不利。徐达你就不要带这么多降将了，把他们都送到我这儿来吧，我会厚待他们，也许还能笼络他们，日后为我所用。

于是，就在"和平演变"中，山东成了朱元璋的地盘。

山东没了，元大都失去了最直接的一道屏障。元朝的统治者似乎到现在才明白，这个他们昔日根本不放在眼里的朱元璋，这个曾经派使者前来示好的朱元璋，他的目的根本不是靠战争牟取蝇头小利，更不是为了过几天土皇帝的日子。他的目光，一直都聚焦在朝廷身上，只不过，这种目光在最初若有似无，并没有引起他们的注意。

放牛娃的春天

山东被攻下后，朱元璋便胜利在望了。随后他领军攻下开封，平定河南，同时又攻克潼关，横扫元朝之军。元朝的统治者倒行逆施，长达九十九年的统治终将被历史遗弃。而朱元璋凭借他过人的军事才华和出众的领导才能，成为历史选中的幸运儿。

元至正二十八年（1368 年）正月初四，朱元璋称帝，定应天为京师，年号洪武，国号大明。朱元璋即位后的第一件事，就是把祖宗四代都封了个遍。

许多开国的贤明君主都懂得这个道理：在经历了连年的战火后，百姓最需要的就是平静的生活。只要没有官吏的欺压，即使生活再清贫，他们也能安静地活下去。所以，朱元璋实行了休养生息的政策。因为只有这样，国家才能在易主的动荡中尽快恢复过来，并顺利地走上正轨。

即位之后还有一件大事就是论功行赏，这也是所有跟随朱元璋走过战火的人最期盼的时刻。这其实并不功利，用生命换回的奖赏，是最应该得到尊重的。

朱元璋没有辜负他的追随者。朱元璋立朱标为太子后，将很多近臣加封东宫官爵，以求他们能像辅佐自己一样，辅佐自己的儿子。

一开始，朱元璋还想封官给一些外戚，即马皇后的亲属，只不过，遭到了马皇后的婉拒。

马皇后说，朱元璋赐给自己的亲人足够安享富贵的财富即可，如果有人恃宠而骄，必会成为国家的隐患，这是她不愿意看到的。马皇后，当初她在硝烟中看中了朱元璋，后来她陪伴他走过了从无名小卒到君临天下的征程。而现在，在她本应享受荣华的时刻，却依然保持着清醒。

马皇后让自己的亲人远离宫斗，实在是她能为家族争得的最大的赏赐；同时，她又为自己的丈夫免去了外戚专权的隐忧。这个女人，不简单。

开国后的朱元璋，一面"无为而治"，一面广招贤能；一边制定各种律法，一边又设办学校，忙得不亦乐乎。作为一个过过苦日子的人，朱元璋明白百姓要的是什么，他也知道，如果自己不能使天下太平，不能使人民安居乐业，那么，就会有无数个李元璋、王元璋站起来反他。他不容许自己打来的天下，自己却守不住。所以他一直在努力，也一直很勤政。朱元璋的勤奋，在中国历史上的皇帝当中实属少见。无论大小事务，他必定亲自过问，每天审阅奏折不计其数，睡眠时间少得可怜，真正是日理万机。而令人不敢相信的是，他居然把这种作风一直保持到驾崩之前。这样的勤政，算得上是帝王的表率了。

虽然朱元璋已经建立了自己的国家，但在元大都，那个曾经的政权还没有完全土崩瓦解。

占领元大都

当朱元璋在应天即位登基，开始建造他的大明朝时，身处元大都的元朝皇帝妥懽帖睦尔还在他的皇宫里享受着富贵的生活。他不知，危机已经近在咫尺。

在着手攻打元大都之前，朱元璋曾和徐达等人商讨过进军计划。

应该说，自从拿下山东后，局势对朱元璋极其有利。然而朱元璋并没有因此而失去判断力。徐达的说法固然可行，但朱元璋看到了自身的不足，那就是南方的士兵，是永远也不可能与在广袤的北方平原上和马背上长大的民族以骑战抗衡的。因此，必须制订周密的进军计划，以山东为粮草支援，取道临清，而后直捣元大都，打他个措手不及。

徐达依照朱元璋的指示，分别派军队荡平通往元大都的道路，果然顺利地平定了潼关以东的广大地区。而后，朱元璋命手下诸将从各个战区撤回，集中兵力攻打元大都。

临行前，朱元璋给进军部队一道旨意，大概意思是说，你们跟随我，吃尽了苦头，这不是我所希望看到的，但这都是为了黎民苍生。现在百姓处于水深火热之中，我们必须马上去救他们。元朝自从入主中原，无视黎民疾苦，倒行逆施，所以他们遭到了上天的唾弃。如今，我们即将拿下元大都，但百姓是无辜的。因此，所有入城的将士，不得烧杀掳掠，侵扰百姓，如有违者，定罚不赦。

　　虽然这一道旨意有给自己制造舆论、鼓舞士气的成分，但在即将到手的胜利面前，朱元璋依然牵挂黎民百姓，依然记得真正的胜利从来不是夺取空城，而是人心。

　　史料上有一条很有趣的记载，说当徐达与诸将之师会于东昌时，"元大都红雾及黑风起"。很难想象，这是怎样的天气状况。黑风可以理解为暗无天日的狂风，然而何为"红雾"？恐怕，这真的是天要亡元了。

　　而后的过程实在是乏善可陈，徐达大军所到之处，不是守将弃城而逃，就是率军来降。这仗，打得一点儿悬念都没有，顺利得有些枯燥。

　　当徐达大军到达通州时，所有人都想马上攻打通州。这时，指挥使郭英发表了不同的意见。他认为，大军远道而来，已很是疲惫，而敌军则是固守城池，以逸待劳，如果贸然进攻，很有可能一举不下，到时士气受挫，会对以后的进攻产生不利影响。因此，他建议大军驻扎下来，调整状态，并等候最佳的进攻时机。

　　上天给了郭英一次机会，也就是他所说的最佳时机——天降大雾。

　　郭英派人在道旁埋伏，然后自己率领三千精锐直抵城下。守将奋力抵抗，郭英佯装败走，引敌人进入了伏击圈。结果，元军大败，守将伯颜帖木儿被擒。

当明军进入通州这个消息传入元大都时，吓坏了元主妥懽帖睦尔。当他得知明军即将到来，第一个念头竟然不是如何组织军队进行抵抗，而是把所有的后妃、皇子集合起来，商量如何逃跑。到了早上，见到朝臣，他又向臣子们感叹，说今天难道要做宋徽宗、宋钦宗吗？妥懽帖睦尔已经打定主意要北逃。

臣子们一看皇帝要跑，自然是极力劝阻。怎奈皇帝不听，留下几个人看守京城，就带着后妃、皇子连夜从健德门跑了，一路跑到了元上都。

元帝放弃了国都，也就意味着放弃了国家的统治权。假如他能够和京城共生死，或许史书上会对他有所褒扬。不过，在他看来，能够活下去要比留名青史来得实在。

洪武元年（1368年）八月初二，当徐达的大军从齐化门进入元都城时，这片中原政权失去统治长达四百年的广袤土地终于收归所有。

朱元璋占领元大都后的第一件事，就是处置了一批元朝的官吏。虽说朱元璋已经下令不能大开杀戒，但被元朝欺负了这么久，总该找些人来出出气。

而后，徐达下令，命人广告于民，要求所有的原元朝官吏一律到官府去通报，把户籍改为民籍。

朱元璋终于拿下了他梦寐以求的元大都。从此，他不再是草莽流寇，不再是乱臣贼子。从此，他可以名正言顺地统治这片土地，统治他的天下。

户口制

明朝建立以后，朱元璋为了建立有效的赋役制度，对地主隐匿田产、户口而逃避赋役的行为予以打击。他下令各地认真清理、统计全国户口和耕地数额，编制了赋役黄册和鱼鳞图册，从而形成了严密的户口和财产登记制度。

洪武元年（1368年），朱元璋要求在各地作战的总兵和地方官员注意收集户口版籍。同年，制定"均工夫"役法，而且编制了应天十八府州和江西九江、饶州、南康三府的均工夫图册。洪武三年（1370年），他又下令按户登记姓名、籍贯、年龄、丁口、产业，实行户帖制，将户帖发放给各户，全国户籍则在户部汇总。在江南一些地区还试制了"小黄册"。

明政府十分重视查核全国的土地。洪武元年（1368年），朱元璋派官员到浙西核实田亩，攒造鱼鳞图册。后来又令国子监监生武淳等人到各地丈田绘鱼鳞图。鱼鳞图册按"随粮定区"的原则，以税粮万石为一编造单位，称一区。把每区的土地丈量之后，绘成图册，册上记载所有田亩面积、四周界至、土地沃瘠、户主姓名。因总图形状像鱼鳞，故而得名为"鱼鳞图册"。

黄册以户为主，以人为经，以田地为纬，田地分别归于地主，作为征派赋役的根据。鱼鳞图册以田地为主，以地域为经，以人为纬，作为解决土地纠纷的凭证。两种册籍相互配合，相互补充，相互核对，相互牵制，形成了一套严密完整的户口、田地和赋役管理制度。

制定科举

洪武三年（1370年）五月，国家人才紧缺，朱元璋颁发科举诏令，于八月设科取士。

明代科举考试分文、武二科。二科考试都明确规定了考试时间：子、午、卯、酉年为乡试；辰、戌、丑、未年为会试；乡试在八月，会试在二月，皆九日为第一场，复三日为第二场，又三日为第三场。中乡试者称举人，京师会试中胜出者有资格参加殿试。三年一大考，皇帝亲自把关殿试，殿试及格而被录取的都称为进士。进士分一、二、三甲，一甲三人，第一名称状元，第二名称榜眼，第三名称探花，赐进士及第；二甲若干名，赐进士出身；三甲若干人，赐同进士出身。凡中进士者，均可封官。

文科考试以"四书五经"为主要内容。初场试五经义二道，四书义一道。二场试论一道。三场试策一道。三场考试通用推行的八股文答题（每篇文章必须包括破题、承题、起讲、入手、起股、中股、后股、束股八部分），因考试只重形式而内容不实，明代科举制又因而被称为"八股取士"。

武科试士的内容同文科有些差别。武举初试马上箭，二场试步下箭，三场试策一道。六年一大武举考试，考中者称武状元等。武科重技勇，考试的内容也因时局的变化和要求略有改动。

明代科举取士录取名额由社会需要而定。明初所需文官数额大，录取时也较多；明中期，逐渐放宽乡试名额而缩小会试名额，而且在录取进士名额时，注意地域间的南、北分布平衡。洪熙元年（1425年），限定取士名额，南人16名，北人14名，武科则没有限定。

在明初期，明代科举制对于扩大官僚机构、稳定统治政权起到了积极作用。因其以孔孟之道和程朱理学来束缚读书人的思想，是一种文化专制制度，所以读书人为了猎取功名，埋头"四书五经"，写空洞的八股文，成为名副其实的书呆子。这种举士制度禁锢了人们的头脑，严重阻碍了文化科学的发展。

明朝的锦衣卫

杖刑和廷杖是明朝非常有名的两种处罚方式，名称看似差不多，但两者之间有根本区别。杖刑是一种刑罚，执行者为锦衣卫，对象为对皇帝有不满或者威胁的人。

廷杖的执行者为大汉将军。廷杖为明朝自创的一种酷刑。一旦有哪位官员惹怒皇帝，被皇帝处以廷杖，此官员就会被当廷扒掉官服，反绑住双手，押到午门。午门就是行刑地点，司礼监掌印太监和锦衣卫指挥使便待在午门等待受刑者。受刑人被套在一个大布袋里，一声喝令下，棍棒就会无情地落在他的屁股和大腿上。

杖刑和廷杖虽然大有不同，但两者还是有很大的联系的。因为它们的执行者都一样，就是后世常说的"明之亡于厂卫"的厂卫，即锦衣卫。

锦衣卫虽为朱元璋所设，但这种特务性质的机构并不是他所创立的。汉武帝设置的司隶校尉就是特务机构的雏形，魏晋时期曹操设置的"校事""典校"等相关机构确立了特务机构的合法性，南北朝的"候官"及武则天时期的"酷吏政治"等都是锦衣卫的前身。由此可见，锦衣卫这种性质的机构已经在中国延续发展了一千多年，经历了各个朝代的补充完善，最终于明朝被正式确立为官职，拥有自己的独立办事机构和军事力量。

锦衣卫的总长官被称为指挥使，一般由皇帝亲信担任，其职能是"掌直驾侍卫、巡查缉捕"，这就将锦衣卫分成两部分。一部分是与传统意义的禁卫军作用相同的大汉将军，他们主要负责皇帝的出行及安全、传递皇令及掌廷杖等事情，其中负责廷杖这一部分只有明朝的锦衣卫有，其他则没有大的变化。另一部分为负责检查、逮捕、审讯、判案的南北镇抚司及负责文书的经历司。

大汉将军并不特别，他们唯一骇人的事情便是执行廷杖。因为廷杖既折磨骄傲文官们的精神又伤害身体。他们主要负责宫廷保卫工作，要营造出一种庄严肃穆的氛围，所以在选拔人员时往往比较倾向高大威猛、气势雄浑的人。但是，明太祖朱元璋不会特别放权于他们，以往不缺有禁卫军首领起义谋反者。因此，大汉将军于明朝就是一个摆设。

明初时，朱元璋设御用拱卫司，这是为了监督朝中大臣的违法行为，任命自己的亲信大臣为首。这是锦衣卫的前身。洪武十五年（1382 年），朱元璋设立锦衣卫。为了巩固朱明天下，加强专制统治，朱元璋赋予锦衣卫特权，让其掌刑狱大权，并可巡查缉捕。而传统的司法部门则被锦衣卫压制，如大理寺等。北镇抚司相当于情报局，监控各个官员及王姓成员，并可进行追捕、审讯等行动。

南镇抚司类似军事法庭，主要检查军队人员的罪行并进行军事情报和战斗工具的研发。它主要负责的是卫、所部队。明朝军制的基本单位是"卫"与"所"，每 5000 人的正规军为一卫，卫下又设千户所和百户所。大汉将军原就是卫的编制，而经历司则是专门负责锦衣卫行动的文书工作。

朱元璋设锦衣卫是为了加强自己的统治，排除异己之心，所以洪武年间的几个大案的制造与锦衣卫密不可分，不计其数的无辜者葬送在锦衣卫手里，受尽各种酷刑。明朝"闻锦衣卫色变"不是耸人听闻，而是事实。锦衣卫制度贯穿了整整一个朝代。它就是朱元璋手中会咬人的狗，指哪儿咬哪儿。

有些案件没有证据，但朱元璋让这个人死，锦衣卫便会屈打成招。因此，对于要肃清道路的朱元璋来说，锦衣卫很有用处。锦衣卫分布于全国上下，稍有官品的人身边都会有锦衣卫的监察，而且他有可能就是你平常最亲近的人，疏忽大意的话便会引来杀身之祸。全国被笼罩在恐怖的气氛下，人心惶惶。

在诛尽功臣后，朱元璋终于正视到锦衣卫的弊端，于洪武二十六年（1393 年）"内外狱毋得上锦衣卫，大小咸经法司"，削减锦衣卫的权力，但为时已晚。锦衣卫成立时间虽短，但其影响却深远。明成祖朱棣登上大位后，重新恢复了锦衣卫的特殊地位，并一步步加强。此后，锦衣卫一直延续，直至明亡。

心软的接班人

元至正十五年（1355 年），太平陈迪家，一个婴儿呱呱坠地。他的啼哭，给酣战中的朱元璋带来了莫大的欣喜。后朱元璋自立吴王，将这孩子立为世子，一年后，明朝建立，他随即被立为太子。这个含着银汤匙出生的孩子，就是懿文太子——朱标。

朱标被立为太子后，便开始和明朝这个新生的政权一起成长。朱元璋为培养出合格的接班人，继承自己打下的万里江山，可谓煞费苦心。当时无论是开国元勋还是后起新秀都兼领东宫官职，围绕在太子身边。朱标生来即享荣华，没有过戎马经历；一旦自己龙驾在外，太子监国时有事发生，朱元璋希望这些人能像当年的周公、召公一样，辅佐太子左右。朱元璋还设立大本堂，令古今书籍充盈其中，四方名儒轮班为太子及诸王讲课，又选才俊之士伴读身边。朱标就是在这样严格而正规的教育中，成长为一名满腹经纶、恪守礼法的储君。

朱元璋是幸运的，他有一个生于富贵却又不耽于享乐，聪颖努力、宅心仁厚的儿子。时人与后人经常设想，如果朱标没有早亡，而是顺利继位，那他一定是一代明君。打天下者以暴制暴，而坐天下者以仁治国，明王朝可能会洗去一些黑暗，呈现出另外一番景象。只可惜，这个仁爱有加的年轻人，没有命数继承大统，这是朱元璋的不幸，也是明朝的不幸。

洪武十年（1377年），朱标二十二岁，朱元璋下令，今后一切事项可让朱标处分，然后上报自己。朱元璋告诫朱标，创业之君因诸事亲力亲为，因此熟悉人情，凡事能处理妥当；而守成之君，因生长富贵，如果不是平日多加历练，很难有不犯错的。所以，朱元璋让朱标与群臣接触，听大臣议事，从而训练他治国。朱元璋给朱标"四字箴言"：仁，明，勤，断。朱元璋一生勤勉政事，兢兢业业，他希望自己的儿子也能和他一样，这就是社稷之福了。

朱标没有辜负父亲的期望，与父亲相比，朱标对治国的手段更倾向于怀柔政策。他深受儒家思想的影响，事事以"仁"字当先，这与他的父亲很是不同。

洪武二十四年（1391年），朱元璋派朱标前往陕西视察，一是为了勘察西安是否适合作为都城，二是当时秦王朱樉行事多有过失，朱标此行，也要就此调查一番。朱标还朝后，献上陕西地图一份，并竭力为秦王朱樉求情，这才使朱樉被放回属地。

史书称朱标天性仁慈，这与他父亲好杀戮形成了鲜明的对比。朱元璋生性多疑，明朝建国不久就发生了骇人听闻的"洪武四大案"，狡兔死，走狗烹，很多开国元勋难逃一劫，举国上下人心惶惶，当官的朝不保夕，不知哪一天因为什么就命丧黄泉。一个好杀戮的皇帝，给这个国家笼罩上了一片阴霾。其实，朱元璋的初衷是好的，他希望国家长治久安，但他的性格却使他采取了错误的手段，对权力的热衷、对功臣的忌惮，让朱元璋一次又一次举起了屠刀。

朱标对父亲的举措无法认同，在他看来，治国靠的不是杀戮，杀的人应该越少越好。他不止一次为那些被父亲判定有罪的人求情，这在别人看来是触怒龙颜的大忌，但朱标仍然坚持自己的看法，百折不挠。

有一次，朱元璋又要大开杀戒，朱标再一次站出来，劝道："陛下诛夷过滥，恐伤天和。"（《蒹胜野闻》）朱元璋闻言，不动声色。第二天，朱元璋将一根带满刺的木棍扔在朱标面前，让他捡起来。朱标虽然仁厚，但智商并不低，看见有刺，自然不会动手。朱元璋冷冷地说："汝弗能执欤？使我运琢以遗汝，岂不美哉？今所诛者，皆天下之刑余也，除之以安汝，福莫大焉。"（《蒹胜野闻》）

朱元璋认为，我现在所做的，就是替你拔去棍子上的刺，我杀的都是坏人，清理掉这些人，再把国家交给你不是更好？朱元璋怕今日那些人手中的功劳簿，变成日后威胁明朝的催命符。但出乎朱元璋意料的是，朱标同样冷淡地说："上有尧舜之君，下有尧舜之民。"（《蒹胜野闻》）这话的意思是皇帝你自己不贤明，怎么能要求下面的臣子贤明呢？这句话就像是一颗重磅炸弹一样在朱元璋的脑子里炸了，这个平日里待人礼貌有加，对自己孝顺恭让的儿子，怎么敢如此讽刺自己？朱元璋气得顺手抄起座椅朝朱标砸过去。幸好朱标身手敏捷，躲了过去。可朱元璋的这一举动让朱标着实吓得不轻，回去就大病了一场。

看起来，朱标给人的都是温良礼让的形象，不然，朱元璋也不会有这么大的反应。实际上，朱标内心依然有着坚定的立场和原则，并且很有见地，一句"上有尧舜之君，下有尧舜之民"体现了他独到的见识。应该说，朱元璋是有眼光的，他也明白，国家经历过腥风血雨之后，需要一个仁者来安抚天下，因此，他器重朱标，他给自己和国家挑选了一个最适合的接班人。

朱元璋的一生太过专断，以至于他的儿子无时无刻不生活在他强大的气场下，承受着巨大的压力。就连史书对这位太子的记载，也是时时体现着朱元璋的意志。而历来王朝，储君之争是宫闱中最为激烈也最为血腥的斗争，一个不慎，今天还是高高在上，明天就有可能万劫不复。虽然朱元璋给予这个太子诸多的关照，但身处权力中心的朱标怎么可能过一帆风顺、风平浪静的日子。况且，朱标被立为太子时年纪尚幼，而朱元璋则正值年富力强，这就意味着朱标要在储君的位置上等待很久。

朱标和他父亲接受的是不同的教育，朱元璋是在乱世中找到了属于自己的路，而朱标接受的是正统的诗书教育，再加上父子俩完全不同的性格，使他们在平日里不可能没有分歧，时间久了，自然就会有嫌隙。朱元璋多疑而残忍，朱标知道他父亲的为人，发生在父子二人之间的矛盾，极有可能把自己推向断头台。在这样的情境下，朱标承受着巨大的精神压力，怎么可能意气风发？他只能小心翼翼，惶恐度日。最终，漫长的储君生活耗掉了自己的生命。

洪武二十五年（1392年）四月，太子朱标薨，时年三十七岁。

徘徊在"跌停板"中的童年

一般来说，继承人的资格不是那么好得的。儿孙众多的，由嫡长子继承；身后无人的，选择兄弟或子侄来继承。虽然很多皇帝都有过想随心所欲选择继承人的想法，但是在传统面前，很少有人能够取得胜利。特别是像朱元璋这样儿子一大群的，嫡长子朱标又特别优秀，所以他根本就不用为了国本而发愁。但是，太过优秀的嫡长子，引发的却是难以预料的皇位之争。

朱标闪闪发亮的光环，掩盖了朱元璋其他儿子的光芒。这其中，就有朱棣。

朱棣，朱元璋的第四子。相比他的大哥朱标，朱棣无论是出生时间还是出生地点都糟透了。朱标出生时，朱元璋刚好打了胜仗，自然会认为朱标的出生是老天的赏赐，再加上这是他第一个儿子，欣喜之情难以名状。

朱棣出生于元至正二十年（1360年）的四月，这对于他的父亲朱元璋来说实在不是一个好时候。因为常遇春的莽撞，导致陈友谅不顾一切率领他的无敌舰队直奔应天而来。当时的朱元璋，水军力量十分薄弱，本不想这么早就与陈友谅正面交锋。可没想到局势一下变得如此紧张，没办法，只得仓皇应战。而根据情报，陈友谅已经攻下采石，眼看就要拿下应天的最后一道屏障太平了。这个消息一传来，所有人都慌了。有很多人跟随朱元璋的时间还不长，这个时候就想着怎么跑路保命了。一时之间，应天城鸡飞狗跳，慌乱不已。

就在朱元璋焦头烂额之际，朱棣出生了。

虽然最后朱元璋取得了龙湾之捷，解了应天的围，但这距离朱棣出生已经有将近一个月的时间，再怎么算，朱元璋也不会认为胜利是这个新生儿带来的。再加上当时的朱元璋对儿子的期盼早已没有当初的炽烈，所以这个儿子在他的心目中，几乎不占什么位置。

史书上说，朱棣是马皇后所出，因此他也是嫡子，然而联系后来朱棣争夺皇位的行为，如果他不说自己是嫡子，那他就真的没有一丝资格来和侄子朱允炆抢龙椅，这阴谋篡位的罪名就更加坐实了。因此，无论出于什么考虑，他的生母必须是马皇后。

可是那个真正忍受十月怀胎辛苦生下他的女人呢，她到底是谁？没有人知道，出生在战火中的朱棣没有享受到哥哥朱标那样的好待遇。朱元璋称帝前，朱标是长子；称帝后，他是世子，日后的太子。无论到哪儿，人们对朱标都是毕恭毕敬，不敢有一丝怠慢。这本是人之常情，但是在朱棣幼小的心灵里，他只记住了不公平。同样是父亲的儿子，为什么待遇就差这么多？

朱标可以被保护在一个严密的壳里，读圣贤书，学治国术。而他，就像是没人管的野孩子，随便他在军营里乱跑，跟士兵操练，磕了碰了也不会有人关心。就这样，朱棣在那个风起云涌的年代，在那个名将四起的年代，学会了很多朱标一辈子也学不会的东西，比如作战，比如行军，比如杀戮。

或许朱棣小时候并没有亲手杀过人，但是，正如他的地位所决定的，少了些保护的他，反而能看到更多的现实、更多的真相。

跟随在徐达、常遇春这样的武将身边，朱棣能够接触到更多的鲜血、更多的死亡。谁也不知道，目睹过多的杀戮会给一个孩子留下什么样的阴影。但朱棣的表现超出了所有人的意料，在经历过最开始的恐惧后，小小年纪的朱棣居然开始接受，开始兴奋。他看到了战争的无坚不摧、无所不能，交战双方一旦开战，就是在用无数士兵的性命赌博。

战争，在朱棣眼里不仅是获取需要的手段，还是一门学问，他要尽快掌握这门学问，虽然他明白只要有大哥在一天，他就不可能过上如同太子一般的生活。父亲的儿子有那么多，他必须与众不同，才有可能获得更多的关注。

朱棣爱上了战争，他学习如何拼杀，如何指挥，既然做不成江山的拥有者，那就做江山的守护者。然后，一点一点地用强力争夺自己想要的东西，或许，也包括皇位。不过，在朱棣真的开始打算夺取皇位之前，他还是朱元璋听话的儿子、朱标友善的弟弟。他的脑海里可能没想过手足相残的事。他需要力量，只是为了得到他想要的，他不需要成为众人的目标。

朱标是被当作治理天下的仁君来教导的，而他朱棣，则是在真实的战火中，无声无息地成长为一名职业军人。这也决定了朱棣看问题和解决问题，都会采取和朱标不一样的方式。军人解决事情的最有效手段就是战争，谁强谁就有决定权。

在八岁以前，朱棣是没有名字的，朱元璋在元至正二十七年（1367年）才给他所有的儿子起了正式的名字。而后，在明洪武三年（1370年），朱棣和其他几个兄弟一起，被封为王，朱棣被封为燕王，封地是北平，也就是今天的北京。

就封地来看，朱元璋很可能已经开始注意到他的这个儿子的军事才能了。北平离国都南京很远，但离北元残部很近。国家刚刚建立，需要一个稳定的环境，这时把朱棣封到北平，是否意味着朱元璋把镇守边关这样的重任交给了他？朱棣丝毫没觉得封地在北平有什么不好，相反，他仿佛找到了释放自己激情与热血的地方。

封地边上，就是老朋友蒙古人。朱棣就在跟这些蒙古骑兵的对抗中，实际检验了自己以往所学到的一切技能。慢慢地，他发现，实践永远要比教科书来得深刻。

在关外的平原上，他看见的是江南看不到的战场；在震天的嘶吼声中，他学会了怎样让自己保持一个将领应有的冷静；在堆积成山的尸体和血流成河的惨烈面前，他明白了生命的脆弱。千千万万的士兵、千千万万条生命，他们也许没有报国的壮志，也没有对敌人无边的仇恨，只是为了活命才加入军队。但是，战争夺去了他们的生命，多么无情。

强大的人注定是会被赋予重任的，就像朱棣一直以来所期盼的那样，他的强大不会没人看见，而这一次，他需要用自己的力量，去完成他生命中最重要的一次亮相。

打南边来了个送白帽子的和尚

北平，燕王府。

朱棣正坐在书房中看书，手下人来报，道衍来了。朱棣无奈地苦笑，吩咐让他进来。不一会儿，一个和尚推门而入，他就是姚广孝

（法名道衍）。简单行过礼后，姚广孝开门见山地直陈来意，问朱棣何时动手。朱棣没说话，只是挥挥手，让姚广孝回去。姚广孝撇撇嘴，退了出去。没关系，他有的是时间，可以慢慢劝说这个固执的王爷。

这姚广孝究竟何许人也，他三番两次劝说朱棣究竟所为何事？

事情还要从姚广孝初见朱棣开始说起。洪武十八年（1385年），马皇后去世已经三年，但朱元璋依旧沉浸在悲痛中不能自拔，他从民间选拔了十名僧人，让他们随各个藩王到驻地去讲经说法，祷念祈福。姚广孝也在其中，他在等待一个人，等着这个人带自己走，然后，带这个人走向至尊。

姚广孝，出身医门，十四岁时出家为僧。出家人，本当静心修佛、宣讲佛经、六根清净才对，但姚广孝似乎不是个甘心佛门清修的和尚，本为佛家中人的他，居然拜了个道士为师。他的道士师父叫席应真，也是个不务正业的人，道家那么多的经典他不去解读，反而对阴阳术数颇有心得。一个老道，一个和尚，两个人天天对着算筹，看着天象，研究得不亦乐乎。

阴阳术数，算起来是一门历史悠久、博大精深的学问，它包括的门类有很多，宗教、哲学、历法、中医、书法、建筑、占卜，几乎无所不包。能把这门学问研究透了，这个人也就算是个奇才了。

阴阳术数虽有大用处，可是科举不考这些，姚广孝把阴阳术数学了个精通，无奈派不上什么大用场，又不能靠这些学问去参加考试，也不能拿着辛苦的学习成果去给人看风水、选阴宅。对此，姚广孝很郁闷。

为了排解忧愁，姚广孝决定出门走走。当他走到嵩山时，一个相士拦住了他，给他算了一卦。这个人名叫袁珙。

要是平常人在街上，平白无故被人拉住，然后劈头盖脸说你喜欢杀人，还和不安分的和尚属于同一种人，恐怕早就和算命的拼命了。可姚广孝的反应很耐人寻味。史书记载，听了袁珙的话后，"道衍大喜"。

姚广孝很高兴，之前郁闷的心情一扫而空。这样看来，姚广孝真是个不安于现状的人。姚广孝的心里，一定有另一番打算。

因此，他放弃了诗词歌赋，放弃了《大学》《中庸》，选择了一条常人不加理睐的歧路。阴阳术数，经世致用，唯有蹚入尘世这摊浑水，才能彻底搅动一番，令天地变色。

姚广孝还在等待，他在等待一个可以给他这样机会的人。

终于，他等来了。

宫房中，和姚广孝一样在等待的和尚还有九位，他们都在担心，究竟会被哪个王爷挑中，今后又将去往何方。

姚广孝丝毫没有焦虑的神情，他好像已经成竹在胸，因为，他已知道自己会和谁一同离开。不一会儿，大殿外响起脚步声，所有人都伸长脖子朝外张望。姚广孝端坐在椅子上，感觉到心脏也跳得猛烈。

当燕王朱棣和兄弟们一起走进来时，看到的是一群笑容可掬的出家人。父亲这次的行为让他很不理解，带个和尚回封地，能有多大用处？这时，一个面容沉静的和尚也不打招呼，冲着朱棣小声说："大王使臣得侍，奉一白帽与大王戴。"

朱棣听到这话，立刻震惊当场。白帽子，朱棣当然不会理解为姚广孝真要给他一顶办丧事的孝帽，能让王爷戴孝帽的，只有皇上驾崩，姚广孝不可能笨到诅咒当今圣上。这白帽子，另有含义。

朱棣为燕王，这"王"字上面加个"白"，不就是皇上的"皇"

吗？生为皇帝的儿子，有哪个是不想当皇帝的？那种天下唯我独尊、一言九鼎的快感，使所有人趋之若鹜。朱棣当然有征服天下的雄心，可此时，他温文尔雅、深得民心的太子哥哥还好端端地坐在寝宫里，他怎么可能有机会？

面前的这个和尚，貌不惊人，却说出了惊天动地的话，在朱棣同意姚广孝跟随自己之后，姚广孝淡淡地笑了。他知道，自己的命运已经和朱棣牢牢拴在一起。从此以后，要么踏上那条不归路，走向最后的胜利；要么老死在燕王府，郁郁不得志。

姚广孝相信，燕王是不会让后一种情况发生的，而他，也不会看错人。

地下室与养鸡场

洪武二十五年（1392 年），太子朱标因病而逝。一时之间，举国震惊。

朱标的死，对朱元璋来说，是彻骨的痛，心爱的儿子、未来的储君，竟然撒手人寰，弃自己而去。此时的朱元璋已经不再像当年意气风发，他老了，国家的重担已经将他的精力压榨得所剩无几，他不知道，百年之后，谁来掌管这个江山。

对于朱标的兄弟来说，这却是个千载难逢的良机。长子去世，那皇位继承人就必须重新筛选，也就是说，这一次，所有的藩王都站到了一条起跑线上，有了公平竞争的机会。虽然死去的这个人，是他们的哥哥，但在无上的权力面前，亲情，是可以最先抛弃的东西。

此时的朱棣兴奋异常，他好像看到了祈求多年而不可得的金光大道就铺展在自己面前。太子哥哥在时，自己不敢有任何非分之想，只求能够表现得好点儿，多得些恩宠。而现在不同了，太子一死，自己就有了竞争皇位的资格。遍览所有藩王，只有自己是战功赫赫，深得父皇的赏识。再加上自己一直以来都表现得非常出色，看来，这个皇位继承人，最合适的人选就是他了。

正当所有的藩王还在打算怎么好好表现自己，以取得父皇的青睐时，朱元璋再一次令所有人大吃一惊。不能从丧子之痛走出来的他，竟把所有的对亡子的感情，全部转移到了朱标年幼的儿子朱允炆身上，当即决定立朱允炆为皇太孙，大明朝的下一任接班人。

消息传出，举世震惊。朱元璋不按常理出牌的习性大家都了解，可关系到国本，怎可如此轻率？江山交到一个少年手里，可以放心吗？

把国家交给孙子朱允炆，并不是朱元璋完全没有考虑过的结果，他也明白，现在国家看似安定，但外患仍在，不可掉以轻心。他为这个孩子已经安排好了一切，让自己的儿子替他守卫国土，他只要安心地坐拥天下，善待臣民就好了。

可谁料想，正是这些叔叔们，成了朱允炆最大的噩梦。

虽然自己的父亲是太子，当之无愧，可自己何德何能，只不过因为爷爷的宠爱，就轻易接过了国家大权，这太不能服人了。况且那些叔叔们一个个手握重兵，他们的力量，保江山可以，推翻自己，再打一次江山，也不是不可能。而这些人中，最危险的，就是燕王朱棣。

朱允炆成为皇太孙的消息着实让朱棣吃了一惊，而后就是无边的愤怒。虽然朱棣很生气，可毕竟还是处于发牢骚的阶段，当不上皇上，好歹咱还是个王爷，而且是个很重要的王爷。小皇帝要想坐稳江山，还要依仗自己。朱棣心里不服，冷静下来也就算了。

不过朱棣身边的人似乎一直没有冷静，姚广孝终于等到了这个机会。不平的种子已经在朱棣心里生根，就等着有朝一日破土而出。姚广孝没有放过这个机会，继续日复一日地向朱棣宣讲他的造反理论。

对于这个和尚，朱棣并没有过多重视。因为造反，本就是一件成功率极小且代价极大的事。且不说要有多强大的力量来支持，就算侥幸获胜，也会背上弑君篡位的千古骂名。而一旦失败，就是身死名灭，什么富贵、什么地位，全都不复存在，有的，只是黑暗的地狱。

姚广孝当然不会明白，他只是个身无长物的穷和尚。而自己，一旦决定起兵造反，就是走上了一条不归路，好好的日子不过，何必和自己过不去呢？

洪武三十一年（1398年），朱元璋病逝，庙号太祖。朱允炆登基，并定下一年为建文元年。

朱棣想错了，好好的日子，有人已经不想让他过了，朱允炆要和他过不去。

朱允炆登基后，就马不停蹄地开始了削藩行动。首先，朱允炆将手伸向了周王朱橚，将他贬为庶人，流放云南。而后，朱允炆又雷厉风行地削去了代王朱桂、湘王朱柏、齐王朱榑以及岷王朱楩的爵位，将这些叔叔统统贬为平民。

事情发展到这一步，燕王已经明白，他的侄子不允许他在王爷的位置上再干下去了。

这个时候，姚广孝又来了，他也知道了削藩的事情，燕王再不动手，下一个倒霉的就是他了。于是姚广孝又拿出自己的那套说辞，劝说朱棣起兵。

朱棣十分犹豫，说："民心向彼，奈何？"（《明史》）姚广孝笑了笑，说道："臣知天道，何论民心。"意思就是说，王爷您不用担心这个，您若是起兵，是符合天意的，不用担心民心所向的问题。

这个时候，姚广孝这类天文工作者的重要性就凸显出来了，古人往往将命运归结为天意，做什么事之前都要先问天，而星象就是天的语言。所以，像姚广孝这样能看懂天体运动的，就往往很有价值。朱棣心里明白，如果再不有所行动，恐怕自己真的要失去一切，成为平民。

做了决定的朱棣并没有盲目开始行动，他明白，和朝廷比起来，自己不仅没有丝毫道义上的优势，就连军事力量都不值一提。为了扩充军队，姚广孝给朱棣出了不少主意，他要求朱棣马上召集人马，充实力量。什么流民、散兵游勇之类的，管他出身如何，先招过来再说。这样一来，朱棣的军队，很快就人数充盈起来。

光有人还不行，打仗要有兵器。可是上哪儿找这么多兵器？只有自己锻造了。很快，朱棣发现，问题来了。

现如今，人人皆知皇帝要削藩，这个时候在家里锻造兵器，谁会不知道你想要干什么？皇帝马上就会派人来采取行动。为了掩人耳目，赢得足够的准备时间，姚广孝又发挥了他的聪明才智。

朱棣住的府邸是元宫旧址，非常深邃，姚广孝把练兵的地点安排在后苑，距离正门有相当的距离，这样就不会让练兵的声音传出去。然后，又挖了一个很大的地下室，"缭以厚垣，密甓翎甋瓶缶，日夜铸军器，畜鹅鸭乱其声"。（《明史纪事本末》）墙壁很厚，屋子四周还排列上很多的大缸，这似乎有很好的隔音效果。

不过，再隔音，敲打金属的声音也不会完全被过滤掉。姚广孝想了一个绝招，他在地下室的上面养了许多鹅和鸭，这两种家禽叫起来简直对人的耳朵是种折磨，就这样，任凭地下的声音再大，混在叫声中也不会被人发现。

事情进行得很顺利，没多久，朱棣就拥有了一支足以和朝廷抗衡的军队，且这支军队，兵丁彪悍，装备优良。朱棣看着姚广孝一手打造出来的成果，心里五味杂陈。

也许朱棣并不想造反，虽然他可能会抱怨，可能会不满，伺候一个小孩让他很恼火，但他可能真的不想走到今天这一步。王爷的日子挺好的，荣华富贵，地位显赫，就算不能一主天下，却可以占据一方，过着舒心的日子。如果国家有难，还能披甲上阵，纵横驰骋。这样的生活多快乐，这才是朱棣想要的。

可就是这样简单的生活，朱允炆也不给他的叔叔。朱棣知道，这个孩子怕他的叔叔们有异心，怕他的江山坐不稳，怕自己终将死无葬身之地。那种"群狼环伺"的恐怖朱棣能理解，但这并不代表他会像那五个被废的藩王一样妥协，事实就是如此残酷，要么朱棣死，要么朱允炆死。

这是个很简单的选择题，而朱棣，不想死。

不过，在起兵之前，还有很多工作要做，朱允炆也不是那么好糊弄的，这场叔侄之间的较量，才刚刚开始。

错失良机

大殿之上，葛诚跪在地上，始终不敢抬起头来。他这次进京是带着任务来的，名义上是向皇帝报告一些藩王的消息，可实际上，燕王让他来，还有一个更重要的任务，那就是打探京城的消息，传递回去，给王爷做参考。现在，他正等待着皇帝，能不能完成任务，还是个未知数。

突然，葛诚眼前出现了一双黄色的龙靴。同时，有一双手托起自己的臂膀，将自己搀了起来。葛诚一看，不是别人，正是当今的万岁，朱允炆。

葛诚慌忙又要再跪，不料朱允炆免了他的礼，笑眯眯地问了他一些关于燕王的事情。不仅如此，朱允炆还不忘关心葛诚的生活，问他俸禄多少，家里人可好之类的。葛诚没想到，这样一个年轻人，坐在九五之尊的位置上，居然能够如此平易近人。和燕王的严酷相比，朱允炆就像是和煦的春风，吹拂得葛诚热泪盈眶，也把他的任务给吹走了。

葛诚再次跪倒，向皇帝和盘托出自己此行的目的，说自己是燕王派来打探消息的。没想到，朱允炆一点儿都没有生气，反而安慰他，并询问他愿不愿意为自己做事，回到燕王身边，替自己监视燕王。葛诚此时早已感动得一塌糊涂，哪还能够拒绝。

过了几天，带着皇帝任务的间谍葛诚，离开应天，返回北平。

葛诚走后，朱允炆陷入深深的思考。一个月前，在这大殿上，他和黄子澄、齐泰的对话还言犹在耳。

他们的讨论源于一道奏折，有人上报，说燕王、齐王有异心。于是皇帝招来了黄子澄和齐泰两个人，问他们该怎么办。黄子澄说："燕王久称病，日事练兵，且多置异人术士左右，此其机事已露，不可不急图之。"（《明史纪事本末》）

听了这些，朱允炆拿不了主意，就又问齐泰："今欲图燕，燕王素善用兵，北卒又劲，奈何？"（《明史纪事本末》）齐泰听了，缓缓地将自己的想法说了出来："今北边有寇警，以防边为名，遣将戍开平，悉调燕藩护卫兵出塞，去其羽翼，乃可图也。"（《明史纪事本末》）我们可以用防边的名义，把燕王的兵调到塞外去，这样一来，就能削弱他的力量，谋取他也就不成问题了。

经过一番激烈的争论，朱允炆最终采取了齐泰的建议，他任命工部侍郎张昺为北平左布政使，谢贵为都指挥使，让这两个人在燕王身边，密切观察燕王的一举一动。

暗战，就此开始。

朱棣不是不知道自己身边新派来的这两个大臣是干什么的，皇帝削藩之心已经昭然若揭，派两个人前来不过是明确地告诉自己，别轻举妄动，老实待着可能还能有好下场。对于这样两个堂而皇之来监视的细作，朱棣根本就没放在眼里。

朱棣一如既往地在外行事严密谨慎，回到家就马上操练军队，打造兵器。他以为这样就真的能掩人耳目，可是世上没有不透风的墙，千防万防，家贼难防。

这个家贼，就是朱棣的妻子，燕王妃徐氏。

说燕王妃是家贼，实在是有点儿冤枉她。因为她怎么也不会想到，和亲人们聊聊天，就会把自己的丈夫出卖。聊天或许无关紧要，但要看和谁聊，聊什么。很不幸，燕王妃没什么倾诉对象，她唯一信任的人，就是她的哥哥，徐辉祖。

徐辉祖，魏国公徐达的儿子。他不像别的开国功臣的后代那样，顶着父辈的荣耀作威作福。相反，徐辉祖为人十分谦逊，而且在行军作战方面，很有徐达当年的风范，可以说，是一个不可多得的人才。

更重要的是，徐辉祖对朱允炆忠贞不贰。

当皇帝下定了削藩的决心后，徐辉祖就开始和自己的妹妹交往密切起来。在燕王妃看来，自己的哥哥经常和自己聊天、拉家常是正常的事情。燕王忙于密谋造反的事，可能会有些冷落妻子，而这时，哥哥的适时出现，让燕王妃有了倾诉的对象。也就是在这些苦水中，她不知不觉地将丈夫的一些日常活动都告诉了哥哥。燕王妃怎么也不会想到，哥哥会把这些统统告诉皇上。

看上去，朱允炆的地下工作做得非常好，可惜，他没想到的是，他会安插钉子在朱棣身边，朱棣同样会把定时炸弹埋在他的左右。

朱棣别的没有，战功和名声有的是，在很多人眼里，燕王朱棣就是一个强者。强者如果手里拿着金钱，那他想知道什么就能知道什么。

朱棣没有选择别人，他把目光投射在了皇帝身边的人身上。皇帝身边的人，除了老婆就是太监，朱棣是王爷，但不是国舅。于是，太监就成了朱棣下手的对象。

宫里的太监，是专门负责皇帝饮食起居的，想要了解皇帝，找他们最合适了。朱棣铆足了劲拉拢这些人，在宫里受苦受难的公公们一下子被人如此重视，还三天两头有人送礼，马上就昏了头了，燕王问什么，他们就说什么，有时说的比问的还多。

就这样，在地下工作这一块儿，朱允炆和朱棣打了个平手，这二人都知道了双方此刻在想什么，只不过这层窗户纸，还没人捅破。

就在所有人都认为朱棣应该老老实实的，别再惹事的时候，朱棣却做出了一件让人目瞪口呆的事来。

建文元年（1399年）二月，按照规矩，新帝继位，藩王要入京觐见，朱棣自然也来了。来干吗，来捣乱。史书记载，朱棣"行皇道入，登陛不拜"。(《明史纪事本末》)走皇帝才能走的路，见到皇帝还不跪拜。

朱棣的不敬行为引起了大臣的不满，监察御史曾凤韶上书弹劾，没想到朱允炆说了一句"至亲勿问"就给打发了。随后，户部侍郎卓敬上密折，说道："燕王智虑绝人，酷类先帝。夫北平者，强干之地，金、元所由兴也，宜徙封南昌以绝祸本。"(《明史纪事本末》)他认为，燕王是所有王爷中最像先帝的，如果现在不趁机解决他，恐怕后患无穷。

不知道此时的朱允炆脑子里想的是什么，面对大臣的这一正确提议，他居然说："燕王骨肉至亲，卿何得及此。"(《明史纪事本末》)气得卓敬大叫："隋文、杨广非父子耶！"(《明史纪事本末》)杨广都能谋害自己的父亲，亲叔叔又怎么样！朱允炆沉默良久，还是拒绝了，千载难逢的好机会就这样被他白白放走了。

同样弱智的事朱允炆居然在几个月后又干了一次。时逢朱元璋的忌日，按例王爷应该亲赴京城前去祭拜，可有了上一次的经验，朱棣知道，自己如果再去，就不会像上次那么幸运了。于是他上疏称病，这本是一个挺好的主意，可朱棣也犯了次傻，自己不去，竟然派自己的三个儿子替自己去，这不是摆明了要给人家送人质吗？

果然，当朱棣的三个儿子朱高炽、朱高煦和朱高燧到了京城后，齐泰立刻建议将这三个人扣留下来做人质。这个时候，黄子澄站了出来，表示了强烈的反对。他的理由是："不可。疑而备之，殆也，不若遣还。"不能让燕王有所防备，还是应该让他们回去。朱棣犯傻，黄子澄也聪明不到哪儿去。削藩已经是人尽皆知的事了，那五个王爷一夜之间成为庶民，难道是做游戏？

魏国公之子徐辉祖看到了皇帝的犹豫，马上上密折说："三甥中，独高煦勇悍无赖，非但不忠，且叛父，他日必为大患。"（《明史纪事本末》）朱棣的三个儿子，都是徐辉祖的外甥，舅舅看外甥，一般都看得比较准，不过徐辉祖看得也太准了。他不但不同意把这三个人放回去，还警告皇帝，说朱高煦这个人是三子中最无赖勇猛的，他不但不会忠于陛下，就连他父亲也不能让他忠心跟随。

然而，皇帝最终同意了黄子澄的建议，将三子放回属地。当朱棣正后悔自己的行为时，看到三个儿子完好无损地回来了，简直不敢相信，高兴地仰天长叹："吾父子复得相聚，天赞我也。"（《明史纪事本末》）

通过这件事，朱棣算是彻底看清了他的对手朱允炆。没错，这个孩子有想法，但是他最大的缺点，就是太看重亲情，以致优柔寡断，这个特点，放在谁身上都是良好的品质，但放在一个皇帝身上，就是致命的短板。

朱棣抓住了这个短板，从此勇往直前。

王爷的疯病

金乌西沉，大路上，两个人行色匆匆，急急忙忙赶往燕王府。他们就是建文帝朱允炆安排在朱棣身边，监视他行动的北平左布政使张昺和都指挥使谢贵。他们得到了一个消息，燕王病了。

燕王一向身体不错，可是从京城觐见回来后就一直说身体不好，明眼人都看得出来，他这是为了不去京城参加先帝朱元璋的忌日找借口。皇帝放他一次，未必会有第二次。虽然他不能去，但也必须有人代替他前去祭拜。因此，朱棣的三个儿子就被派去应天参加典礼。本来朱棣后悔死了，想着这三个儿子一定是羊入虎口，再也回不来了。可没想到皇帝居然把三个儿子给送回来了。没有人质在皇帝手里，也不用再去京城，朱棣怎么又病了？

朱棣装病确实是为了逃脱被扣留的命运，但这只是原因之一，更重要的是，朱棣需要时间，他要用装病来拖延时间。十几万人的军队还要再多加调教，将士们的衣食粮草也要去四方筹措，包括作战计划、行军路线、情报的收集，这些都需要时间，大把的时间。他朱棣不是神仙，不能一鼓作气就把十几万人、所有事情一瞬间安置妥当。这些事情，都要一步一步慢慢来。

时间从哪儿来，只能靠装病来欺上瞒下。装病，朱棣觉得还不够真，索性装起疯来。一时之间，整个北平的人都知道了，堂堂大明王爷朱棣，疯了。

这个消息可不是朱棣府中的人放出来的，传点儿假消息，未必能瞒过所有人的眼睛。这场戏，一定要朱棣亲自上场。最开始，疯子朱棣在大街上大呼小叫，专找人多的地方闹，扯扯这个的衣服，拉拉那个的头发，人们一看是王爷，也不敢跟他较真儿。渐渐地，朱棣变本加厉，到了饭点就直接闯进人家家里，抓过桌上的饭菜就吃。被闯的人家无可奈何，人家是王爷，平时见都难见到一面，能到你家吃饭是看得起你，虽然这个时候的王爷不太正常。

吃饱喝足了之后，朱棣还不消停，走到集市上，随便找个地方一窝，一睡就是一整天。这样的行为，知道的，是王爷疯了；不知道的，还以为是哪来的要饭的。确实，朱棣疯病的所有表现，都和乞丐没什么区别。有些人看到朱棣这个样子，只能背地里叹息：你看看，生在皇室又怎么样，说疯就疯了，泼天的富贵，又有什么用？

就这样闹了没几天，朱棣疯了的消息就传到了张昺、谢贵的耳朵里。这两个人开始还不信，为了一探虚实，他们决定亲自登门探病，人到底疯没疯，一试便知。

就在这两个人一边走，一边商量怎么试探朱棣的时候，一进门，眼前的一幕就让他们惊呆了。

那时正值六月，盛夏时节，待着不动都能出汗，天热得让人觉得扒了皮都不够凉快，可朱棣居然裹着个棉被，拥着个火炉，在二人面前烤火！

就在两个大臣还没缓过劲儿来，朱棣又加了把劲儿，哆哆嗦嗦地说了一句："寒甚！"（《明史纪事本末》）

疯了，绝对疯了，这么个天气，能不心浮气躁地扇扇子就不错了，他居然披着棉被，烤着火，还说冻死我了！张昺和谢贵当时就决定，不用试探了，如果这样还不叫疯，那就是他们俩疯了。

张昺和谢贵问了几句病就马上离开了，再不走，屋里那个大火炉就能把他们俩烤疯了。也正因为如此，他们也没来得及看清朱棣难挨的表情和脑门儿上颗颗的汗珠。

回去之后，两个人立刻上书朝廷，表明朱棣的现状，特别声明朱棣确实是疯了。皇帝看了，稍微放下心来。看来这个叔叔，也不过外强中干。

皇帝那儿刚放心没几天，葛诚给了张昺和谢贵一记当头棒喝，这个间谍反水之后倒是对皇上忠心耿耿，由此可见建文帝的怀柔政策效果卓著。葛诚告诉这两位大臣，说"燕王本无恙，公等勿懈"。（《明史纪事本末》)意思是说，燕王根本就没疯，你们可千万别掉以轻心啊！

收到这个消息后，齐泰立刻做出反应。他做了详细的部署，这个计划其实很详密。第一，派人持逮捕令，前往燕王府逮捕所有的官属。第二，命令谢贵、张昺继续监视燕王，让葛诚、卢振做内应，一旦有所行动，可以里应外合。第三，把逮捕燕王的任务，交给了张信。

这个决定，直接导致了整个行动的失败。因为张信是燕王的旧部，把这么重要的任务交给了一个并不可靠的人，齐泰这步棋走得太臭。

张信接到任命后，十分为难，毕竟自己是燕王的部下，按道理应该站在王爷这边。可是，如果真的把事情告诉朱棣，也就意味着自己抛弃了朝廷，走上了反贼的道路，这个选择，不好做。好在有一个人替他做了决定，这就是张信的母亲。老人家听说儿子要去逮捕燕王，大惊失色，教训他说："不可。吾故闻燕王当有天下。王者不死，非汝所能擒也。"(《明史纪事本末》)燕王哪是你能捉拿的，那是会得到江山的人，是真龙天子，你可不能糊涂啊！

这个老太太的言论很值得推敲，她怎么会知道朱棣能坐上江山？很简单，朱棣要想起兵，就必须做好舆论工作，要让百姓支持他，就只能说自己身负天命，是潜龙在渊，有朝一日一定会一飞冲天。老太太们，尤其是没什么文化的老太太，对这些最信了，也多亏她信，救了燕王一命。

张信很听话，被母亲教训后，立刻决定帮助燕王。他马上赶往燕王府，没想到燕王根本就不见他，不得已，只得"乘妇人车，径至门求见"，(《明史纪事本末》)这才被接见。

进门后，张信跪在床前，许久都没听到王爷的问话，一抬头，看王爷还在那儿装疯。张信没办法，只好说："殿下无尔也。有事，当以告臣。"(《明史纪事本末》)王爷您别装了，我有急事要禀报。

朱棣听了不为所动，依然坚持，"疾，非妄也"。(《明史纪事本末》)我真没装，我是病了。听到这话，张信都快笑了，他又说："殿下不以情语臣，上擒王矣，当就执；如有意，勿讳臣。"(《明史纪事本末》)您再不说实话，我也没办法，我身上就带着逮捕您的命令，如果您真想起兵，就别再瞒着我了。

听了张信的话，朱棣马上从床上起身，下地跪拜，说："生我一家者子也！"(《明史纪事本末》)然后，朱棣叫来姚广孝，一同商量造反的相关事宜。当时正好天降暴雨，房子上的瓦片掉了下来。朱棣看了，心里不高兴，没想到姚广孝却挺开心。朱棣骂道："和尚妄，乌得祥！"(《明史纪事本末》)你也太狂妄了，这有什么值得高兴的。

姚广孝笑笑，说："殿下不闻乎？'飞龙在天，从以风雨'。瓦坠，天易黄屋耳！"您没听过吗？龙行从云，这是大吉之兆啊！

朱棣听了，病好得更彻底了，从此恢复了健康，生龙活虎。

朱允炆，把你的宝座让给我

张信告密后，朱棣当机立断，召集大军，命大将张玉和朱能为帅，严密保护燕王府。燕王府的保卫工作还没布置妥当，张昺和谢贵就捧着圣旨，优哉游哉地来了。府上的兵力太少，无法与朝廷大军抗衡，朱棣就摆了个空城计。经过细心安排，朱棣彬彬有礼地请张昺和谢贵进入燕王府。燕王府比地狱还可怕，张昺和谢贵死活都不去，坚持要求朱棣走出来跪接圣旨。

在紧要关头，朱棣又使一计，他告诉张、谢二人，已经逮捕妄图造反的人，需要朝廷使者进府，验明造反者的身份。对方老奸巨猾，张昺和谢贵应付不过来，只得进入燕王府。他们是这么想的，圣旨没要求抓捕燕王。即使朱棣图谋不轨，也不会这么快就发难。

尽管燕王府很恐怖，但是作为朝廷的使者，张昺和朱贵认为，他们的命还是勉强可以保住的。

在大堂正中，坐着的朱棣一副上气不接下气的样子，好像疯病还没好。

想到外面传说朱棣是装疯的，张昺和谢贵不禁对望一眼，心扑通扑通地跳，刚想转身跑出去，大堂上突然冒出一帮凶神恶煞的武夫，将他俩团团围住。

见张昺和谢贵连胆都给吓破了，朱棣有气无力地咳了一声，众武夫纷纷散开。朱棣说了几句话，都是关于对他装疯的看法。张昺和谢贵被吓傻了，说话结结巴巴，就像有口吃。

一小会儿后，侍仆端来瓜片。张昺和谢贵正想找个话题岔开这个关于装疯的痛苦的谈话，就伸手接瓜。

突然，朱棣直挺挺地跳起来，大嚷大闹。朱棣的意思是，虽然身为皇亲国戚，他每天都为生命担忧，简直生不如死。既然没有比生不如死更坏的了，他就什么都敢干。

接下来的事就很简单了，张昺和谢贵被捆绑起来。他们是生是死，全在朱棣的一念之间。

按理说，张昺和谢贵是带着军士来的。他们被捆绑，带来的军士应该站出来干预。但是，这两个人不仅轻信，还很迂腐。进门时，燕王府上的人告诉他们，其他军士级别不够，不能进入王府，张昺和谢贵竟然死守迂腐的规矩。

既然朝廷颁发了逮捕的诏书，已经被逼上梁山了，朱棣就要大干一场。在大堂正中，当着府上诸人的面，张昺、谢贵和葛诚等几位朝廷使者，统统被朱棣斩首示众。

朝廷的使者被杀了，不管朱棣当初的意愿如何，结果只有一个：他走上了造反的路。

张昺和谢贵等将士被杀害后，朝廷派来的其他军士顿时成了乌合之众，纷纷沦为朱棣的刀下鬼。之后，燕王府上就像喷发了火山一样，将整个北平城都给震惊了。因为，从燕王府上，冲出一支凶悍无比的军队，以闪电般的速度，眨眼间就占领了北平的九道城门。

占领北平的九道城门，就意味着掌握北平城的控制权。尽管朱允炆之前花费了无数心思，苦苦安插忠臣良将守卫，北平城最终还是落入朱棣的手中。因为朱棣不仅老谋深算，还有几位厉害的大将。在占领北平城的战斗中，朱棣的大将张玉就立下了很大的功劳。

相比而言，朱允炆安插的将领，死的死，伤的伤，逃的逃，真的不堪一击。

那时，朱允炆安插的将军宋忠驻扎在北平城外，还没等宋忠反应过来，不到三天，朱棣就控制了北平城。叛军虎视眈眈，就像一群发疯的恶狼。宋忠为了保全实力，只得退守怀来。

俗话说，名不正，则言不顺；言不顺，则事不成。对朱棣而言，起兵造反事小，找一个正当的理由最难。在姚广孝的帮助下，朱棣找到了一个勉强可以说得出口的理由："朝无正臣，内有奸恶，则亲王训

兵待命，天子密诏诸王统领镇兵讨平之。"（《明史》）

以这几句祖训为根据，打着"靖难"的旗号，朱棣的军队浩浩荡荡地向都城进发。

更令朱允炆措手不及的是，朱棣竟然先修书一封，告诉皇帝，说他身边有奸谗小人，朱棣出兵，只为清除这等小人。

尽管叛军直接挺向宋忠驻扎的怀来，北平城附近的南方军队还是很忠义，纷纷涌向怀来，誓与叛军决一死战。为补救没能制止朱棣占领北平城的过失，宋忠表现得十分勇敢，以非凡的镇定收编前来投奔的军队，并以莫大的勇气鼓励军士直面凶神恶煞的叛军。

两军相遇，朱棣果然老奸巨猾，特意安排与宋忠的士兵是亲属的军队打先锋。

原来，为了激发军士的斗志，宋忠告诉他们，他们在北平城的家属都被朱棣杀害了。军士们听了宋忠的话后，义愤填膺，恨不能生吃朱棣的肉、活剥朱棣的皮。但是，当宋忠的士兵看到自己的亲人站在朱棣的前线时，都很恨宋忠。他们之中，有的逃亡，有的临阵倒戈。

军队发生哗变，结果可想而知，宋忠只得披挂上阵，最终被活捉。

朱棣很赏识宋忠的忠心，以卑辞厚礼招降，宋忠却一口拒绝。在朱棣眼里，不是朋友，就是敌人。既然是敌人，朱棣就不会放过宋忠。

北平城被占领，居庸关被攻破，怀来被攻陷，大将宋忠被杀。朱允炆万万料想不到朱棣的速度如此之快。

老将出马，不一定能顶俩

叛军首战告捷，势如破竹，气势大增，不到20天，就聚集了好几万人。

朱棣以"靖难"为旗号，为了证明自己的合法性，朱棣废除朱允炆建文的年号，改用洪武的年号。

提到洪武年间，那是令功臣闻风丧胆的年代，因为有功之臣接连被诛杀。凡是开国功臣，几乎无不害怕洪武年间，唯独一人不怕，他就是耿炳文。

耿炳文是朱元璋的同乡，随朱元璋一起打天下，可以说是身经百战。朱元璋称帝后，封耿炳文为长兴侯，优礼厚待。

耿炳文被封为长兴侯，因为他曾在长兴立下汗马功劳。想当年，彪悍的张士诚死攻长兴城，但都没能攻破，因为守将是耿炳文。耿炳文坚守长兴城十年之久，就相当于为朱元璋拖住张士诚十年，功劳真的不小。

朱元璋麾下有很多能征善战的勇将，善于守城的却很少，因此耿炳文的功劳就显得更大。打下江山后，朱元璋需要的是守御疆土的大将，因而耿炳文能够平平安安地度过恐怖的洪武年间。

事实证明，留下耿炳文，非常有用。首先，即使耿炳文想造反，也损害不了大明朝的稳固；其次，如果有人造反，可以派老将耿炳文出马。一句话，留下耿炳文，利大于弊。

朱棣既然是能征善战的老将，而耿炳文善于守城，朱允炆就派耿炳文抵御自己这位皇叔。朝廷给耿炳文三十万大军，他本可一举踏平朱棣叛军。但是，姑息养奸的朱允炆多说了一句话，使耿炳文不敢放开手去干。

朱允炆再三提醒耿炳文，不能伤害他的叔叔朱棣，因为他不想背上杀害叔叔的恶名。

八月，耿炳文率领大军驻扎在真定。朱棣勇敢多谋，耿炳文不敢掉以轻心，而是兵分三路，成"品"字形驻扎，互为犄角之势。

朝廷大军以猛将杨松为先锋，进驻雄县；徐凯为右军，驻守河间；潘忠为左军，驻守莫州。

敌军的人马还没到齐，阵势还没摆好，朱棣就看出耿炳文的意图。

既然耿炳文自恃人多势大，打算像沙丘移动一般，稳扎稳打，一小口、一小口地将叛军吞下肚，朱棣就派出骁勇善战的张玉对付这员老将。

耿炳文是很稳重的人，张玉却是很张狂的人。两人相遇，注定有一番好戏。

经过一番军事侦察，张玉觉得，朝廷大军毫无纪律，更没有斗志，先锋杨松没有谋略，潘忠和徐凯更是不足挂齿，耿炳文老而无用。他保证，只要能放开手大干一场，他一定为朱棣打开通往南方帝都的道路。

由北平到南方的帝都，要经过山东。山东百姓，都是很讲忠义的大汉，不好对付。既然张玉放出豪言壮语，朱棣就放手让他大干一场。

叛军继续向前进发，直到离杨松的驻扎地很近的娄桑。朱棣的胆子很大，竟然在一个月明之夜偷袭杨松的军队，因为那一天是中秋。

朝廷大军不仅纪律涣散，甚至没有防备意识，竟然在中秋佳节喝得烂醉如泥。朱棣大军杀入大营，砍杀朝廷大军就像砍萝卜一样容易。杨松被吓得魂都没了，竟然忘了组织军队抗击，而是一味地向潘忠求援。

求告刚刚发出，杨松就中了朱棣的奸计。因为朱棣之所以大举攻击先锋杨松大营，却又不火速攻破先锋部队，就是要引潘忠和徐凯前来相救。接到求救信号，潘忠想都没想，便火速出兵雄县。他们路过月荡桥时，突然四周炮声四起，桥边立刻冒出无数叛军的脑袋。酣战半刻，潘忠军队全被歼灭，潘忠本人被活捉。紧接着，前线传来消息，先锋部队也被歼灭，杨松死于乱军之中。

叛军锐气当头，朝廷大军中就有人见异思迁，代表人物是张保。尽管是耿炳文的部将，张保还是相信，耿炳文不是朱棣的对手。他告诉朱棣，朝廷大军有三十多万，但还没齐集。叛军应该趁朝廷大军还分散时攻击，如果等朝廷大军集合完毕，就不容易对付了。

听到这么好的消息，人人欢呼，甚至张玉等大将都高兴得手舞足蹈，只有朱棣一人很沉着。朱棣告诉张保，让他转告耿炳文，只要朝廷大军没集合完毕，即使只差一个人，他绝不会进攻。

众人听后，无不瞠目结舌，张保差点连眼珠都瞪出来了，都不相信朱棣真的会这么做。

朱棣之所以这么说，主要有两个原因：第一，他不敢相信张保。如果张保说的是假话，一旦叛军进攻，就等于自寻死路。第二，叛军气势太盛了，朱棣总想一举成名。只有等朝廷大军集合完毕了，赢了一场规模宏大的战争，才能够青史留名。

事实证明，朱棣是对的，耿炳文果然将所有的军队都合在一处。不过，耿炳文没有主动出击，而是静静地等着，让朱棣先发起进攻。

耿炳文的履历告诉世人，他是一个善于防守、不会进攻的人。他自己也知道，如果贸然带兵进攻，说不定会上朱棣的当。耿炳文不害怕朱棣的气势，而是害怕朱棣的计谋。他决定等着朱棣来进攻。他有的是时间，而朱棣却没有，因为他的后勤供给不如对方，多拖延一天，他付出的代价就会增加一倍，唯有进攻才是出路。

耿炳文一直静静地等着，等待朱棣出现在朝廷大军的正前方。但是，朱棣没出现在正前方，而是领着一支几千人的精锐部队，绕到西南面，突然猛攻。朝廷大军的主力都在正前方，西南方一鼓就被攻破。耿炳文被杀了个措手不及，两个大营被攻破，死伤无数，血流漂橹，尸积如山。

人老了，但刀不老。耿炳文火速组织军队，列出阵势，抗衡叛军。就在这个时候，正面的叛军大声擂鼓，发起地动山摇般的攻击。

尽管两面受敌，耿炳文还是很沉着，不失老将的风范。

在叛军的三大将领——张狂的张玉、傲慢的谭渊和果敢的朱能——摧枯拉朽般的攻击下，朝廷大军的正面战场损失惨重，伤亡数字直线上升。更令耿炳文感到恼火的是，朱棣所带领的几千精锐部队，已经绕到朝廷大军的身后，杀得朝廷大军毫无还手之力。

尽管腹背受敌，耿炳文还是保全了一部分军队，艰难地退守滹沱河东。朝廷大军几万人，哭爹喊娘地逃跑，追逐的人却只有以朱棣为首的三十几个人。老将耿炳文本想马上就杀回去，但是，仔细一想，耿炳文还是放弃了，因为他相信朱棣身后早已安排下伏兵。

没命地苦奔了一阵后，耿炳文带领残兵败将，上气不接下气地躲入真定城。

兄弟，"借"我一点兵

朝廷大军无论是前方还是后方，都深受重创，使耿炳文更加不敢小觑朱棣。自从平安退守真定城起，耿炳文就只认一条真理：紧闭城门，死守不出。

叛军不仅张狂，甚至不要命。在追击耿炳文所带领的几万逃军过程中，不仅朱棣只带着三十几个人猛追不放。到后来，竟然冒出一个不要命的朱能。朱棣都撤军不追了，朱能仍然带着几十名部下，死追不放。

更令朝廷大军闻风丧胆的是，朱能不仅追击，甚至是大追、猛追，速度越来越快。他所带领的几十个人，如流星般地追上朝廷大军，硬挺挺地杀进去，连杀带俘，一共吞并三千多个朝廷军士。

退守真定城后，耿炳文坚守不出。叛军攻了几天，真定固若金汤。朱棣拿他没办法，就想撤军，攻打其他地方。但是，上天突然掉下一个无用的将军，又给了朱棣一次机会。

从双方的优劣来看，耿炳文之所以坚守不出，是因为他善于守城，而朱棣善于进攻。如果耿炳文进攻，等于伸长脖子等朱棣拿刀来砍。相反，如果耿炳文坚守，就可以化劣势为优势。首先，坚守充分发挥耿炳文的特长，有利于牵制朱棣的进攻优势；其次，时间一久，叛军的后勤供给必然难以支撑，到时就会自然瓦解。可惜，朝中的高官，包括朱允炆本人，都不了解战局。他们只知道，耿炳文先是大败，接着坚守不出，有辱朝廷的声威。

为了朝廷的声威，也为了个人利益，无谋的黄子澄竟然保荐李景隆代替耿炳文。听到李景隆即将带领大军前来的消息，叛军无不害怕，但只有朱棣笑得最开心，因为李景隆只是一个好看但不实用的花瓶。

为了李景隆上任一事，朝廷内部出现了分裂。以黄子澄为首的一派死力支持李景隆，原因很简单，如果名将之后李景隆成功剿灭叛军，黄子澄等人就会升官。而以齐泰为首的另一派反对李景隆，他们认为，李景隆是纨绔子弟，只会高谈阔论。

也许是朱允炆太年轻了，也许是求胜心切，他竟然任命李景隆为主帅，撤掉老将耿炳文让他回家养老。

李景隆穿上华服，手掌帅印，坐上大轿子，趾高气扬地开赴前线。他之所以敢如此傲慢自得，是因为朝廷给了他五十万大军。五十万大军是一支骇人的军队，但朱棣却不这么认为，因为五十万个李景隆都比不上一个耿炳文。

军队作战，讲求军队的素质，更讲求主帅的谋略。与耿炳文相比，李景隆简直只有三岁小孩的大脑，叫朱棣如何不高兴。

为鼓舞士气，朱棣告诉众人，尽管李景隆身后有五十万大军，但比不上一个退守真定城的耿炳文。朱棣的意思是，连耿炳文这等身经百战的开国元勋都被击败了，对付纨绔子弟李景隆自然非常容易。

算起来，为了清剿叛军，朝廷已经派出八十万大军了。再估计国家军队的数量，朱棣发觉，朝廷大军就要枯竭了。如果能够挺过五十万大军这一关，皇帝的宝座就是他朱棣的。

可是，五十万大军，就算绑起来砍头，也要砍几天几夜，何况他们都是活蹦乱跳的大活人。再说，如果中途杀出一个勇谋过人的小将军，说不定朱棣的一辈子就完了。

叛军的兵力很勇猛，但是人数太少了，朱棣决定借兵。

前往借兵之前，朱棣先做了妥善的安排，命长子朱高炽坚守北平城。朱棣再三嘱咐，北平城是他们父子的根基，无论花费多么大的代价，北平城都不能失陷。

朱棣的言外之意是，北平城存，朱高炽就活；如果北平城失陷了，朱高炽就要以身殉城。下一道死守城池的命令给自己的儿子，还是身患残疾的长子，可见朱棣是豁出去了。

接着，朱棣派遣军中大将开往前线，虚张声势，吓唬李景隆的五十万大军，希望能够拖住朝廷大军前进的速度。

朝廷大军中没有勇谋兼备的厉害人物掌舵，见到凶狠的叛军，果然退缩了，前进的速度不知不觉放慢。

一切都在掌握中，朱棣很高兴，带领随身侍卫，只身前往拜见宁王。

朝廷大面积削藩，作为藩王之一，宁王的势力也受到打击。宁王善于谋略，但是没有勇气，不敢公然起兵反叛。

叛军首领燕王到来，宁王做了两手准备。如果朱棣劝说造反，宁王坚决不听，甚至可能逮捕朱棣，交给朝廷；如果朱棣是来做客，宁王可以尽地主之谊，为朱棣向朝廷说些好话。因为，宁王认为，朝廷的五十万大军会将朱棣砍成齑粉。

朱棣一行来到城门口，进入宁王城的却只有朱棣一人，其他人都驻扎在城门外。宁王一见，对朱棣的防范之心即刻松懈，手拉手，开始叙旧。

朱棣利用宁王轻信的弱点，很悔恨地说，他一时糊涂，不该起兵造反。朝廷的五十万大军将他吓傻了，希望宁王顾念兄弟情谊，为他向朝廷求求情。

宁王听后，心里非常舒畅，一口应允。趁宁王松懈警惕之心，朱棣说，他的军士驻扎在城外不方便。对方的话还没说完，宁王就命麾下最精锐的朵颜三卫前往迎接。

　　朱棣此行，只有一个目的，收编宁王最精锐的朵颜三卫。朵颜三卫是一支特殊部队，装备也特殊，因而战斗力十分强劲。当然了，宁王没有蠢到家，他不允许朱棣的军士带着武器进城。朱棣表示，他们是来做客，不是来打仗，只带礼物，不带兵器。

　　在宁王府的这些天，朱棣很规矩，该说的才说，该看的才看，绝没有走错一步。宁王很纳闷儿，像朱棣这样规矩的人，怎么会造反呢？

　　几天后，朱棣说他要回北平城了，不能再逗留了。宁王感到很遗憾，因为朱棣彬彬有礼，很像一位翩翩君子。

　　分别时，朱棣悄悄地告诉宁王，希望宁王加入"靖难"的行列。宁王一听，瞪大眼睛盯着朱棣，义正词严地拒绝了。朱棣从来不允许对方有第二个选择，他的眼皮一动，就有军士站上前，要挟宁王。宁王觉得，朱棣也太大胆了，在他的地盘上，竟然敢动武。可是，朱棣真的动武了。

　　对方已经拔出鬼头刀，宁王大喝一声，没有人响应。宁王又接着大喝一声，还是没有人响应，精锐部队朵颜三卫呆呆地站在原地。就在这个近乎凝冻的时刻，宁王发现，朱棣笑了，笑得很诡异。原来，朱棣带来的礼物，不是一般礼物，而是令人心动的金钱。朱棣表面规规矩矩地陪宁王吃饭、聊天、散步，他的部下却在暗中收买朵颜三卫。

　　朵颜三卫见钱眼开，纷纷倒向朱棣。宁王非常懊悔，恶狠狠地看着朱棣。朱棣还是微笑，笑得很诡异。

当然了，宁王府上也有忠勇之人，以朱鉴最为杰出。从开始到结束，朱鉴都反对朱棣，眼见宁王受到威胁，为了救主，朱鉴力战而死。

"靖难"之役，不仅是一场权力争夺，不仅是一场战争，也是一场对忠和奸的考验。

打不死的英雄

战争打了几个月，朱棣的势力越来越大。

为了清剿叛军，朱允炆授意盛庸，出兵北伐。

建文二年（1400年）十一月，朝廷大军还没准备好北伐，就传来朱棣第二次南下的消息。攻破沧州城后，叛军锐气当头，势如破竹，在几天内就攻陷了德州，接着济宁等地相继陷落。

大火就要烧到眉毛了，尽管还没准备好，盛庸照样出兵抗击。两军相遇，朝廷大军接连败退。盛庸的表现没有以前勇敢，朱棣看后，感觉盛庸一定有阴谋。

然而，前方帝都的诱惑太强烈了。如果不乘胜追击，一旦错过时机，朱棣也许会遗憾终生。为了理想，即使前方是刀山火海，也要硬闯。

由于盛庸一再败退，连曾经令朱棣极为难堪的济南都被攻陷了。不到一个月的时间，叛军已经攻到东阿、东平一带，大军兵临东昌。就在东昌，朱棣再一次遭逢了平生的劲敌。

盛庸对付叛军的方法，甚至让朱棣都摸不着头脑。朱棣并不知道，叛军能够顺利进入东昌，全是盛庸的安排。第一次败给盛庸，朱棣就派人调查盛庸的履历，调查结果连朱棣都不相信，因为资料显示，盛庸是一个经常失败的人。

根据史料，盛庸曾经在耿炳文麾下担任参将，接着又跟随李景隆。李景隆太爱逃亡了，在济南城一役，盛庸终于看不下去，拒绝逃亡。因此，从盛庸的资料看，朱棣找不出他的弱点。但是，盛庸经过无数次失败，终于发现了朱棣的弱点。

叛军只有十几万人，却敢如此猖狂，第一个原因是，他们骑兵多，善于横冲直撞，很勇猛。第二个原因是，朱棣用兵，总是先率领骑兵突袭敌军的侧翼，将对方搅乱。一句话，叛军能够一路南下，骑兵的作用不小。

来到东昌城，朱棣看到一个很奇怪的现象，盛庸的军队竟然背城列阵。按常理而论，作为守城的一方，盛庸应该紧闭城门，命令军士站在城头。盛庸的部署违背常理，朱棣开始感到，盛庸并不那么简单。

不仅朱棣不能理解盛庸的部署，连盛庸的部属也不能理解。接到出城列阵、迎战叛军的命令时，大军一片哗然。人人都觉得，盛庸分明就是让他们去送死。骑兵是叛军的主力，只有火器和弓弩能够对付骑兵。在战斗之前，盛庸就制造了大量的火器和弓弩，还在箭头上涂抹毒药。

战鼓一响，朱棣身先士卒，领着一支骑兵，火速冲向盛庸的右侧翼。令他惊异的是，盛庸的侧翼像泰山一样难以动摇。就在这短短的一瞬间，盛庸的军队炮箭齐发，射杀无数叛军骑兵。朱棣立刻调整战术，掉转马头，直攻盛庸的中军部队。

果然如朱棣所料，盛庸的中军部队不堪一击。他还没攻到，盛庸的中军部队就溃散了。朱棣意气风发，率领大军，死命追击。地形越来越狭窄，朱棣感觉很不对劲。当他发觉上当后，已经深深陷入盛庸大军火器和弓弩的包围中了。

在火器和弓弩的猛烈射杀之下，叛军即刻陷入混乱之中。朱能凭其勇猛超人，侥幸杀出重围。但是他发现，朱棣还深陷重围。在危急关头，朱能冲入重围，拼尽死力将朱棣救走。

东昌一战，朱棣捡回一条命，却痛失了爱将张玉。张玉是朱棣麾下的第一勇将，见主人深陷重围，他也杀进去救主。张玉杀进重围时，朱棣已经被朱能救走了。在乱军中，张玉力战而死，被砍成肉酱。

紧接着，平安又率领大军来到，加入围剿的行列。东昌一战，叛军伤亡几万人。

尽管东昌一战是斩杀敌首极多的战役，但是并非一场彻底胜利的战役，因为朱棣毫发无损地逃脱了。

几万支火器，再加上几万个弓弩手，连第一勇将张玉都被砍成肉酱，为何朱棣能够毫发无损地逃脱？难道真有神灵帮助他？究其根源，不是有神灵帮助朱棣，而是朱允炆过于纵容。

朱棣被围困几次，之所以能够全身而退，全因为朱允炆的一句话："诸将以天子有诏，毋使负杀叔父名，仓卒相顾愕眙，不敢发一矢。"（《明史》）

战争打到这个程度，结果已经很明显，朱棣是打不死的英雄。朱棣是叛军的首领，是叛军的精神寄托。只要朱棣不死，无论环境多么恶劣，他都能聚集一帮死士进行造反。

既然朱允炆没有杀害朱棣的心思，他的征讨大军中就没有敢杀朱棣的人。照此推理，靖难之役是一场很奇怪的历史现象。朱棣想抢朱允炆的宝座，朱允炆顾念血缘亲情，不忍心杀害朱棣。因此，从一开始，朱允炆的性格特点，就注定他是一个失败者。

逃回北平后，朱棣去见了姚广孝一面。姚广孝告诉朱棣，经过东昌一战，叛军不仅伤亡过重，甚至连士气都没了。为了挽回士气，朱棣应该为第一忠勇的大将张玉举办一场风风光光的葬礼。

从历史的角度看，张玉的葬礼完全是一场政治阴谋。首先，张玉死于乱军之中，连尸首都没有，怎么办葬礼？其次，在葬礼上，哭得最哀恸的不是张玉的家人，而是朱棣。

众将士见了朱棣的那几滴眼泪后，人人义愤填膺，发誓要为张玉报仇。

叔叔你好狠

经过不到一年的休整，建文三年（1401 年），朱棣第三次率军南下。听到消息后，盛庸率军北上。两军在夹河相遇，依河扎营列阵。

对朱棣而言，盛庸算不上厉害的将军。盛庸之所以能够战胜他，是因为盛庸了解他的一切。如果朱棣想战胜盛庸，也需要了解盛庸的一切。可是，盛庸是一个没有被记录进档案的人物。朱棣只知道，盛庸曾经是被追着打的败将，拥有火器和弓弩这两项强项。

为了更好地了解对方，朱棣决定冒一次险，当一次侦察兵。

在阳光明媚的大清早，朱棣骑着一匹马，笔直地冲向布好战阵的盛庸大军。尽管盛庸看得手发痒，也只能干瞪眼，因为朱允炆不希望朱棣有什么三长两短。朱棣轻快地冲向朝廷大军，接着轻轻一趔，转向朝廷大军的左翼，最后还查看了朝廷大军的右翼。朱棣怀着看似满意的心情，悠然地返回自己的阵营。

经过一番侦察，朱棣发现盛庸的作战方法很新颖。以他过往的经验，无法找出破解朝廷大军的方法。

就在朱棣自言自语地比画手势、苦想破解之法的过程中，谭渊似乎会错了意，率领一支军队，直挺挺地冲向朝廷大军。

朝廷大军中，后军大将庄得出战，一刀就斩谭渊于马下。叛军群情激愤，纷纷冲入战阵。盛庸害怕叛军骑兵趁机攻击中军，便调动右翼，准备全面应战。战事迅速升级，陷入一片混乱。朱棣抓住这个时机，调动骑兵猛攻朝廷军队。然而，盛庸很有能力，片刻就稳定了朝廷军队的阵势。

战局稳定下来后，朱棣的骑兵就捡不到便宜，只得立刻撤军。这次撤军，朱棣主动殿后，因为朝廷大军不敢朝他开火器或者射箭。

这一场小混乱，害得盛庸的大将庄得死于马下，被踏成肉泥。更令盛庸忧惧的是，朱棣发现了朝廷大军的缺点。在叛军阵营中，朱棣告诉诸将，朝廷大军只有火器和弓弩的优势。他们很不灵活，只要叛军骑兵能够把握时机，找到朝廷大军调动的空隙，一定可以击破对方。

第二天，又是一场鏖战。不同的是，朱棣命令两支骑兵分别进攻朝廷军队的两翼。盛庸也看出了朱棣的意图，死守中军，使得大军岿然不动。

只要中军不动，朱棣就找不到朝廷军队的破绽。双方战到中午，互有死伤，但都不能彻底打败对方。突然，刮起一阵旋风，飞沙走石。朱棣借此天赐良机，大驱军马，杀得朝廷大军哭爹喊娘。

叛军乘胜追击，连吴杰和平安都被吓傻了，又一次躲进真定城。在朱棣阴谋诡计的引诱下，吴杰忘记坚守城池的职责，领军出战。在战斗过程中，朱棣再次发挥打不死的本领，天上还刮起旋风，叛军大胜。

因为靖难之役，北平附近的百姓过的是生不如死的日子。朱棣的感叹是："频年用兵，何时已乎？要当临江一决，不复返顾矣。"可见，这次出兵，朱棣抱着一决雌雄的决心。

趁朱棣带兵南下，河北、山西一带的地方军队倾巢而出，大举压向北平城。

尽管北平告急，朱棣还是继续向前，因为他收到一个天大的好消息——帝都空虚。朱允炆屡次派遣大军北上清剿，数目不下一百万。那些拥护朱棣的宦官，就偷偷地告诉朱棣，帝都没有大军守卫。

经过姚广孝点化，朱棣绕开久攻不下的济南，掉过马头，径直挺向兵力薄弱的徐州。这个转变太大了，铁铉和盛庸等人想都没有想到，还在死死守卫济南。

没有遇到重兵抵抗，叛军一路南下，势如破竹。1402年，朱棣连克东阿、东平、单县，大军径直地向徐州挺进。为保卫徐州，平安带领大军，风一般地向朱棣追来。到达徐州后，平安发现，徐州城完好无缺。现在的朱棣，没有以前执着了。只攻打徐州城一次，没有攻下，他就领着军队，攻打宿州。道理很简单：条条大路通帝都。只要打下宿州，同样可以通往帝都。

平安领着几万大军，追得上气不接下气。好不容易追到淝河，又被朱棣暗藏的伏兵杀得人仰马翻。尽管军队损失了大半，平安还是紧紧追击不放。追了大半个月，平安终于在淮水追上了叛军。两军沿河列阵，恶狠狠地瞪着对方。夜半，朱棣领军偷袭，平安大败。在朝廷大军就要被围歼的时候，突然杀出徐辉祖的军队。叛军大败，大将李斌被斩。

时值夏天，天气炎热，军粮供给又不足，军士们都提议，渡到河东去。在关键时刻，军士说出这种颓丧的话，朱棣很生气。他告诉大家，想渡到河东的，站到左边。

一阵静静的沉默后，除了朱棣一人，其余将士都站到了左边。虽然如此，但是没有一个人敢渡到河东去。一是因为朱棣非常生气，军士都被吓蒙了。第二个原因是，如果单个人渡到河东，必然被朝廷大军砍死。不仅朱棣走上了不归路，连跟随他一起造反的人，也都走上了不归路。现在只能是直奔帝都，为自己的命运而战。

为了抵抗叛军，朝廷调徐辉祖回师南京。徐辉祖走后，单凭平安的军队抵挡不住朱棣。朱棣瞄准时机，偷袭其后勤部队，抢了好些军粮。叛军乘胜追击，将平安围困在灵璧。朝廷大军没粮，大闹粮荒，差点发生哗变。

被困孤城，还缺乏粮食，只有突围可以活命。可惜，平安的运气不好，在突围过程中，他被活捉了。灵璧一战，朱棣活捉了三十七员猛将。此战一结束，朱棣领着大军兵临扬州城，扬州守将王彬被属下出卖，扬州城不攻自破。而直到扬州被攻陷，朱允炆才知道，朱棣并非善类。

朱棣登基

在扬州城里，叛军整天大唱大闹，非常猖狂。朱允炆看着冷冷清清的皇宫，开始后悔了，在他的一生中，削藩是错，纵容朱棣也是错。

朱允炆心灰意懒，大臣方孝孺挺身而出，渴望挽狂澜于既倒。首先，派遣大臣出宫，四处招兵买马，号召天下有才之士勤王。其次，派遣庆成郡主拜见朱棣，答应分一小块土地给朱棣，让他收手。

庆成郡主是朱棣的堂姐。方孝孺认为，朱棣会看在亲情的分上，答应庆成郡主带去的条件。可惜，朱棣是军人，只相信实力，不相信亲情。临别，朱棣告诉庆成郡主，帝都就要被攻破了，庆成郡主最好先搬一次家，等战争结束再搬回来。

朱棣拒绝议和条件后，大驱军马，向浦子口开来。驻守浦子口的，是朝廷的最后一员猛将盛庸。战斗初期，盛庸占据了上风。眼看大业将成，却在临门一脚的时候栽了跟头，这是谁也不愿意看到的。

为了救助父亲朱棣，朱高煦带来一支生力军，迅速加入战斗。朱棣打了三四年的仗，从没听说过朱高煦的军队。朱高煦此次加入战斗，是因为朱棣就要当皇帝了。看来，这个儿子跟他的父亲一样，很会隐藏自己的实力，直到确定有肉吃才出手。

朱高煦是这么想的，他的大哥朱高炽身体不好，一定活不长。朱棣当上皇帝后，只要朱高炽一死，继承皇位的就是他。不仅他这么想，在战斗中，朱棣也这么说。

权力的诱惑是无法抵抗的，朱高煦鼓起一股猛劲，片刻就打败了朝廷军队。打败盛庸军队后，叛军顺江前进，朱棣终于看到京城了。

但他并没有显出高兴之色。京城的城墙，不仅用花岗岩砌成，甚至加上糯米石灰，非常坚固。再说，京城里面还有十几万军队，轻易攻不破。

那些胆小怕死的大臣，刚刚听说叛军围城，就劝朱允炆弃城而逃。站在道德的高度，方孝孺认为，无论如何，天子都不应该弃城而逃。如果天子抛弃皇宫，就等于抛弃祖上的基业，就证明朱棣造反有理。

老臣们又问方孝孺，万一京城被叛军攻破了，该怎么办？方孝孺声威凛然地说，如果京城真的被攻破了，为了江山社稷而死，也是应该的。

最终，京城没有被攻破，只是朱允炆被出卖了。负责镇守金川门的朱橞和李景隆贪生怕死，在叛军的软硬兼施下，打开了城门。朱棣领着大军冲进了皇宫，朱允炆终于清醒过来。万分伤心之余，他一把火将整个富丽堂皇的皇宫烧得噼噼啪啪地响。朱棣浴血奋战四年，差点连命都丢了，赢来的不过是一堆灰烬。

在皇宫的灰烬里，没有朱允炆；在被抓捕的人中，没有朱允炆；在为保卫皇宫而战死的人中，也没有朱允炆的尸首。朱允炆活不见人，死不见尸，成了朱棣今后的噩梦。

京城的一场大火，不仅烧毁了皇宫，也将朱允炆的下落烧得不明不白。《明史》记载，有的人说朱允炆死了，有的人说他还活着。

尽管朱棣打赢了，但很多老臣仍然骂他是乱臣贼子。为了证明自己不是乱臣贼子，朱棣大开杀戒。凡是反对朱棣登基的人，没有一个幸免于难。

齐泰、黄子澄和练子宁四处招募军队，渴望开展大反攻，最后都被擒，以死殉主。为了表明自己的气节，黄观夫妻先后投江而死。在台州，一个砍柴的樵夫听说京城被攻陷后，投湖而死。

这些年，朱棣最恨两个人，第一个是方孝孺，第二个是铁铉。朝廷大军北伐时，方孝孺写了一篇很精彩的讨贼檄文。朱棣看了那篇檄文后，气得喷血。姚广孝则告诉朱棣，方孝孺是天下读书人的楷模。如果能攻陷京城，无论如何，一定要招降方孝孺。

为了招降方孝孺，朱棣做了很多工作。但是，无论朱棣如何表现，方孝孺都拒绝投降。朱棣就要登基了，于是请方孝孺写一篇布告天下的诏书，方孝孺还是一口拒绝。

在朱棣的强力压制下，方孝孺拿起笔，却写了"燕贼篡位"四个大字。朱棣忍无可忍，以灭九族威胁方孝孺。方孝孺大义凛然地说，即使灭十族，他都不怕。朱棣成全了方孝孺，加上方孝孺的朋友和学生，朱棣灭方孝孺十族。在中国历史上，这是唯一一次规模涉及十族的灭族惨案。

方孝孺死后，铁铉就成了朱棣的眼中钉。抓住铁铉后，朱棣先进行了一番严刑拷打。铁铉的骨头跟方孝孺一样硬，这更令朱棣生气。为了使铁铉屈服，朱棣割下他的耳朵，并将割下来的耳朵塞入铁铉的嘴里。

1402年，朱棣继位，即明成祖，年号"永乐"。

自从朱棣进入京城，京城天天发生灭族惨案。在热热闹闹的菜市口，即使是阳光明媚的大白天，走在大街上，百姓都感觉阴风惨惨，十分恐怖。

杀了几个月，前朝的忠臣义士差不多都被杀光了，朱棣才开始证明篡夺皇权的合法性。首先，凡是不符合朱元璋在位时施行的规章制度，无论是大是小，都要废除。其次，《太祖实录》应该重新写。在新版的《太祖实录》里，朱棣是一个很受朱元璋宠爱的人。如果不是朱允炆从中作梗，朱元璋一定会将皇位传给朱棣。紧接着，朱棣花费大力气，重重地封赏那些为了他的皇帝大梦力战而死或者仍然活着的人。

为了表示对军师的回馈，朱棣封姚广孝为资善大夫，兼任太子少师。姚广孝的官职属于正二品，可见朱棣非常感激他。但是，姚广孝喜欢当和尚。每当夜幕降临，他就穿上和尚的袈裟，静静地打坐。

想当初，朱棣起兵时，收编了宁王的军队。朱棣当上皇帝后，发现众兄弟中，宁王最不好对付。他不想看到这个兄弟成为第二个自己。为彻底瓦解宁王起兵造反的潜力，朱棣将宁王发配南昌。尽管如此，朱棣还是睡不好觉。在接下来的几年里，朱棣运用权力，对宁王一贬再贬，一削再削。

迁都，迁出了一段帝国盛世

朱棣成功进入帝都应天，是一项伟大的成就，但也暴露了大明朝廷的缺陷——没有燕王朱棣和宁王朱权，北平就没有安宁的日子。趁靖难之役，大明朝廷周边的藩属国纷纷发动叛乱，打独立战争。趁北平空虚，蒙古军队也屡次南下。

在明太祖朱元璋的安排中，燕王朱棣和宁王朱权负责保卫北方。靖难之役爆发后，不仅朱棣的军队全部投入南方战争，甚至连宁王都被收编。没有了专门对付蒙古骑兵的朵颜三卫，蒙古军队一路南下，势如破竹。

更糟的是，北平守将沈永是个无能之辈，一味任蒙古骑兵烧杀抢掠，还隐瞒不报。直到大批难民如潮水般涌向南方，朝廷才知情。朱棣听说后，勃然大怒，拖出沈永，一刀砍了。

蒙古大军南下侵犯一事，促使朱棣做了一个惊天动地的决定。

永乐六年（1408年），朱棣向群臣宣布，迁都北平。

这项诏令刚刚颁布，朝廷内部即刻分裂为两派，北方一派举双手赞同迁都，南方一派不同意迁都。北方一派以朱棣为首，附和者多是参加靖难之役的武将。理由很简单，他们的家在北平。到了南方后，吃得不习惯，住得不习惯，连天气都适应不了。

朱棣虽然生在应天，可是他的大半生都在战乱中度过。不满二十一岁的朱棣就被派往风沙肆虐的北平。那时的北平，除了一座破城，一无所有。

经过若干年的努力，朱棣在北平建立了自己的家庭，生了孩子，养了自己的军队。北平不仅是朱棣的根基，还是他的家。拿北平与应天相比，朱棣觉得，应天只是皇权的象征。再说，朱棣的皇权是抢来的。如果将帝都迁到老家北平，不仅可以证明他的合法性，也好开展他的千古帝业。

反对迁都的南派，大多是从小就生长在南方的儒学之士。他们习惯了应天懒散的生活，爱好山清水秀的风景。如果到北平，不仅风沙大，连水源供给都不充分，叫人怎么活。在这批儒学之士心里，北平只适合当兵的人驻守。

尽管反对派的呼声很高、意见很大，朱棣还是力排众议，坚决迁都。朱棣的意思是，迁都北平是死命令，只可以实行，没有商量的余地。遇见这么一位英明神武的铁腕皇帝，南方的反对派不敢再坚持自己的意见。但是，反对派问朱棣，如果迁都北方，粮食问题怎么解决？

那时的北方还没开发，一大片一大片的不毛之地，不适宜种植庄稼。如果全国的重心向北平移动，必定会牵连很多的人。倘若粮食供给不足，必然发生叛乱。再说，如果不安排好相关配套设施，肯定有一大部分人违背诏令，死拖活赖，不肯搬离应天。如此一来，明朝就可能出现两个政治中心。朱棣远在北平，就不能控制应天。倘若前朝余孽在应天发动叛乱，朱棣的皇位就危险了。

面对这个大难题，朱棣从三个方向开始工作。首先，派遣军队开凿从应天到北平的漕运，保持河流通畅。其次，大力修建北平城，无论如何，一定要建得比应天大、比应天富丽。最后，迁移百姓，让他们去开垦北平周边的土地。

首先修好的是水利工程，在奏章里，工部尚书宋礼写道："南极江口，北尽大通桥，运道三千余里。"在中国历史上，开凿运河的朝代有很多，数明朝最成功，因为没有引发大的叛乱。永乐十九年（1421年），北京城修建工程竣工。朱棣一声令下，迁都北京，以应天府为南京。为了修建北京城，前前后后仔细算起来，一共修了十五年，共征调军工、民工累计二三十万人。

现在的紫禁城，就是朱棣留给后世的杰作。不算护城河与城墙之间的绿化带，紫禁城占地面积72万多平方米，宫殿占地面积16万多平方米。紫禁城内的建筑严格按照"井"字形布局，规划得非常整齐。更令人意想不到的是，北京城不仅建造得金碧辉煌，体现了皇家的气派，甚至还建设了下水道系统。

看着整个大明的版图，朱棣开始了他梦想的千古帝业。但是，迁都北京后，发生了无数令人心惊肉跳的天灾，全国的很多大城市都发生了火灾。联系起朱允炆是自焚而死的，很多反对迁都的南方大臣就借题发挥，指责迁都的过错。

听了这帮腐儒的言论后，朱棣勃然大怒，将呼声最强烈的萧仪给杀了。

如果没有朱棣的坚持，北京就不会成为大明的国都。朱棣凭据北京起家，北京城仿佛被上天注定了，要见证朱棣的永乐盛世。

万国来朝，我很欣慰

永乐朝之所以被后世推崇为永乐盛世，是因为朱棣在政治、经济、文化和外交方面都做出了杰出的贡献。其中，最令朱棣感到自豪的是，他实现了"万国来朝"的美梦。

作为一名军人，朱棣坚毅果敢。大明周边的国家，无论是大是小，是强是弱，只要敢向朱棣挑战，朱棣就敢应战。朱棣不是百战百胜的将军，可是，每一次出兵，无论条件多么恶劣，他都一定会坚持到最后，坚持到赢。如果失败而回，朱棣会积蓄力量，奋发图强，争取下一次的胜利。靖难之役，朱棣屡败屡战，这是他的坚毅和执着的最好体现。

朱棣还是一位手腕极其灵活的政治家。为使周边的国家诚心归附，他施展了灵活的外交手段。郑和几次南下，耗费国家大量钱财，全因朱棣一人支持。郑和所到之处，无论是大国还是小国，都以大明朝的名义赠送大量珍宝。作为交换，那些国家纷纷表示，承认朱棣，归附大明。

自从朱棣登上皇位，就一直在证明自己的合法性，赢得最大多数人的支持，是朱棣的主要目的。修撰《永乐大典》是为了证明朱棣的合法性，迁都北京也是为了证明他的合法性，发展外交、扩展国家版图也是为了证明他的合法性。

郑和率领的船队，绕过东南亚，一直航行到非洲。在这期间，东南亚和非洲国家的使臣，一共有三百多次来华朝拜，平均每年有十人次左右。这些国家所派遣的使臣，不是三个两个，而是一大群，而且来的使臣一次比一次多。永乐年间，在大明首都的大街上，随处都可以见到外国使臣。

更令后世皇帝感到望尘莫及的是，在朱棣的慷慨关照下，满刺加、文莱、苏禄等国家的国王，亲自率领使团，前往中国拜见朱棣。大明太有吸引力了，好多使臣来了就不想走，甚至赶都赶不走。据统计，外国使臣来华，平均居留时间是两三个月。

浡泥王和苏禄王，来到大明就不想走了。他们在中国居住了很长的时间，最后在中国病故。他们留下的唯一遗嘱是，能够安葬在中国。朱棣也不介意为他们举办隆重的葬礼，将浡泥王葬在南京，将苏禄王葬在德州。

作为国君，浡泥王和苏禄王竟然渴望被安葬在中国，可见中国对他们的吸引力之大。

那个时候，琉球群岛上有三个小国家，分别是中山、山南和山北。为拉拢明朝，中山国派出大批使臣，风风光光地来朝拜。山南国和山北国听说后，不甘落后，派出更多的使臣，朝拜的规模比中山国还大。这些小国家在互相竞争，看哪国对中国的朝拜最热烈，以此得到政治和军事上的援助。

郑和下西洋

永乐三年（1405年）六月十五日，历史铭记了这一天，同时记住了这一天的第一主角——郑和。因为，他要率领着世界上第一支由两百余艘舰船和两万七千八百多名官兵组成的庞大船队向未知的海洋出发了，这是一次史无前例的远洋航行。这支船队将泛海南下到福建的长乐候风，等到冬天东北季风吹起，云帆交挂时，他们就要起航。

洪武四年（1371年），郑和出生于云南，当过童仆的他小名叫"三保"。现代学者根据《郑和家谱首序》《赛典赤家谱》考证，郑和为元朝政治家、中亚布哈拉贵族赛典赤的六世孙，如果情况属实，那么可以说他的先祖是异常显贵的。

洪武十四年（1381年），朱元璋派大将傅友德、蓝玉等率三十万大军征讨云南。在战乱中，年仅十一岁的郑和被明军虏获阉割，在军中做"秀童"。在那个还不知道屈辱为何物的年龄，郑和便遭受了如此屈辱。云南平定之后，郑和随军调往北方，他因"丰躯伟貌，博辩机敏，有智略，习兵法"，被选送到北京燕王朱棣的府邸服役，深得燕王的喜爱。

后来，在靖难之役中，郑和跟随燕王朱棣南征北战，立下了不少战功。朱棣登上皇位后对郑和更加信任。

永乐二年（1404年），朱棣为表彰郑和的功绩，亲笔写了一个"郑"字赐给他为姓，从此他更名郑和，史称"三宝太监"。在古代，由皇帝赐姓，这可是莫大的荣耀。朱棣对他委以重任，派他出使西洋，揭开了郑和七下西洋的序幕。

无论如何，郑和像英雄一样出发了，因为他有做英雄的资本。首先是政治资本，朱棣这天下之王站在他这一边；其次，他身后有一个世界最强大王朝的支持，经济上没有问题；最后，郑和天赋高，要文能文，要武能武，又在皇帝身边，经过千锤百炼之后，也是一位合格的政治家和军事家，至于以后在海上的情况，自能随机应变。

于是，待东风吹拂，他便号令将云帆张起，一个辉煌的中国航海时代拉开了帷幕。

教化大使来了

郑和这一走，便走到了马六甲。

在中国典籍中，"马六甲"被写成"满剌加"。明朝时，"马六甲"作为一个王国而存在，现在则属于马来西亚。这里之所以闻名于世，是因为它拥有一条著名的海道——马六甲海峡。

英国著名汉学家李约瑟在《中国科学技术史》一书中这样评价郑和的这次壮举：在15世纪上半叶，在地球的东方，从波涛万顷的中国海面，直到非洲东岸的辽阔海域，呈现出一幅中国人在海上称雄的图景。而马六甲海峡是远洋航行的必经之地。

今天，再去马六甲，仍能看到郑和当年下西洋的痕迹，那里有郑和当年宝船的复制品，有悬挂着无数中文招牌的店面，有各种各样的玉器、字画和木雕工艺品在出售，还有长长的中国街，甚至还有祠堂这种在中国已经很难觅其踪影的古老建筑，以及其他中国古代习俗。这些似乎都在昭示着曾经远离家乡、漂泊在外的游子们对自己文化的守护与对家乡的思念。

据说，这里居住的正是当年郑和下西洋时留下的一些船员，他们在此开枝散叶，一代代的后人都没有回过家乡，却能用纯正的汉语说自己是中国人。

马六甲就以这样一种姿态，来怀念它曾经目睹的那场惊天动地的伟业。在航行的船队一次次往返间，它心里默默地数着、记着，七次，对，是七次，郑和与他的船队一共来了七次。

这七次航行，成为中国航海史上的奇迹。

从永乐三年（1405年）至宣德八年（1433年），郑和率领着当时世界上最大、最先进的船队七下西洋，访问了印度、阿拉伯、东非各国，航程十万余里，最南到爪哇，最北到麦加，最西到非洲东海岸。航行中"云帆高张，昼夜星驰。涉彼狂澜，若履通衢"，场面十分壮观。

郑和带着他的百艘战舰以及万名官兵，航行在茫茫的太平洋和印度洋上，来往于马六甲海峡，此庞然大物，足可称霸沿海各国，但是郑和下西洋的宗旨却是和平外交。皇上下旨，谁敢不从，更何况中国人天生爱好和平，怎可起恃强凌弱的坏心。因此，这七次航行被后人以和平的名义称颂着。

确实，郑和的航行一直谨遵皇上的旨意，要和平，不要侵略，不要战争。但是，出门在外，人生地不熟，总有受欺负的时候，郑和也遇到了这样的情况。第一次航行，到旧港（今苏门答腊巨港）时，遭到了以陈祖义为首的一伙海盗的拦截，这一伙人也是不知天高地厚，结果被郑和率兵击溃，捉了他们的头目。第三次航行，路过小国锡兰，国王贪婪，欲抢郑和的财物，于是让王子缠住郑和，并派兵五万劫掠船队，情况十分危急，郑和却以两千人的力量攻占了王宫，活捉了锡兰国王，送回中国，结果他并没有被杀，反而被送回锡兰，从此这个小国成了明朝的忠实拥趸。第四次出海，郑和又率队击败了苏门答腊数万人的袭击。

当然郑和下西洋不是只和这些冒犯天国之威的人争斗，船队所到之处，做的第一件事就是"开读赏赐"——宣读大明皇帝的敕谕，是为"宣教化"，包括"颁中华正朔，宣敷文教"。大航海对外传播了中华文明，输出先进的科学技术，为世界文明的进步做出了巨大贡献。同时，郑和"宝船"带往各国的，都是华夏文明的瑰宝，无论是丝绸、瓷器、药材，还是工艺品、金属器物等，都十分精良，堪称极品。这些朝廷的赉赐品带给沿途的国家，就换来了朝贡的繁荣，当时各国来明使臣络绎不绝，以求得到明朝的庇护，还可以得到丰厚的赏赐。据统计，明成祖在位的 22 年中，与郑和下西洋有关的亚非国家使节来华共 318 次，最多的一次有十几个国家的朝贡使团同时来华，出现了"诸番臣充斥于廷"的盛况。

可以说，郑和下西洋施行睦邻友好、互利双赢的和平交往政策，不仅推动了当时中国的海外贸易和经济发展，而且促成了马六甲及东南亚长达一百年的兴盛和繁荣。

终于可以舒口气了

纵观中国历朝历代的皇帝，他们都比较喜欢像自己的人，朱棣也不例外。朱高煦像朱棣一样孔武有力，有谋略，有毅力，简直就是朱棣第二。相反，朱高炽不仅身体残疾，甚至连意志都不坚定。更令朱棣不高兴的是，朱高炽太过于仁慈。

进入应天后，朱棣大开杀戒，朱高炽没考虑时局的需要，硬着头皮劝朱棣手下留情。朱棣渴望建立千秋大业，需要一位非常强硬的继承人，朱高炽如此文弱，自然不讨朱棣喜欢。可是，皇位一般都要传给长子。如果处理不好继承人的问题，朱棣辛辛苦苦抢来的天下，可能又要被别人抢走。

在该立谁为太子的问题上，即使是英明果断的朱棣，也犯难了。一个人拿不定主意，朱棣就问群臣。但是，关于这个棘手的问题，群臣则分为两派，一派是武将，另一派是文臣。武将这一派中，大多数是来自靖难之役的功臣。朱高煦在应天一战中立了大功，这是众人皆知的事实。再说，如果是一个爱好武功的人继承皇位，朱棣所施行的"军事贵族"制就会得到沿袭，甚至被发扬光大。相反，如果让文弱的朱高炽继承皇位，他会提升文官的地位，削弱武将在朝廷中的重要性，因为他不喜欢动用武力。

支持朱高炽的文臣以解缙、杨士奇、杨荣和杨溥等人为首，他们的传统观念很重，认为自古皇位的继承人都选立长子。如果长子被抛弃，不仅不合惯例，甚至会引发国家内乱。这批文臣大多遭遇过靖难之役，他们不想再遇上一次争夺皇位的战乱。

朱高炽有文臣支持，朱高煦有武将支持，彼此势均力敌。长子是儿子，次子也是儿子，手心手背都是肉，很令朱棣为难。另外，朱棣还有一个小儿子，名叫朱高燧。如果朱棣不及早选立太子，时间拖长了，可能朱高燧也会加入皇位继承权的争夺大战。光是两个儿子的争斗就如此难以决断，等到出现三个人的争斗，朱棣就更为难了。

于是，朱棣就找解缙谈话了。为了打消朱棣对朱高炽的疑虑，解缙告诉朱棣，如果朱高炽真的不行，可以考虑重点培养长孙朱瞻基。朱瞻基乖巧伶俐，深得朱棣喜爱。经过这次谈话，朱棣立朱高炽为太子的心，基本上确定了。

当然，朱高炽也不是一个一无是处的人。在靖难之役的时候，朱高炽"手下只有一万士兵，却巧妙地组织了城防，并挫败了李景隆的一次攻击。这一次他表现的责任感和正确的判断力，有助于改变人们对他的看法"。（费正清《剑桥中国史·明史》）曾记否，朱高炽利用北方的严寒，在城墙上灌水，使北平城变成一座冷冷的、坚不可摧的冰城。第二天，李景隆引军攻打的时候，被眼前冷气森森的冰城给吓住了。

因此，朱高炽不是一个迂腐的文弱之人。在关键时刻，他能担当重任，也会拿起武器，捍卫国家利益。可以试想一下，如果当初的朱高炽没有守住北平城，朱棣就会失去大本营。朱高煦打的是前锋，功劳不小。但是，也不能忽略朱高炽这位守御大后方的人的作用。

一天，有位大臣画了一幅百虎图。居中的那只老虎又壮又大，一看就是虎中之王。其他的老虎有大有小，但每一只都静静地蹲着，双眼炯炯有神地凝视着虎王的一举一动。那只虎王，正轻轻地抚摩身边的一只小老虎。那只小老虎好像有点残疾，因而比其他老虎更能获得虎王的爱怜。从整体上看，整幅图简直就是老虎爱子、舐犊情深的体现。

朱棣静静地看着，似乎看出作画之人一丝丝的影射之意，但又不是很清晰。陪侍在身旁的解缙见到了朱棣的脸色后，马上走上前去，提起浓墨大笔，作了一首诗：

虎为百兽尊，谁敢触其怒。

唯有父子情，一步一回顾。

经过这首诗的点化，朱棣明白了：画中的虎王，就影射他本人。

朱棣是一国之君，实现了万国来朝、使周边诸国臣服的梦想，这个虎王当之无愧。

这里的"父子情"，自然是指朱棣和朱高炽的血缘感情了。不要忘记了，在虎王身边的那只小老虎是残疾的，它专门代表行动不便的朱高炽，而不是四肢健全、活蹦乱跳的朱高煦，也不是朱高燧。作画之人想告诉朱棣，父子亲情，无论如何都不能抛弃，解缙也想这么说。

看了画和解缙的题诗后，"上感其意，立召太子归，至是遂立之"。（《明史》）因此，朱高炽被立为太子。

危急时刻，老杨出马

朱高炽刚刚被立为太子，朱高煦的麻烦就来了。既然太子之位已经有人占据了，就没有必要再让朱高煦留在京城了。当初，朱棣留朱高煦在京城，主要是想考察两个儿子的能力。太子选定之后，意味着考察结束，因此朱高煦就被调去镇守云南。

那时的云南还没充分开发，条件很艰苦，能够让人舒舒服服地享受的东西很少。另外，云南时不时有暴乱发生。朱棣调朱高煦到云南，目的之一就是让他为将来的皇帝朱高炽守住南方。可是，朱高煦的理想是当皇帝，不是当为皇帝卖命的武将。尽管朱高炽已经当上太子，朱高煦还是坚决相信，只要朱高炽还没正式当上皇帝，他就有当皇帝的机会。

对朱高煦而言，想当皇帝，只有两个办法。第一个是造反，第二个是陷害朱高炽，赢得朱棣的欢心。朱棣是造反高手，只要他还活着，朱高煦就不敢造反，因为他知道儿子斗不过老爹。于是，朱高煦就只有一条路可走：陷害朱高炽，赢得朱棣的欢心。

朱棣时不时地就要带领诸位将领，到国家的边境巡游。那个时候蒙古族人时常南下犯边，北平城又还没修好，因此朱棣总爱北上巡游。每次巡游，朱棣都要带武将和文臣，朱高煦、杨士奇等人就曾多次跟随朱棣北上巡游。皇帝不在的时候，全国大小政务就由太子朱高炽代为处理，史称"监国"。

为了赢得朱棣的欢心，北上巡游期间，朱高煦循规蹈矩，俨然是一个好孩子。见朱高煦大反常态，朱棣就找他谈话。这次谈话，朱高煦大诉苦水。他的意思是，自从靖难之役起，他就不辞辛苦，整日像牛像马一样劳累，只为振兴国家。他一没犯错，二没犯法，竟然被贬到不毛之地的云南，命运很不公平。

回想往事，朱棣也觉得很对不起朱高煦。尤其是在应天大战，明明许诺朱高煦有继承皇位的可能，最终却没有兑现。既然朱高煦表现得这么乖，他又将自己的命说得那么苦，那就容他随便选择一块封地。

朱棣是这么想的，反正朱高炽已经当上太子了，帝都只能有他的一个儿子在。不管朱高煦怎么选择，一定不会选择在应天（当时还未迁都）。但是，结果大出朱棣的意料。朱高煦告诉他，其他地方都不好，他最喜欢应天。话已经说出口了，已经欺骗过朱高煦一次，朱棣不能再欺骗他一次，只得答应。

接着，朱高煦大肆收买朝臣，甚至连朱棣身边的小太监们都被他收买了。这些被收买的人四处打探消息，胡编乱造，时时向朱棣进谗，中伤太子党。朱高炽能够当上太子，解缙出的力最大，所以解缙是朱高煦最大的敌人。在朱高煦的操纵下，终于成功贬解缙出应天。这是太子党受到的第一波打击。

永乐十年（1412年），朱高煦利用朱棣出征、太子监国这件事，策划了太子篡权的假象。他买通朱棣身边的近侍，让他们天天进谗，中伤朱高炽，说他心怀趁朱棣出征篡夺大权的阴谋。朱棣本就多疑，身边的近侍又不止一个，不止一次说朱高炽的篡位阴谋，久而久之，他就相信了。一个视权如命的人，多次听到大权受到威胁的言论，即使不相信，怀疑的心也会大起。

同年九月，朱棣突然回到京城，秘密检查太子在监国期间处理的奏折，并且私下单个找重要的大臣，尤其是七大内阁谈话。在奏折上，朱棣发现，太子更改了他的很多项法令。太子的治国理念和朱棣的完全不同，太子渴望以德治国，施行仁政，因此他更改了很多朱棣颁布的严苛的法令属于正常的事。问题的关键是，朱棣已经怀疑太子正在篡权，见到太子更改他的法令后，有一种证据确凿的感觉，叫他如何不生气？

因为这些小事，朱棣将太子骂得狗血淋头，将很多大臣狠狠地痛批了一顿，又将很多严苛的法令改了回来。大臣们好不容易遇上一个肯与民休息、施行仁政的仁爱之君，所施行的政策却突然被朱棣打断，心中都很不平，纷纷向朱棣上书，说太子的新令好。

看着那些为太子说好话的奏章，朱棣差点儿气死了。他刚刚放手让太子监国，在这么短的时间就有那么多大臣为太子卖死力、说好话，这不就说明太子结党营私吗？太子刚刚处理政务就赢得那么多人的欢心，而他在位那么长时间，为国家出生入死，还被骂为暴君，朱棣的妒忌之心油然而生。

在这帮为太子说好话的人之中，数大理寺丞耿通言辞最激烈、最不怕死，因而也最得罪朱棣。其实，耿通说，太子没有什么大过错，太子所施行的法令很好，不应该被废除。可是，朱棣正在气头上，听不进好话。

将群臣召集到午门，朱棣朝正中一站，大声数落耿通的罪行。他说，太子犯的错，其实很小。但是，不论多么小，都不能包庇。耿通为太子说话，就是指责我朱棣，就是离间皇帝父子。离间主上，是很大的罪，对这样的罪犯，一定不能放过，因此，非杀耿通不可。

午门是皇宫斩首犯人的地方，朱棣将群臣都召集到午门观看斩杀耿通，就是想杀一儆百。更令人感到毛骨悚然的是，朱棣竟然生搬硬套，给耿通戴了一顶离间皇帝父子的大帽子。这项莫须有的罪名，听得群臣战战兢兢，太子党的活动陷入低谷。

尽管出了这么大的事，但是有一个人仍然不怕，坚持支持太子，他就是杨士奇。杨士奇在社会上流浪了二十多年。这二十多年来，他什么都干，但是从没忘记抽空读书。他在学术上的造诣，说得上是一个大家了。

建文二年（1400 年），朱允炆下诏招募天下贤才编写《太祖实录》，已经三十六岁的杨士奇觉得，为了前途，应该再赌一把。皇天不负苦心人，杨士奇的勤学苦练，终于得到回报，被保举为编撰。大才子方孝孺看了杨士奇的文章后，大为赞赏，提升他为编撰《太祖实录》的第二把手。

朱棣登基后，杨士奇受到重用，被任命为七大内阁成员之一。杨士奇社会阅历丰富，对什么事都有独到的见解，深受朱棣喜爱。每次出征，如果有可能，朱棣都会尽力带上杨士奇。有两个这么厉害的大臣支持朱高炽，他在继承皇位的道路上自然是有惊无险。

永乐七年（1409 年），为感谢杨士奇一直以来的支持和奉献，太子要送一套大房子给他。可是，杨士奇不接受。

作为一个不为名所动也不为利所诱的人，杨士奇能够不避千难万险地支持太子，为太子奉献，理由很简单，因为太子是一个能够真正体恤百姓的人。杨士奇的大半生都生活在社会底层，少年时期跟着父母逃避战乱的艰辛让他体悟到底层百姓的辛苦；杨母对他的教养使他深深地明白，国家需要一个仁厚的君主。寻找一位能够仁怀天下的君主，为百姓谋福利，是杨士奇一生的梦想。

耿通死后不久，朱棣问杨士奇，太子监国期间表现如何。这个问题看似简单，实际上回答得稍微不恰当，太子的一生可能就因此被打入冷宫了。如果回答太子认真做事，与朝臣们的关系非常好，这无疑就是说太子结党营私，蓄谋篡权；如果说太子十分懒散，什么事都不管，分明就是说太子没有心思，也没有能力管理国家。

面对这个很难回答的问题，杨士奇想了一个不偏不倚的说法。他说："在监国期间，太子按规矩处理政事，凡是他所听取的意见，都有一定程度的合理性；凡是他所反对的建议，大多都是不好的。当然了，对于某些近臣的不合理要求，太子还是勇于当面批评和驳斥的。"（张廷玉《明史》）

朱棣听后，知道太子不是随便结党营私，甚至蓄谋篡位夺权的人，便不再打压太子。杨士奇的几句话，就化解了一场狂风暴雨。

自负万万要不得

朱高煦的触角伸到朝廷的每一个角落，杨士奇几句话就挽回太子颓势的消息，很快就被他查到了。为了下次的策划能够彻底成功，置太子于死地，朱高煦决定，下次打击的时候，连杨士奇也算在内。

永乐十二年（1414年），朱棣北征归来，太子的迎接工作出了一点儿小失误——迟到了。抓住这个机会，朱高煦一党大造谣言，说太子迎接迟到是故意的，因为太子压根儿就没把朱棣放在眼里。

本就多疑和爱权如命的朱棣听到这个谣言后，便怀疑太子的用心。因为太子迎接迟到一事，连杨荣都被牵连进去。

朱高煦在旁煽风点火，朱棣身旁的近侍又火上浇油，朱棣本人偏听偏信，怒火中烧，再次打压太子，尚书蹇义、学士黄淮和杨溥等太子势力的重要成员都被关了起来。锦衣卫审问不出什么结果，朱棣也拿太子没办法。

为了确定下一步该怎么走，朱棣再次召见杨士奇询问。朱棣的大意是，如果太子没有二心，为什么在迎接这件小事上都会迟到。迎驾迟到，已经违反礼法，是太子存有二心的体现。

事情已经闹得这么大了，即使豁出性命，杨士奇也要保住朱高炽。他便对朱棣说："太子对你一直很孝顺，至于没有做好迎驾工作，是我们为臣的过失，错不在太子，与太子无关。"（《明史》）

朱高煦正想逮住一个机会，死死整治杨士奇。杨士奇拼死为太子开脱，朱高煦一党借这件事，多次进谗中伤。朱棣听信谗言，准备惩治杨士奇。

不可否认，朱高煦整治人的手段很毒辣。在他的连环性策划里，凡是太子的人，只有两条出路可走，第一是跟随朱高炽，被打入大牢；第二是洗心革面，倒向朱高煦。并不是每个人都像杨士奇、杨荣和杨溥那么坚定。

朱高煦常常问身边的人说："我这么英明神武，难道不像唐太宗李世民吗？"（《明史》）

朱棣听到这话后，即使在炎热的三伏天，也感觉寒气逼人，冷汗直冒。更令朱棣感到放心不下的是，无缘无故地，朱高煦突然要求增加保护他的卫队。如果没有军队，李世民就不能发动兵变。朱高煦这个突然的要求，令朱棣再也不能等闲视之了。原因很简单，如果朱高煦真的发动兵变，可能他连朱棣都敢杀。即使他不杀害朱棣，至少也会将朱棣软禁起来，篡位称帝。

永乐十三年（1415年），朱棣告诉朱高煦，既然朱高煦不喜欢云南，朱棣就改封他到青州。此次调拨，朱棣的目的是想试试朱高煦的反应。如果朱高煦高高兴兴地接受，很快就启程前去赴任，说明他以李世民自比没有造反的用心；如果他仍然拖拖拉拉，死活不肯离开京城，这就暴露了他造反的不轨图谋。

果不出朱棣所料，只抛出这么一个小小的试探，朱高煦就上当了。他还是不肯离开京城。如此一来，朱棣下定决心，无论如何，必须赶朱高煦出京城，否则后果不堪设想。

太子宅心仁厚，不想伤害朱高煦，拥护他的那些智谋深远的老臣可不这么想。这事说来，也怪朱高煦太骄傲了。朱棣刚刚说要逮捕杨士奇下狱，可是还没有正式下诏逮捕，朱高煦就放出自比李世民的大话惹起朱棣的疑心。杨士奇抓住这个机会，只等朱棣询问。

没过几天，朱棣果然问杨士奇，是否知道汉王朱高煦有不法举动。《明史》记载，杨士奇从容地说，他一直在东宫辅佐太子，别人早就视他为太子的人。无论汉王朱高煦有什么事，都不会告诉他。但是，皇帝已经封赏两次了，朱高煦都不肯到地方上去赴任。国家就要迁都北平了，朱高煦死死赖在应天，不知道他想干什么。这些事情很复杂，皇上还是仔细想一想比较好。

从朱棣与杨士奇的几次谈话来看，杨士奇的表现都很到位，非常老练。杨士奇每次说话，他都给朱棣留有选择的余地。但是，如果朱棣仔细思考杨士奇的话，一定会跟着杨士奇的思路走，最终选择对太子有利的决策。

这次谈话的结果，同样有利于太子。朱高煦几次都不肯到地方上去，坚决要求留在应天，这是众所皆知的事。可是，经杨士奇这么一点，朱棣突然发现，朱高煦一定有一个天大的阴谋，只有留在应天，才能实现这个阴谋。再想到朱高煦以李世民自比，傻瓜都知道，朱高煦的阴谋就是兴兵造反，篡位夺权。

为避免一场悲剧的发生，朱棣不顾朱高煦十二万分的不情愿，硬将他分封到乐安州（今山东广饶）。这次是强行命令，无论朱高煦如何哀求，都必须走。带着家眷，领着侍卫，朱高煦就像飞往东南方的孔雀一样，一步一回头。朱高煦的眼里，流露出的是对帝都应天的无比眷念与喜爱。可惜，造化弄人，他费尽心机，最终的结果却是离皇位越来越远。如果不出意外，朱高煦的下半生，就只能在乐安州度过。

从地理位置上看，乐安州离应天远，离北平近。朱棣这么安排，主要是调朱高煦远离他的老巢应天，安排在将来的皇帝的管辖之下。如此安排，即使朱棣百年归天后，朱高煦也翻不起多大的浪，因为他会受到皇帝的辖制。如果朱高煦真的造反，不到一天的时间，朝廷的军队就开到他的家门前，很快就能清剿叛军。想当初，朱允炆之所以很难清剿朱棣，就是因为北平离应天很远。朱棣吸取朱元璋的教训，特意将潜在危险分子朱高煦安排得离帝都很近。

朱高煦被贬走后，真相就开始大白于天下。以前对太子的种种中伤，都是朱高煦指使人干的。朱棣顺水推舟，大赦了相关人员，跟太子重续父子情。

嘘，有特务

朱元璋时，为了避免后世的效法，已有削弱锦衣卫权力的行为。谁知到成祖时，锦衣卫又呈反弹之势。特别是在永乐十八年（1420年）八月，成祖又在北京东安门设置东厂。其与锦衣卫合称"厂卫"，形成了较为完备的特务系统。

鉴于历代宦官专权，危害朝政的教训，明初的宦官不允许参政，宦官职位不允许超过四品，月俸一石，衣食于内廷。并于洪武十七年（1384年）将这一禁令刻在宫门的铁牌上，上写："不得干预政事，预者斩！"又敕诸司均不得与宦官机构进行文件往来，定制宦官"不许读书识字"。

矛盾的是，出于对官僚集团的监督和加强中央集权的考虑，朱元璋又有意识地加强宦官机构，并赋予了其广泛的权力。从至正二十七年（1367年）始置内使监，增设都知监和银作局，历时31年建成了包括十二监、四司、八局即所谓二十四衙门的庞大宦官机构。十二监指司礼监、内官监、御用监、司设监、御马监、神宫监、尚膳监、尚宝监、印绶监、直殿监、尚衣监、都知监。四司指惜薪司、钟鼓司、宝钞司、混堂司。八局则为兵仗局、银作局、浣衣局、巾帽局、针工局、内织染局、酒醋面局、司苑局。同时，宦官又被赋予种种超越其职权的特权。如洪武八年（1375 年）五月，朱元璋派宦官赵成往河州市马。洪武十一年（1378 年）正月，派宦官陈能至安南国吊祭国王陈煓之丧。宦官陈景及校尉于洪武十二年（1379 年）三月被派向靖江王朱守谦宣读谕旨，命令他们严格守法而正身，还当场逮捕了朱守谦身边一些为非作歹之人。蓝玉案发生于洪武二十六年（1393 年）三月，当时派宦官与驸马去山西，传旨晋王朱棡："说与王，把那三个侯碎砍了，家人、火者、成丁男子都砍了。家财头口交与王府。妇女、王府差内使起解。钦此。"

建文帝在位期间的宦官没有什么权力。在他刚继位的时候，就曾晓谕各地方官吏严密监督外出内侍，有不法之处可将其械送治罪。在宫中对内监管束也非常紧，稍有违迕，立即严惩不贷。这种严厉政策，令很多宦官不安，因而，"靖难之役"期间，不少宦官都投奔了燕王或者为其提供军事情报。

朱棣起兵，"刺探宫中事，多以建文帝左右为耳"。而他自己的宦官如狗儿等，在"靖难之役"中，更是出生入死，功不可没。所以，朱棣继位后，很器重宦官，宦官的权势遂如日中天。

永乐元年（1403 年），"命内臣齐喜提督广东市舶"。永乐八年（1410 年），内官王安被派往都督谭青营，又命马靖镇守甘肃。永乐十八年（1420 年），置东厂，宦官先后拥有了市舶、监军、分镇、刺探臣民隐私等大权，宦官的权势又一次急速膨胀。至于宦官出使外国、安抚军民、查勘仓库、减免税收等，较洪武时期越发广泛和频繁。宦官手中权力越来越大，横行不法的事件也频频发生。如永乐五年（1407年），内使李进在山西以采天花为名，诈传圣旨，"伪作勘合……假公营私，大为军民之害"。内官马骐于永乐二十二年（1424年）十月传旨谕翰林院，往交趾采办金银珠宝。这些违法事件最后虽被查处，但此时宦官集团的势力已充分表现出来了。

明初的特务机构有两个系统，一是东厂，二是锦衣卫，合称"厂卫"。

永乐十八年（1420年），"厂卫"的职责为"缉访谋逆妖言大奸恶"，由司礼监实行具体管理。东厂提督一般均由司礼监秉笔太监第二人或第三人充任，他的下属把他称作督主，有关防一颗，篆文是"钦差总督东厂官校办事太监关防"。一般宦官外出，不得持有"钦差"二字的印信，仅称内官、内臣，而东厂关防特称钦差太监，用以表现其威信与重要。下属有掌刑千户一、理刑百户一，均为卫官。又有掌班、领班、司房四十余名及十二管事。役长也叫挡头，戴尖帽，穿青色素旋褶、系小绦、白皮靴，有一百多名，专门负责伺察。役长手下有番子一千余人为干事。

虽然东厂与锦衣卫是两个系统，但其关系极密切。东厂办事人员"悉取给于卫，最轻黠猾巧者乃拨充之"，他们亦因此经常相互勾结，反过来，通常又是东厂的司礼太监亲信出任锦衣卫官。"然厂卫未有不相结者，狱情轻重，厂能得于内。而外廷有扞格者，卫则东西两司房访缉之，北司拷问之，锻炼周内，始送法司"。即东厂所获，亦必移镇抚再鞫，而后刑部得拟其罪。因而如果东厂势强则锦衣卫就依附它，如果东厂的势力被削弱，锦衣卫就会凌驾其上。

除皇帝以外，上至官府下到民间的任何人都属东厂的侦缉范围。

"每月旦，厂役数百人，擎签庭中，分瞰官府，其视中府诸处会审大狱、北镇抚司考讯重犯者曰听记……某城门得某奸，胥吏疏白坐记者上之厂曰打事件。至东华门，虽禁夜，投隙中以入，即屏人达至尊。以故事无大小，天子皆得闻之。家人米盐猥事，宫中或传为笑谑，上下惴惴无不畏打事件者。卫之法亦如厂，然须具疏，乃得上闻，以此其势不及厂远甚"。

虽说朱棣圆了自己的皇帝梦，可这皇帝的"梦乡"并不是十分甘甜，总是心生狐疑，猜忌着朝中的文武百官和京城百姓。因为他认为无处不有"篡弑"之嫌，所以，朱棣特别重视亲卫军。在他身边有纪纲、刘江、袁刚三个亲卫军指挥，可说是朱棣的绝对亲信，经常侍奉在身边。由于名字发音相近，朱棣每说起他们，就称"三纲"，并且说："朕之生死，有赖三纲。"

在这样的背景下，永乐年间，朝野无人不怕"三纲"。特别是对"三纲"之首的纪纲，更是惧怕到了极点。这是什么原因呢？因为纪纲是锦衣卫的指挥使。

锦衣卫在明朝永乐年间，是朱棣专以大批校尉四处探听消息、逮捕"有罪"官吏的一个机构，既不同于都察院，也不同于法司等机构。

纪纲原是济阳的一名儒生，由于品行不好而遭罢黜。纪纲在燕军起兵攻打南京路过济阳时叩马投效，得到任用。纪纲虽然品行不好，但善骑射，很聪明，被朱棣视作人才，授他忠义卫千户。纪纲在朱棣登基后升至锦衣卫指挥使，典亲军、司诏狱。朱棣密旨纪纲："广布校尉，日摘臣民阴事"奏告，把纪纲视作心腹，纪纲更是极为效忠皇帝，将大批校尉派出，监视官吏的一举一动，并及时禀报。

在重用锦衣卫的同时，朱棣还设置东厂宦官衙门。从此，一个能侦缉密察朝野动静的耳目网络，从制度上建立了起来。通过锦衣卫和宦官的刺探与告密，皇帝得以了解朝野上下的一切活动。

实际上这是一个庞大的特务体系，不论是做事的命官、皇亲国戚，还是京城的百姓，朱棣都可以迅速得知他们的一举一动。

有一次，广东布政使徐奇来京时带了些岭南土产分赠廷臣，还列了份详单。这单子立马就被交到了朱棣手上。因为名单上没有杨士奇的名字，朱棣便把他单独召来相问，并准备以私交廷臣罪处置徐奇和名单上的人。杨士奇解释说，当徐奇要去广东做都给事中时，很多廷臣作了诗文赠予他，故有此赠答。只因当时自己有病，没去送他，否则肯定会被列入名单。徐奇这次所赠无非是些土产，而且不知廷臣是否都会接受他的礼物，经他这番解释，才免去一场官司。

朱棣除了控制官员的一举一动，甚至京城百姓的活动，也在朱棣安排的秘密监视之中。据史书记载，京城街巷发生了一起幼孙殴打祖母的家庭纠纷，朱棣立马知道了，那个幼孙差点被定成死罪。

明初东厂，是朱棣维护统治的得力武器。究竟为什么设了这个机构，史学界说法不一，因为在《明太宗实录》中没有详细记录。可能早在朱棣登基后就开始派官吏刺探消息了。后来，直到永乐十八年（1420 年）迁都北京城，并在东安门外以北建立东厂衙门时，人们才略知一二。

生于战火，死于征途

永乐二十二年（1424年），朱棣再次亲征蒙古。这是朱棣第五次亲征蒙古，距离朱棣第四次亲征的时间不到一年。在间隔这么短的时间，国家频繁用兵，还是劳师远征，百姓自然承受不住。尽管国库空虚，朝廷仍然不得不支持朱棣亲征，否则相关人员就要被问罪，不是被发配边疆就是被打入大牢，甚至被杀头。

阿鲁台非常聪明，专门打游击战。明朝大军前来征讨，他就急急忙忙卷起铺盖，逃得无影无踪。明军走了之后，他再南下，侵犯边境，抢夺财物。朱棣担心朱高炽继位后对付不了阿鲁台，他心一横，拖着年迈的身体，亲自出征。

走了五个多月，明军终于来到阿鲁台的巢穴达兰纳木尔河。但是，除了缓缓而逝的河水外，什么都没有。阿鲁台听说朱棣亲征，吓得跑了。

一路上的颠簸，再加上朱棣年老病多，他已经是躺在床上只有气呼出来没有气吸进去的人了。眼见朱棣不行了，随行大臣和武将们就商量对策。可是，这帮文臣和武将的隔阂太大了，说不到一起。

以张辅为首的武将说，他们愿意立下军令状，领取一个月的粮食，深入大漠，无论如何，一定提阿鲁台的人头来见朱棣。张辅是名将张玉之后，又建立了平定安南（今越南）的奇功，很多武将都追随他。

杨荣不同意，他说大军走了五个多月才到达兰纳木尔河，如果再继续待下去，就算朱棣的身体撑得住，也会闹粮荒。无论如何，一定要班师回朝。武将们想建立军功，不想无功而返。可是，阿鲁台是大漠的地头蛇，很难找。如果张辅领了一支军去，花了两个月都没找到阿鲁台怎么办？

商量来商量去，办法没想出来，文臣和武将却吵得越来越凶。听着这群人激烈地争吵，朱棣有气无力地说了一句：班师回朝。皇帝发话，没人敢反对。第五次出征同第四次一样，白白耗费人力、物力和财力，结果一无所获。

走了两个多月，明军七月回到翠微冈。朱棣感到自己不行了，召见杨荣，说了几句知心话。他告诉杨荣，他戎马一生，经过无数次战斗，最终不得不服老。太子朱高炽监国已有二十多年，受到的磨炼够了，对政务已经熟悉了，应该能够得心应手地处理全国大小事务。回到京城后，他就将大权交给朱高炽，自己腾出时间，好好享享清福。

杨荣静静地听着，对朱棣说，朱高炽仁厚爱人，一定会处理好全国事务，不会辜负朱棣的期望。这些年来，太子遭到朱高煦无数次陷害，非常艰苦。即使被朱棣强行迁到安乐州后，朱高煦仍然不死心，还在打皇位的主意。

军中的武将，大多支持朱高煦当皇帝，张辅就是朱高煦的好战友。杨荣之所以坚持要求班师回朝，主要是害怕朱棣死在外面，被朱高煦伙同军中的其他将领发动兵变，篡夺皇位。如果军中将领趁朱棣死后造反，杨荣等文臣手无缚鸡之力，必然会被朱高煦控制。到那个时候，朱高炽的皇位就会被抢夺。

一路上，朱棣的身体一天比一天差。杨荣很担心，祈求老天保佑朱棣活着回到京城。谁知刚刚走到榆林，朱棣就断气了。更令杨荣感到害怕的是，朱棣临死前，单独召见了大将张辅。

张辅是朱高煦的好战友，他们的情谊是在战场上培养的。杨荣不知道朱棣对张辅说了什么，不能确定张辅的立场。面对事关成败的关键一刻，杨荣只能先发制人，走一步险棋，封锁朱棣的死讯，暂时不发丧。

朱棣这一生，有功，也有过。对于国家而言，他的功劳很大。"知人善任，表里洞达，雄武之略，同符太祖。"（《明史》）意思是说，朱棣英明神武，雄才大略，同太祖朱元璋一样。朱棣率领军队开疆拓土，实现了四方宾服、万国来朝的美梦。

减税是个好办法

永乐二十二年（1424年）九月初七，朱高炽正式登基称帝，年号洪熙。朱高炽称帝后，"三杨"不仅被加封官品，甚至还被授予其他部门的职务，例如杨士奇兼任兵部尚书，杨荣兼任工部尚书。如此一来，"三杨"就不仅仅是提供咨询，还能过问其他在职大臣的行政事务，在必要的时候能对政治施加影响。"三杨"与朱高炽是一条心的，有他们的支持，朱高炽在施行相关政策的时候，就容易多了。

明仁宗朱高炽登基后，颁行了许多诸如救济灾民、免除赋税的休养生息政策，并且经常下令让地方官宽以待民，体恤人民疾苦，以缓和阶级矛盾，减轻因连年战乱和迁都带给人民的沉重负担。

永乐二十二年（1424年）九月，黄河决口，河南开封被淹，灾情严重，人民流离失所。仁宗下令免除开封当年的赋税，并派遣右都御史王彰前去抚慰灾民。当月工部向皇上上奏，建议征收布漆，以整修军备。仁宗下令：自此以后，官家所用物料一律到产地以钞买之，禁止向百姓征收，违背的按律治罪。治水左通政乐福上奏："江南苏、松、常、杭、嘉、湖六府发生水灾"，请求延缓赋税的征收。仁宗获悉后准许以钞币代替粮赋征收。直隶广宗县发生水灾，仁宗得知后命令当地官员开仓放粮，救济灾民。

十月，山东登州、莱州诸郡发生水灾，仁宗下令免去其赋税。因苏州、徐州发生水灾，仁宗下令免去其当年秋天的赋税。浙江乐清发生饥荒，仁宗下令开仓放粮，救济灾民。而且仁宗下令给各地的官员说："凡是国家政策中有不利于人民的一定要上奏，如果当地受灾不立即上奏请求赈济者，必给以论处。"

为了发展农业生产，仁宗曾多次下令不准干扰农务，并于永乐二十二年（1424年）九月下令把太仆寺的马分给各卫所以及沿边戍守边疆的士兵牧养，以用于农耕。仁宗的这种做法是考虑到农业的恢复和发展，怕因牛马不足耽误了农耕。仁宗曾告谕户部尚书夏原吉说："自古以来寓兵于农；农民若无转输之劳，则兵食足矣，先帝创立的屯田法不错，但是农耕经常受所司征派徭役的干扰，从今以后，对全国各地卫所屯田军士，差役不得擅自摊派，有碍农务，违背命令者要严惩不贷。"

洪熙元年（1425年）二月，在舞阳、清河、睢宁一带发生饥荒，民众四处逃荒，民不聊生，仁宗下令将本县仓储中的粮食发放给灾民，以救济他们。三月，乐亭、连城、莱芜、蓬莱等地发生灾荒，同样，仁宗也命令将本县仓储的粮食分发给当地民众。四月，南方的官员说，山东、淮安、徐州等地粮食匮乏，而当地的主要官员对此不予理睬，仍然加紧征收赋税。于是，仁宗向蹇义查问情况。蹇义答道："确实如此。"仁宗命令杨士奇草拟诏书蠲免山东、淮安、徐州当年夏税的一半，所有的官买物料一律停止。杨士奇说："必须令户部、工部知晓。"仁宗说："救民如救火，不可稍有迟缓。主管官员一定会因考虑国力不足而犹豫不决，以后再通知他们好了。"于是令杨士奇在西角门草诏，皇上阅览完毕立即颁行。仁宗对杨士奇说："体恤平民百姓宁可过厚，作为天下之主，怎么可以与百姓斤斤计较呢！"大名府、河南、山东等地发生饥荒，仁宗闻讯便下令要发仓储赈济灾民。仁宗仅仅在位十个月，但他时刻想着"以民为本，以农为本"，贯彻实行与民休息的政策，这对调动农民的生产积极性，使农业不断向前发展有积极作用，也稳定了社会政局。

仁宗告谕户部大臣说："农业是农民衣食之源，耕耘收获，不能误了时节。从现在开始，无论什么时候，不要把差役放在务农之前，而要等到劳动力有闲余时再征派。前人曾有过放弃农耕而滥发徭役，致使农耕遭到妨碍，引起天下暴乱之教训，我们必须警惕。"京城附近大兴、宛平二县的县官被仁宗召见进京，旨谕他们将百姓安抚好，让农民首先感受到政策上的恩惠，并说，最近几日，徭役之事仍困扰着在京的百姓，这些难道不是因为你们做州县地方父母官的失职造成的吗？并下令三天为限，让县官将民间何事便利、何事不便全部具体报来，由皇上亲自处理。如果地方官吏对朝廷的旨意置之不理，将论罪惩处，毫不姑息。

没白叫你"仁皇帝"

洪熙元年（1425 年）的一天，散朝后，朱高炽留下杨士奇和蹇义两人。他们三个人也没谈什么国家大事，只是说了一些过去的事情。说了几句后，朱高炽情至深处，难以自拔，当着杨士奇和蹇义这两个老臣的面，竟然流出了眼泪。

朱高炽的意思是，他监国二十多年，时时刻刻都会遭到小人的暗算。如果没有"三杨"等人死力辅助，他可能早就死了，怎么能够当上皇帝。这些年来，无论时局多么险恶，道路多么艰难，"三杨"等人都站在他这一边，他很感动。

皇帝热泪盈眶，再仔细回想这二十多年来所遭遇的困难，杨士奇和蹇义也感触良多，真是千头万绪，一时之间不知道从何说起，也纷纷掉下泪来。他们三人流着眼泪，将二十多年来的经历都仔细回忆了一遍。

这个时候，在锦衣卫的诏狱里待了十多年的杨溥，终于等到属于他的太阳了。朱高炽放他出狱，提拔进入内阁，加以重用。这些年来，杨溥在环境恶劣的诏狱里，吃得又不营养，不知道落下多少怪病。可以想象，如果没有将读书作为一种寄托，杨溥早就对未来灰心绝望了。

朱高炽是个好人，对朋友很好，对敌人也很好。朱高炽掌握实权后，他为很多遭遇打击和陷害的人平反，对该加官补偿的加官补偿，对该发放财物补偿损失的发放财物。一句话，凡是因为他而遭到打击的人，朱高炽都尽力弥补。不仅如此，对那些曾经陷害他的人，朱高炽也不深究。有才能的、能够为国家贡献力量的，他尽量将他们留在朝廷；无才无德的无用之辈，朱高炽也只是将他们贬为平民，逐出朝廷。

即使朱高炽登基称帝了，朱高煦仍然不甘心。尽管遭到朱高煦的种种阴谋和暗算，"朱高炽对他并不怀恨在心；朱高炽登基后不久就增加了这个亲王的俸禄，并授予他的几个儿子爵位。不幸的是，朱高

煦始终未认错。"（费正清《剑桥中国史·明史》）

从当时的情况来看，朱高煦仍然这么猖狂是有道理的，原因很简单——朱高炽活不长。朱高炽的身体很不好，当上皇帝后，病情逐渐恶化，身体一天比一天差。稍微有一点儿病理常识的人都知道，照这个样子恶化下去，朱高炽肯定活不了两年。上次没抓住朱棣驾崩的机会，朱高煦很不服。无论如何，这次一定要抓住朱高炽去世的机会，趁机称帝。朱高煦已经被当皇帝的梦给迷昏了，如果当不上皇帝，他死都不闭眼。

事实证明，朱高煦的感觉是对的，朱高炽活得不长。朱高炽在位的时间，粗略算一下，不到一年。他九月正式登基，到下年新年这段时间，仍然要用他父亲永乐的年号，不能用他的洪熙年号。也就是说，尽管朱高炽于1424年的农历九月登基，也要到1425年才算洪熙元年。

当然了，个人一生的功绩，不能以生命的长短来计算，而要看他做了什么事。尽管朱高炽的执政时间很短，但他做的都是惊世骇俗的、令无数老朽的士大夫瞠目结舌的大事。

朱高炽刚刚继位，朱棣还尸骨未寒，他就敢改动朱棣的法令。前面说过，朱高炽监国期间，因为朱棣的很多法令十分严苛，不得人心，他就私下改了很多。朱棣发现后，大肆打压太子党，将严苛的法令给改回去了。现在，朱高炽当上皇帝了，没人能够阻止他更改严苛的法令。最值得一提的是，朱高炽告诫司法官根据法律宣判，如果司法官利用权力干违法的勾当，后果会很严重。另外，宣判死刑前，司法官必须再次复查对犯人的指控。如果不复查，就以失职罪论处。

朱高炽的第二个举动是为遭受朱棣杀害的人平反。他下令赦免那些因为靖难之役被罚为奴的官员家属，并且由国家送给他们一定量的土地，既当作国家赔偿，也为稳定这些人的生活。如果是被灭族的人，全国政府尤其是相关主管部门，无论多么困难都要仔细查访，看有没有侥幸逃过一劫的人。找到这些侥幸逃过一劫的人，要立即上报，好让朝廷拨付赔偿。

当年齐泰和黄子澄都被灭族，齐泰有一个年仅六岁的小儿子，因为年龄不够，免了他的杀头之罪。死罪可免，活罪难饶，被罚去守卫边疆。朱高炽下诏，再次特赦齐泰的儿子，让他安安心心回家。黄子澄有一个儿子，全家被灭族时，他更改姓名逃过一劫，朝廷查到他的踪迹后，朱高炽也下诏赦免。

方孝孺的气节很令朱高炽感动，尽管他被灭十族，按理说不会有什么亲戚和朋友，朱高炽还是下令找寻方孝孺的亲人。找来找去，终于找到一个与方孝孺沾得上亲戚关系的人。方孝孺有一个叔叔名叫方克家，方克家有一个儿子叫方孝复，他被罚去守卫边疆。听到这个大好消息，朱高炽即刻下令，接方孝复回家。大难不死，遭受种种困难后，还能回到家乡是天大的好事。可是，回到家的方孝复发现，亲人都死了，家只是一所空荡荡的房子。当此情境，即使是铁石心肠的人，也会心酸落泪。

紧接着，朱高炽组建了一个调查小组，调查朱棣在位期间的经费开销。他派遣调查组到几个主要的地方政府去查纳税负担，调查出来的结果令朱高炽很心痛，因为百姓的负担很重。自此，朱高炽颁布了很多减轻人民负担的法令。

洪熙元年（1425年）五月，朱高炽当皇帝不到一年就去世了。关于他的死因，有几种说法，第一种是被雷击而死，第二种是中毒而死，第三种是过度纵欲而死。"但是一名太监的报告说他死于心脏病发作，考虑到皇帝的肥胖和足疾，这种说法更为可信。"（费正清《剑桥中国史·明史》）

从国家发展层次论述，朱高炽大力巩固明朝和纠正永乐年间的严酷和不得人心的经济、军事和工程计划，因而受到一致的赞誉。他的出发点是贤君明主和儒家观念，他的许多政策和措施都反映了这种对为君之道的理想主义向往和儒家思想的认识。

截杀太子失败

朱高炽还躺在病床上的时候，就有两双闪闪发光的眼睛紧紧地盯着他的一举一动，一双是他的儿子朱瞻基的，另一双则是他的弟弟朱高煦的。朱瞻基的那双眼睛炯炯有神，蕴含着青年人才有的无限渴望。朱高煦的那一双眼睛，目露凶光，是一个集阴谋与野心于一身的、老了仍然不知足的人的眼神。

因为朱高炽太仁厚了，对朱高煦一贯纵容。发展到后来，朱高煦的尾巴就翘到天上去了。他认为，朱高炽不惩治他，不是不想，而是不敢。既然皇帝都怕他，朱高煦就认为他是世界第一大。眼见朱高炽就要归西了，朱高煦马上策划第二次夺位阴谋。这次行动，朱高煦的心更黑了，下手更狠了，甚至准备杀害侄子朱瞻基。

在人生的最后一个月，朱高炽有一个伟大的计划，迁都回应天。为修整好应天，安排相关布置，迎接迁都，朱高炽派太子到应天处理相关工作。太子与皇帝身处异地，朱高煦夹在中间，且离京城很近，为朱高煦的阴谋提供了可行性。

如果朱高炽死了，太子要从应天赶往京城奔丧，朱高煦决定在途中截杀太子。如果太子死了，朱高煦当皇帝的可能性就更大了；如果太子不死，他就没有一丁点儿当皇帝的可能性。当上皇帝后，朱高煦随便抓一帮人，说太子就是被他们杀死的，也没有人怀疑，因为那个时代有不少拦路抢劫的强人。

朱高煦的想法有很强的可行性，但实现这个阴谋的前提条件是他得比太子早知道朱高炽的死讯。如果太子先知道皇帝的死讯，已经跑到京城奔丧了，朱高煦还不知道皇帝死了，怎么截杀？想当初，朱高炽能够顺顺利利地继位，就是因为朱高煦没能在他之前知道皇帝的死讯。

很不巧，类似的事再度上演。朱瞻基已经跑到京城继位登基了，朱高煦才知道朱高炽死了。接连遭受两个十分雷同，简直就是一模一样的打击，朱高煦差点儿没被气死。

关于朱高煦这次截杀太子失败的事，主要原因还是他太自大了，尽管朱高煦曾经立过战功，但已经是很久以前的事了。朱高炽登基后，时代就变了，大趋势是重视文臣，轻视武将。在这样的大环境下，朱高煦的地位一天天下降，拥护他的人越来越少。

造反的代价很大，如果没有把握成功，就会连命都保不住。朱高煦几次都想造反，但没有一次成功。那么多次失败，好多人已经对他失去信心了，张辅就是其中一个。再说，朱瞻基是一个文武兼备的皇帝，不容易对付。

朱瞻基在军事战略上的造诣和个人勇猛上的培养都非常突出。还有，朱棣曾经带领他征讨蒙古，并多次带他北上巡游。对付这样一个受到过良好教育和磨炼的青年人，年老体衰的朱高煦不是对手。

好叔叔，你就降了侄儿吧

宣德元年（1426年），一个名叫枚青的人，骑着一匹快马，如流星一般从乐安府直奔京城而来。他一路上小心谨慎，不多说话，也不多休息，只知道吃了饭就赶路。进入京城后，他避开热闹繁华之地，找一家冷清的客栈待了下来。晚上，他又悄悄溜出去，直奔大将张辅的府上。

枚青是朱高煦的心腹，此次孤身出行，目的是替主人联合张辅造反。朱瞻基继位后，朱高煦感觉自己再也等不下去了。原因很简单，朱瞻基不仅年轻，身体还很好。苦苦等了那么多年，等得头发都白了，牙齿都落了。眼见自己的大限就要到了，朱高煦决定放手一搏，拿自己的命与皇位赌一赌。

听了枚青替朱高煦带来的造反宣言后，张辅静静地坐着，什么也没说。突然，张辅一声令下，几个身强体健的武夫跳出来，三两下就将枚青打倒，捆在地上。张辅很识相，乖乖地将枚青交给了朱瞻基。

同朱高炽一样，朱瞻基也很有仁爱之心。尽管朱高煦预谋造反，朱瞻基还是给了他一次机会，派出使者晓谕，让他好好反省一下。朝廷使者侯泰来到朱高煦府上，受到的却是侮辱性待遇。

史书记载，朱高煦南面而坐，还说了一通强词夺理的话。他的意思是，靖难之役他立了大功，深受朱棣喜爱。可是，朱棣听信谗言，分封他到乐安府这个鬼地方。朱高炽当上皇帝后，又封他官，又赏他钱，目的只是收买他。现在是不懂事的朱瞻基当皇帝，皇帝竟然敢压制他。

朱高煦不仅说，还做了很多不合常理的事。他带上侯泰去观赏他的军事演习，明目张胆地对侯泰说，仅凭参加军事演习的部队，他就可以横行天下。最后，他让侯泰转告朱瞻基，如果把煽动朱瞻基的人捆起来送给他，他愿意同朱瞻基和谈。可以看出，这里的和谈，不是一般性质的和谈，而是让朱瞻基让位给他。

朝臣听说朱高煦如此张狂，纷纷奏请朱瞻基任命薛禄为帅，领军出征。这个时候，好久都没有打仗的张辅再也忍不住了，他保证，只带两万兵马，一定成功清剿朱高煦。由于张辅的父亲张玉和朱高煦的关系极好，张辅又是朱高煦的好战友，杨荣担心张辅临阵倒戈，不放心张辅领军出征。想当初，杨荣、金幼孜和马云之所以深夜密谋，主要原因就是不相信张辅。

以杨荣为首的文官集团认为，朱瞻基亲征最好，能够树立声威。武将们反对，他们的理由是，朱高煦老谋深算，如果朱瞻基在战场上有什么三长两短，国家就会大乱。双方各执一端，越争越乱。到了最后，朱瞻基终于答应亲征，因为他害怕历史重演。想当初，朱允炆派遣名将之子李景隆征讨朱棣，结果大败而回，最后连朱允炆的皇位都丢了。如果朱瞻基派遣名将之子张辅征讨他叔叔朱高煦，万一历史重演怎么办？

宣德元年（1426年）八月，朱瞻基亲征朱高煦，行军十天就到达朱高煦的家门口乐安城。朱高煦的消息很不准确，见到朱瞻基之前，他一直认为征讨主帅是薛禄。看到朝廷大军被皇帝亲征鼓舞得斗志昂扬后，朱高煦就胆怯了，连发布命令的声音都是颤抖的。首领胆小如鼠，兵将们见了之后，连抵抗朝廷大军的勇气都没了。

见敌军毫无斗志，只是惧于朱高煦的淫威才不得不守城，朱瞻基也不想多造杀孽。朝廷大军调动神机营，出动火铳队和弓箭队，一排排的子弹和飞箭纷纷射向守城军士。攻势太猛了，守城军士被吓得魂都没了，纷纷逃离岗位。

紧接着，朱瞻基就打心理战。他命弓箭队将敕令射入安乐城，告诉敌军，此次征讨的目的只在惩罚朱高煦，其他人员如果及时醒悟，弃暗投明，朝廷大军不会追究。另外，朱瞻基还特别强调，如果生擒或者斩杀朱高煦，朝廷大军会重重赏赐。本就毫无斗志的叛军读到这个敕令后，不仅毫无斗志，甚至想造朱高煦的反。尤其是朱高煦的近卫兵，时时都伸手捏着他们的刀，恨不能一刀砍了朱高煦。

眼见军队就要发生叛变了，朱高煦不知怎么想的，突然派人出城告诉朱瞻基，他愿意投降。条件是给他一晚上的时间，他要向他的妻子儿女告别。能够和平解决问题最好，朱瞻基答应给朱高煦一个晚上。

第二天，太阳还没升起，朱高煦就想打开城门投降。突然，叛军大将王斌一把拉住朱高煦，他告诉朱高煦，作为军人，战死光荣，投降耻辱。朱高煦突然豪气大作，表示宁可战死，绝不投降。

朱高煦召集起叛军，往高处一站，发表了一通惊天地、泣鬼神的誓与安乐城生死共存的豪言壮语。本来毫无斗志，甚至想杀了朱高煦去领赏的士兵们听了这一番演说后，也激情澎湃，势如怒潮。

两军对峙，就要喊打的时候，叛军突然发现，朱高煦不见了。主将不见了，叛军很惊慌，四处找寻。找来找去，整个安乐城都找遍了，还是没见朱高煦。叛军将领死都想不到，发表完演说后，朱高煦不知怎么想的，偷偷溜出安乐城，向朝廷大军投降去了。

在造反这出闹剧里，朱高煦连主角都不是，压根儿是一个逗人发笑的丑角。还在行军途中，朱瞻基就算定了，朱高煦一定会死守安乐城，等朝廷大军攻打。关键问题是，朱高煦只有那么一点点人马，怎么对抗朝廷的几十万大军？朱高煦不仅坐以待毙，甚至打都没打就投降了。

按照惯例，为了体现皇帝的权威，朱高煦投降后，朝廷要派一个口才非常好的人大骂他一顿。朱瞻基是一个很懂文艺的青年，也有修养。他就将这个看似简单，实际对接到任务的人是一个严峻考验的任务交给一个名叫于谦的人。

仗着皇帝撑腰，于谦尽情发挥大豪才的利口，视昔日位高权重的朱高煦亲王如无物。史料记载，于谦骂得有条有理，逻辑性强，嗓门洪亮。朱高煦经受不住摧残，耷拉着的头越垂越低，最后直接趴在地上，不停地发抖。

骂人工作都干得这么出色，朱瞻基很赏识于谦，升他为巡按，派遣到江西工作。朱瞻基是体恤农民的人，他先派遣于谦到江西锻炼，就是希望于谦做一个好官。后来的事实证明，于谦不仅是一个人才，还是一个好官。

被大骂一通后，朱高煦就在西安门的牢房里过起安安稳稳的生活。虽然有点儿不自由，总比被杀头好。朱瞻基像他父亲一样厚道，没采纳大臣们的杀朱高煦以儆效尤的建议。朱瞻基是这么想的，无论如何，血浓于水，只要朱高煦不再犯事，过去的一切都可以原谅。

一天，朱瞻基想念叔叔，就到西安门去看望。两人见面后，不知道朱高煦突然犯什么毛病，猝然玩一个勾脚，把朱瞻基重重地摔了一下。皇帝被暗算，还摔倒了，多丢人。为了给朱高煦一个小小的惩罚，也算是警告，朱瞻基命人找来一口三百余斤的大铜缸，将朱高煦罩住。

朱高煦被大铜缸盖住后，竟然使出全身力气，将缸给撑起来了。不仅如此，撑着铜缸的朱高煦很有精神，东撞撞，西撞撞，最后甚至转起圈来了。

看着朱高煦撑起大缸摇摇晃晃、东倒西歪地撞来撞去，朱瞻基有点儿想笑。等到朱高煦越转越起劲，越转越精神，甚至转出一个个大大小小的圈儿后，朱瞻基再也忍受不住。他命人抱来干柴，外加一大堆煤炭压在铜缸顶。一个小小的星火，朱高煦的一生就此结束。

蛐蛐是我的最爱

朱瞻基不仅能文能武，甚至还保留着孩童时的癖好，例如闲着没事就会翻皇宫大院里的石块，看看有没有蟋蟀。如果有，他就捉来一两只放在一个小盒子里，让这两只蟋蟀打架。看着两只斗得你死我活的蟋蟀，朱瞻基的脸上洋溢着孩童般的笑容。久而久之，朱瞻基越陷越深，可以说没有蟋蟀，他就活得不自在。

作为一个正常的人，平常有点儿娱乐活动，没什么大不了。问题是，朝中好多拍马奉承的人，见皇帝喜爱蟋蟀，就投其所好，从民间收集无数特异的蟋蟀，进贡给皇帝。这个任务，上层摊派给下层，最终遭殃的还是老百姓。朱瞻基爱民如子，不允许朝廷官员随便给百姓摊派任务。可是，他怎么能想到，因为他的一个小小的娱乐活动，竟然增加了天下无数百姓的负担。

进贡的蟋蟀越来越多，朱瞻基一个人是玩不过来的。这个时候，那些逗皇帝玩的太监再次担任了陪皇帝玩的任务。在皇宫大院，随时都可以看到太监们三三两两聚在一起斗蟋蟀。决出团体第一勇猛的蟋蟀后，等到皇帝有空了，太监们就和皇帝斗蟋蟀。都说玩物丧志，如此一来，即使朱瞻基没有丧志，他花费在斗蟋蟀上的时间也会很多。

士大夫们深受儒家文化影响，他们心中理想的明君应该是勤政爱民的，像朱高炽一样爱民如子的好皇帝。朱瞻基玩蟋蟀玩得太过火了，有时甚至上朝迟到，有时忘了及时批阅朝臣的奏章，士大夫们非常不满。经过明朝前几任君王的培养，到朱瞻基的时代，士大夫以师生关系为纽带，已经发展成一个非常团结的集团，人称文官集团，这个集团敢直接批评皇帝。

想当初，朱高炽因为修了几间宫殿、多纳了几个侍妾和接连几天没上朝，士大夫的代表人物李时勉马上写了一道话语讽刺、词锋逼人的奏章，骂得朱高炽既不能反驳，也抬不起头来。事后，每当遇到他人，李时勉就以此事自夸。李时勉敢如此张狂，是因为他代表覆盖面很广的、力量很大的、掌握"票拟"权力的文官集团。

明朝有一个特点，一道奏章的顺利执行需要通过两道关键程序，一道是"票拟"，另一道是"批红"。"票拟"的主要任务是起草奏章，这由文官集团负责。"批红"就是审阅奏章，决定是否通过，权力在皇帝手里。天下所有的奏章，都要经过皇帝的"批红"。可是，天下的奏章太多了，光是"批红"就很累人。皇帝爱上斗蟋蟀后，"批红"工作越来越马虎，有时看都不看，直接就批了。

皇帝玩蟋蟀丧志，荒废政事，士大夫们不仅上书劝说，还戏称他为蛐蛐皇帝。为遮掩自己的过失，朱瞻基想到了一个很好的办法，请人代批奏章。皇帝能够接触的人不过四类，第一类是士大夫，第二类是武将，第三类是后宫嫔妃，第四类是太监。士大夫坚守理想，绝对不会越权替皇帝批阅奏章。第二类人和第三类人大多不懂政府法令，不会批阅奏章。第四类人经常陪在皇帝身边，耳濡目染，多少还是知道一点儿的。

选定太监为代理批阅奏章的人选后，朱瞻基就开始了埋葬大明王朝的工作，教太监读书。宣德元年（1426年），朱瞻基下诏，设置"内书堂"供太监读书。这是一件小事，但不少史学家认为，正是因为朱瞻基的这个举动，为大明王朝埋下了覆灭的祸根。"由于提供了正规教育和使用他们处理公文，他无意地为他们滥用权力开辟了道路。"（费正清《剑桥中国史·明史》）*这里的他指朱瞻基，他们则指太监们。

经过朱棣的大力培养，太监掌握了以朝廷暴力为后盾的、集监视、抓捕和司法于一身的东厂，权势已经很大了。朱瞻基再教太监读书，甚至让他们批阅奏章，分明是将天下的另一半权力也交给太监。如此一来，太监既有"武"的权力，也有"文"的权力，真是权势熏天。

太监机构的正规职能是处理宫中大小事务，但东厂和"内书堂"正一步步地扩大太监的权力。受过"内书堂"教育的人，出来后就可以替朱瞻基处理部分政务。自从朱瞻基爱上斗蛐蛐后，甚至将"批红"的权力全部转交给从"内书堂"出来的太监。如此一来，凡是太监所不喜欢的奏章，都给批驳回去。

奏章批下来，士大夫们越看越奇怪，最后才发现批阅奏章的不是皇帝本人。也有士大夫上书奏请皇帝禁止太监干政，可是"批红"权掌握在太监手里，皇帝连奏章都没看到，也就没想到限制太监干政。发展到后来，太监阻碍了士大夫与皇帝之间的沟通。皇帝看不到士大夫的奏章，不知道天下究竟发生了什么事。放弃"批红"权力的皇帝，全被太监蒙在鼓里。

君子留下，小人离场

宣德初年，朝廷仍然有许多有缺陷的政策。南京的法司就残缺而不健全，随便就判决，轻易就将被告人逮捕、审问。比如，奸人想要陷害好人，就妄加编造罪名，写成告状信赶赴南京上诉，由此造成许多冤案，残害了无辜的忠臣良民。宣宗朱瞻基听到这种情况后，立即下令都察院颁布命令，对这些情况加以禁止，从今之后，凡是有告状的人，都必须送往北京审理，只有京城军民的诉讼，才允许把其逮捕审问。这道法令的制定，制止了坏人钻朝廷的空子来冤枉残害忠臣的事件的发生。

当时，朝廷发生了一件诬陷忠臣的事情。结果，奸臣被惩治，忠臣则受到了保护和重用。有个宦官叫裴可力，他受朝廷的派遣，到浙江负责监督处理当地政事。浙江有一个姓汤的千户，听说朝廷派下来钦差御史，来监督、检查工作，他非常害怕，因为他在这里为非作歹，干了许多违法的事情。为此，他想，只要对朝廷派来的这位大官进行贿赂，与他勾结在一起，就什么问题也没有了。于是，汤千户在裴可力到来之后，就大摆酒宴热情款待这位朝廷大员，之后又多次献殷勤，讨好朝廷大员，借各种名义，送给裴可力许多金银财物。裴可力在金钱的诱惑下，和汤千户勾结起来，更加严酷地剥削百姓。当地人民对汤、裴的倒行逆施恨之入骨，纷纷上书朝廷，揭露他们的罪行，请求朝廷对他们进行惩治。

于是，朝廷派遣按察使林硕到浙江进行整顿。林硕到任之后，立即采取措施，制定了一整套的法规制度，整顿政治，清查官吏，为百姓做了一些实际有用的事情。汤千户对林硕的到来，既害怕又不甘心。因为林硕所制定的政策、制度，都危及他的利益，并限制了他的胡作非为。汤千户向裴可力说林硕的坏话，裴可力因而怨恨林硕，认为林硕是为了夺自己的权位，监督、调查他来的。于是就寻找时机报复。经过反复策划，裴可力向朝廷上了一道奏折，诬陷林硕，说他到浙江后，有讥讽、诽谤朝廷的言论，并对宣宗皇帝下的诏书谕旨进行限制，不让施行，违背皇帝的旨意。朝廷得到这个奏折后，立即将林硕拘捕，押送到北京审理。刑部提审林硕，林硕很明白这是小人的陷害，便在法庭上给自己辩解。他说："我以前曾经担任过御史，视察浙江，让当地的小人不能继续为非作歹，给他们带来很多麻烦。此次，臣升为按察使，再次到达浙江，时间不长，臣采取一些措施，又触及了这些小人的利益，因此他们更加恨我，便要弄阴谋，制造谣言，加害于我，想要把我赶走，保证他们可以继续为非作歹，剥削百姓，不受官府的限制。"

宣宗听了林硕的申诉，对他说道："我本就不会轻易相信他们卑鄙的话，一定要当场审问他们。如今你既然已经明白，是那些小人对你的陷害，我也不相信他们，而仍旧相信你，你也就不要再担心了。你马上赶回浙江，继续担任你的职务，履行你的职责，为百姓主持公道，办实事，不负朕对你的期望。只要遇到民众疾苦的事情，全部奏报上来。朕以诚心对待臣下，不轻信奸人谗言。你不要有顾虑了，好好地干吧！"林硕听了皇帝的一番话，流下眼泪，连连叩头拜谢皇恩，并保证回到浙江后，一定不辜负皇上对自己的信任，秉公办事，用尽全力报答朝廷和皇上。

随后，宣宗对身旁的大臣说："宵小之人裴可力制造虚假的事情，去陷害忠直的大臣，回到京城后一定要严加惩治，绝不宽恕。"果然，时隔不久，裴可力被召回京城，受到拘捕，以诬陷罪被依法判刑惩处。汤千户残害百姓也受到了惩治。宣宗对小人的惩治，对忠臣的信任、重用，在朝廷上引起了强烈的反响。

宣德六年（1431年）十二月初三，内官袁琦，内使阮巨队、阮诰、武莽、武路、阮可、陈友、王贵、杨四保、陈海等伏诛。他们在广东等地出差办理国家事务，以采购物品为由，擅自领取他人财物，事发下狱。经过审查，这些都是袁琦一手操纵的。在抄没其家产时，发现所埋藏金银数以万计，宝货、丝锦衣物等应有尽有。连所用的金玉器皿，也是从宫中获得，属于非法。这些都是上面所说的众人所为，经过三堂会审，全部处死。

宣宗知道后，深恶痛绝，立即命令将袁琦凌迟处死，以解民恨。其余十名，斩首示众。为总结此类事件的教训，宣宗于第二年的正月十九日，布告天下，以儆效尤。其中说道：

"我自从登上皇位，早早起床，很晚才睡，不敢偷懒。认为天下江山是祖宗留下的，百姓战士也是祖宗留下的。百姓安宁，天下就能得到很好的治理，而我也才能报答祖宗的恩情和寄予我的厚望。

"自从登基以来，我始终把安定民心作为自己的职责，可是内官太监袁琦，陪伴我很长时间了，却没有想到他为人阴险狡诈，欺骗朝廷，以办理公家事情为借口，做一些罪恶的勾当。有人上报说内官内使，在外面招摇撞骗，凌辱官员，毒打并且虐待战士百姓，无所顾忌地贪污，残酷到了极点，他所得到的金银财宝有千千万万。所在地区，民不聊生，怨声载道，而当地官员坐视民患，不敢过问。天地不容，神人共怒。发其罪恶，白于天下，已交法司，归拿严办。

"尔等各级官员听着：一定要体会朕爱民之心的迫切，使人民安定太平、过好日子，是国务的根本。代天理民是君王的事，为国安民是臣下的事。你们一定要勤奋向上，让下面的军民都安定无事，而听不到他们的叹息声、愁苦声、怨恨声。只有这样，才算尽职尽责，不负朕的委托。你们努力吧！"

杀掉太监既了结百姓的心头之恨，又给各地方的官员上了堂"拥政爱民"的课。

奈何好人不长命

宣德九年（1434年）十二月，宣宗突然得病，他病到什么程度史书无记载，但从现有的史料看来，起初他的病并不严重，因为他还在处理朝中的政治事务。不过，众位大臣常常向他问好，但病情也不见有什么好转，却有加重的势头。据记载，文武群臣第一次问安是在他得病三五天之后，集聚在左顺门跪叩请安的。过了三天，文武群臣又来到左顺门问安。又过了三天，正巧是立春之日，例行的庆贺礼被取消。由此判断，宣宗连接受群臣贺春礼也免了，可见他病得不轻。于是，群臣又于立春日来到左顺门，再次向皇帝问安。

宣德十年（1435年），这是宣宗当皇帝的第十年，如加上他继位的那年，该是第十一年。春节是一年之始，故被人们视为一年中最为重要的节日。这一天，皇宫要举行盛大的庆贺活动，皇帝要上大殿接受百官的祝贺。但宣宗把这个重要的庆贺活动也取消了，而命百官在文华殿向太子举行庆贺礼。确实，宣宗的病情已经很严重，但他还可以处理政治事务。

正月初三，他自感自己的日子没多少了，便向文武大臣发出一道旨意："我的病治好的希望不大了，这大概就是上天注定的吧！让皇太子继承皇位，众位王公大臣都必须严守祖宗的家训，各王谨守藩国。嗣君（指皇太子）年幼，唯望皇太后朝夕教诲训导，你们文武大臣尽心辅佐，凡家国重务，必须上禀皇太后、皇后，然后去执行。"

宣宗去世以前，还留下了一份"遗书"，向全国颁布，为的是全国上下都能知道，照他的最后一次旨意去办。遗诏的内容，同他临终前的遗言基本一样，宣宗对他走得这么早充满了遗憾。他说："生死是人之常情，寿命的长短有一定的限度。人的生死，是符合自然规律的，寿命的长短也有极限。（这些）都是不能违背的。唯一感到遗憾的是，不能继续光大祖辈的宏图伟业，也不能奉养母亲到终年，心里想到这些，即使死了，于九泉之下也不得安宁。"

宣宗驾崩后，他九岁的长子朱祁镇继承了大明江山事业，也就是英宗，年号正统。

王太监夺权三部曲

王振，是明英宗身边的亲信太监，掌管着司礼监大太监的职位，仰仗着英宗的宠信，权倾四海。

王振本是宣宗时蔚州（今河北蔚县）一带的一个流氓，年轻时候读过一些书，考了几次科举都没有中，娶妻生子以后，在县里当教官，后来犯了罪即将被发配充军。

这个时候，正赶上朝廷要挑选一部分地方上的学官，"净身入宫训女官辈"。即将被发配充军的王振，认为这是个出人头地的大好机会，于是，便抛妻弃儿，自阉进宫。

宫里的太监们大多都没有文化，粗通文字的王振成了太监中的佼佼者，被尊敬地称为"王先生"。宣宗认为他是一个人才，任命他为东宫局郎，派他去侍奉太子读书。

王振生性狡诈，但宫中的宦官也不乏奸险之辈，宣宗在位时期，他并未受宠。但是与太子朱祁镇朝夕相处，王振用尽各种伎俩，深深地赢得了太子的欢心和信任，正是与太子的这份不解之缘，成为他日后夺权的第一块垫脚石，道貌岸然的王振成了太子的启蒙导师。

朱祁镇继位后，深得他信任和依赖的"王先生"，自然受到了提拔和重用。王振取代了原司礼太监金英的位置，一跃成为宦官中权力最大的司礼太监。

明朝设立了"票拟"和"批红"制度，宣宗时候，让司礼监的人把票拟的内容抄下来，让司礼秉笔太监代理自己行使批红的权力，再经由司礼监掌印太监最后盖章通过。由于皇帝深居简出，平时和外廷的官员接触较少，久而久之，有的大太监便开始了瞒天过海的把戏，欺上瞒下，假传圣谕或篡改谕旨，以达到自己贪婪的政治私欲。

朱祁镇把如此重要的职权交给了王振，使王振有了夺权乱政的资本，为他日后擅权开辟了道路。仗着皇帝对自己的宠信，王振开始在宫中作威作福，私欲日益膨胀的王振还掌握了一部分兵权，用来威慑那些手无寸铁的文臣。

但是，王振夺权的道路并非一帆风顺。

宣宗在驾崩前，为朱祁镇钦点了五位顾命大臣：杨士奇、杨荣、杨溥、张辅、胡濙，年仅九岁的朱祁镇不能亲自处理国家大事，由其祖母太皇太后张氏垂帘听政，太皇太后是一个贤明有德的人，她虽然秉政，但把一切国家政务都交给内阁大臣们处理，自己绝不过问。

张太皇太后见王振有逐渐干预朝政的野心，为防止宦官专政而亡国的前朝历史悲剧重现，她决定给王振来一个下马威，以打消他的野心和念头。

一天，太皇太后让宫中的女官穿上戎装，佩上刀剑，守卫在偏殿，然后将五位顾命大臣召到偏殿。据记载，太皇太后意味深长地对五位大臣说："卿等老臣，嗣君幼，幸同心共安社稷。"(《于少保萃忠全传》)太皇太后意在让他们共同辅佐幼主。随后，太皇太后又指着五位大臣对年幼的英宗说："皇帝万机，宜与五臣共计。此五臣，皆先朝所简拔，以贻与皇帝者，凡有事必与之议。若非此七臣所赞画者，不可行也。"(《于少保萃忠全传》)太皇太后告诫年幼的朱祁镇，如果皇上有什么想做的事情，一定要和这五位大臣商量，如果皇帝要做的事情这五位大臣不赞成，那么绝对不可以做！

五位大臣听了太皇太后的一番嘱托，感动得无以言表，誓死辅佐幼主。

过了一会儿，太皇太后宣王振上殿觐见。王振到了偏殿，一看朱祁镇和五位大臣都在，以为太皇太后要对自己委以重任，心里暗自得意。谁料，太皇太后见到王振，一改刚才的和颜悦色，严声喝令他跪下，厉声说道："汝服侍皇帝起居，闻汝行事多不律，今赐汝死。"太皇太后话音刚落，"侍卫女官闻旨，即掣剑欲斩王振"。(《于少保萃忠全传》)

王振还没反应过来是怎么回事，脖子上就架了几把冷冰冰的刀剑，顿时吓得魂不附体，趴在地上直喊太皇太后饶命，浑身哆嗦。英宗和五位大臣也着实惊了一下，急忙跪在地上请求太皇太后免王振一死。

见此情形，太皇太后便也作罢，只训斥王振说："今皇帝年幼，未能周知事务，若留渠用事，日后必误家国矣。我今暂听依皇帝暨先生之言赦振，自后不得与渠干国家大事。"（《于少保萃忠全传》）此段话虽简短，却极具震慑力，是说新帝年幼，此等宦官自古以来就容易祸害国家。今天看在皇帝和大臣们的情面上，就姑且饶王振一命。但此后，不许他干预国政，如有违犯，定斩不饶！王振听罢，急忙连声称是，不断地磕头谢恩，连滚带爬地退出偏殿。

受此教训的王振不敢轻举妄动，在太皇太后的监督下，王振不敢再兴风作浪，安分老实地当了七年司礼太监。

正统六年（1441年），应天重定为南京，所辖府县甚多。

正统七年（1442年）十月，太皇太后张氏病逝，大明王朝失去了对王振最有控制能力的一个人，王振开始步入了专政夺权的辉煌时期。

此时，"三杨"中的杨荣在正统五年（1440年）早已病逝，杨士奇因为儿子杀人案而引咎辞职，只有杨溥还在朝，但杨溥年老多病，权谋之术远不如杨荣和杨士奇，杨荣引入内阁的几位大学士资历尚浅，在朝中没有太大威望。于是，王振擅权的一切条件都成熟了。深受英宗朱祁镇宠信的王振，轻而易举地就独揽了大明王朝的政权。

在大明宫门口，矗立着一座三尺高的铁牌，那不是一个普通的摆设，是太祖皇帝朱元璋为防止宦官专权而立的，上面铸着"内臣不得干预政事"八个醒目的大字。但是专横的王振却私自命人将此碑捣毁，而且第二天的朝堂之上，竟无一人敢指责王振的罪行，大臣们对此事集体保持了一致的沉默，实在令人扼腕。

王振控制了锦衣卫，开始了擅权的专制大道。一些官僚见王振日益掌握大权，便纷纷极尽谄媚之术，前来巴结贿赂，以求能换取一官半职。

王振的权势日益膨胀。一方面，他广结党羽，大力提拔那些对他溜须拍马、阿谀奉承的无耻之徒；另一方面，他利用各种机会排除异己，残害忠良。

他先后杀害了弹劾他的张环和顾忠，又囚禁了驸马都尉石璟，很多朝臣皆因得罪了王振而遭受牢狱之灾。从朝廷到地方，很快便形成了一个以王振为核心的朋党集团，王太监的擅权之路至此走向巅峰。

小弟弟被激怒了

在朝廷，王振大肆收取贿赂，公然结党营私，置国家法令于不顾；在地方村庄，他则广侵良田，随意破坏他人的家庭，弄得民怨沸腾。英宗年幼无知，只听王振的话，不知道内忧外患，完全被蒙在鼓里。

在英宗朱祁镇的时代，北方的蒙古是明朝的一支强敌。那个时代的蒙古虽然屡遭明朝前几任皇帝大力打压，可是他们的发展潜力还在。经过几十年的发展，北方的蒙古迅速崛起，其中要数也先部落最张狂。

蒙古威慑于明朝的威势，向朱祁镇称臣，每年都向明朝纳贡。"不论在不同部落之间，或是在明朝和蒙古之间，经常发生的对立和内部动乱中存在着明显的经济因素，即不断地寻求和保有水源和牧地，以及希望在贸易时得到庇护。"（费正清《剑桥中国史·明史》）这就是说，如果蒙古族人与汉人的经济交往受到阻碍，大多数情况会发生动乱，甚至是战争。贪得无厌的王振之所以深受世人唾弃，是因为他挑起了明朝和蒙古的战争。

掌权之初，王振的胃口不大，对蒙古也先部落的敲诈很轻。也先属于瓦剌的一个分支，瓦剌是蒙古地区的最大势力，对明朝边境的威胁很大。镇守大同边境的郭敬是王振的死党，王振利用这个关系，每年都收取也先部落不少的好处。

蒙古族人善于骑马射箭，可是造箭的技术却不高明。为了讨好也先部落，在王振的授意下，边关守将郭敬每年都私下大肆造箭，送给也先部落。不仅如此，为方便蒙古族人和汉人的边境贸易，王振竟然私自简化关系国家安全的边防。这样一来二去，王振与也先部落的关系越来越近，交往越来越深，双方都按惯例行事。

正统十四年（1449年），王振的行为大出也先的预料，可以说是王振狠狠地捅了也先一刀。按照惯例，也先部落每次前来朝贡，为了体现天朝上国的神威和富裕，明朝都要回赠价值更高的物品。明朝回赠的物品都是蒙古族人极其想要、蒙古地区非常稀缺的。为了最大限度地获取中原的财富，每次朝贡，蒙古的使团都尽量扩大人数。

按照明朝规定，蒙古使团来朝，使者不能超过50人。这么规定，首先是为了朝廷的安全，其次是尽量收缩回赠的开支。可是，皇帝都是爱面子的。一旦涉及面子问题，他们就忘了要面子的代价。正统初年，皇帝见蒙古使者大批来朝，心里非常高兴，忘了人数限制。发展到后来，为了讨好英宗皇帝，更为了个人私利，王振竟然唆使蒙古族人多派使者前来朝拜。

蒙古使者来得越多，越能体现英宗的神威，同时能增加王振的收入，王振又何乐而不为。在王振的操纵下，一方面是国家排场好、气派大；另一方面是暴乱不断，灾害频频。

正统十四年（1449 年），瓦剌派出 2500 多人前来朝贡。为了多领回赠，瓦剌虚报使团有 3000 人。自从与王振交往，瓦剌多报使团人数已成惯例。骗取明朝的回赠后，瓦剌会分一部分给王振。因此，对于这些事，王振总是睁一只眼，闭一只眼。

使团人数上报之后，瓦剌人整天乐悠悠地闲逛首都，一闲下来就计算回赠物品。明朝官僚机构的"办事效率"很高，没过几天就将回赠发放到瓦剌使团手里。瓦剌人一看到回赠物品，全愣住了。

原来，明朝是按照实到人数发放的回赠。也就是说，瓦剌使团接到的回赠比预想的少了近 500 份。明朝的回赠很丰厚，这 500 份回赠加起来，大约够维持瓦剌部落一个冬季的生活。现实同预想的差距太大了，瓦剌使团接受不了。更令瓦剌使团生气的是，明朝竟然单方削减贡马价格的五分之四。明朝的这一举动严重损害了经济交易中公平和平等的原则。瓦剌使团觉得自己不仅在经济上遭到剥削，在政治上受到压迫，更在精神上受到轻视。

马匹对增进明朝军队的战斗力很重要。"最重要的战略需要是为庞大的常备军取得充分供应的马匹。明朝本身产马很少，而且马的品种不佳。"（费正清《剑桥中国史·明史》）自从与蒙古发展边境马市以来，蒙古族人的马匹是明朝军队的最大供给源。王振目光短浅，看不到马市对军队的作用，朝中其他大臣是知道的，也先部落也知道。

此次朝贡大大失利，蒙古使团大怒而回。使团满载而去，却空手而归，蒙古首领见了，差点气炸了肺。此外，朝贡使团还捏造了许多明朝轻视蒙古首领的谎言，称明朝官员总是出言侮辱。蒙古族人听说被明朝公然侮辱，也都感到很气愤，蒙古首领不等辨明真伪，就下令征讨明朝。

也先部落是瓦剌发展速度最快、最有血气、战斗力最强的一支部队。这支后起的部队，就像一个小太阳，仗势勇猛，十分张狂。他们认为，如果没有蒙古族人的马匹参战，明朝就组织不起一支作战能力强悍的骑兵。如果明朝只有步兵出战，一定不能抵抗兼具速度和力量优势的蒙古骑兵。

倚仗擅长骑马射箭的优势，瓦剌部队兵分四路，大举南下。瓦剌兵分四路，只为分散明军的力量，他们的真实目的是攻取北京城。此次出战，也先亲征，可见瓦剌对明朝单方削减马价和缩减回赠的痛恨。

一场战争的爆发，都是因为王振这个太监的贪婪。

二十万人集体大出游

在炎热将消的七月，也先部队大举南下。明军毫无防备，也先军如入无人之境，大肆抢夺。也先军有三位主要将领，分别是脱脱不花、阿剌知院和也先。脱脱不花率领兀良哈精锐骑兵，从辽东南下；阿剌知院带领一部分也先骑兵，大举围困宣府。脱脱不花和阿剌知院等人都是为也先打侧击的，也先的真正目的是北京城。

其他各路将领死死拖住明军，使得也先能够迅速突破明朝的重重防守，直攻大同。大同守将郭敬是无能之辈，除了甘当王振的走狗、贪赃枉法外，一无是处。更为严重的是，明朝边疆将士毫无忧患意识，平日只顾享乐，没有操练。训练有素的也先部队攻打没有操练且军备废弛的明军，结果自然是势如破竹，一路上凯歌高奏。

边关将领屡战屡败，求救文书如寒冬的雪片纷纷飞落京城。英宗看到求救文书后，召见的第一个共商对策的人不是武将，也不是文官，而是大太监王振。兵部尚书邝埜和侍郎于谦都是有谋略、有见识的人，英宗抛弃有用的人，转向无用的人咨询，真是自己挖坑自己跳。

王振根本不懂军事，更不知道蒙古强悍、明朝虚弱的局势。他对英宗说，既然蒙古也先亲自出征，明朝的皇帝也应该亲征。只要英宗皇帝亲征，一定能鼓舞大明士气。如此一来，一个明朝军士能抵挡几个蒙古骑兵，胜利便唾手可得。英宗听了后非常高兴，自认为他可以凯旋，名留青史。

到英宗时期，地方卫所兵比明初的 250 万减少了近 125 万，即边防缺乏 125 万生力军。

明军没有防御的能力，自然没有迎击也先部落的能力。当时的兵部尚书邝埜和侍郎于谦也认为蒙古来势凶猛，再加上蒙古骑兵骁勇善战，最好不要同敌人展开正面战争。可惜，忠言逆耳，英宗朱祁镇被王振的甜言蜜语欺蒙了，听不进一句洞悉时局的话。

面对不可违抗的圣旨和皇帝的坚决，吏部尚书王直率领群臣，联名上书，奏请英宗不要贸然亲征。"如今秋暑未退，天气炎热，旱气未回，青草不丰，水泉犹塞，士马之用不甚充足。"（张廷玉《明史》）既然英宗听信王振的鬼话，渴望建立军功的雄心不可动摇，大臣们就退一步，推荐其他武将代替皇帝出征。

这帮大臣知道，明朝已经是一个空架子，虚有威名。如果同蒙古军队打硬仗，势必败多胜少。战场上刀剑无眼，一旦蒙古骑兵大举杀进，明军没有足够勇猛的将领保护皇帝。万一皇帝在战争中遭遇不测，蒙古骑兵趁机大举南下。如此一来，内忧兼外患，明朝可能面临亡国的大祸。

为了虚名，英宗能够抛弃一切，甚至是他的生命。他的世界很小，目光十分短浅，只有个人利益。面对蒙古骑兵的猖狂，他仍然意气用事，不顾国家安危。

尽管反对皇帝亲征的呼声很激烈，朱祁镇仍旧听而不闻，以无比坚定的雄心下令亲征。

八月，英宗亲率大军，浩浩荡荡地向北进发。由于这支军队是仓促组建的，再加上能力突出、作战勇猛的将领大多被太监王振排挤在外，而最无能的王振却被任命为最高统帅，致使这支军队没有中心凝聚力。更加糟糕的是，这支人数高达20万（另一种说法认为有50万）的军队由于出征前准备不足，行军过程中又缺乏明智的领导，致使供应不足，虐待士兵的情况频发。

除太监王振外，陪同英宗亲征的人员还有英国公张辅、户部尚书王佐、兵部尚书邝埜和内阁大学士曹鼐和张益等100多名文武官员。在皇帝亲征期间，全国政务由他的异母兄弟朱祁钰代理，史称摄政。

与追随皇帝亲征的人不同，留下辅助朱祁钰的人因为英宗听信王振的谗言而对皇帝十分失望。他们之所以选择留下，目的之一就是寻求明主，这类朝臣以于谦为代表。

与英宗相比，朱祁钰更能听进不同的意见，因而深受于谦等人的拥戴。从当时的情况分析，自从英宗听信王振的谗言选择亲征，明朝内部就已经分裂为两派了。从长远分析，英宗亲征也先一事导致明朝陷入内有分裂之忧、外有强敌压境的境地。

在亲征大军内部，矛盾尤其突出。首先是王振及其朋党和以邝埜为首的朝臣的矛盾，朱祁镇将一切权力交给对军事一窍不通的王振，王振的无知令有能力、有见识的文臣和武将不能容忍。可是，王振又是一个擅权作威、仗势作福的人，他不但不认错，还以错为对，甚至利用权力公然打压文臣武将。如此一来，王振越嚣张，他与朝臣的矛盾就越深。其次是下层士兵和上层官吏的矛盾，由于大军准备不充分和领导无能等因素，军队内部不仅供给不充足，甚至发生分配不均的严重后果。那些对王振曲意奉承的人，能够获得比生活必需还要多的生活资料；相反，那些坚持自我的人，则整日食不果腹。

从组建之初，这支亲征大军就是一支畸形的军队，甚至是一群充满矛盾、彼此敌对的乌合之众。大军如一盘散沙，根本不像前去征讨也先的部队，而像一群到北方游览的小孩子。因为种种内外矛盾，这决定了大军踏上征程的第一步就等于踏上败亡之路。

这回真的无路可逃了

在秋雨绵绵的八月，两个老人并排跪在雨露点点的深草里。这两个老人，都是位尊权大的朝廷官吏，一个是兵部尚书邝埜，另一个是户部尚书王佐。可是，面对英宗的宠臣王振的打压，即使使出浑身解数，邝埜和王佐都难逃厄运。在军队里，堂堂的兵部尚书竟然被一个太监罚跪，真是奇耻大辱。由此可见，除了皇帝英宗之外，王振的权力已经超越众人，他的淫威牢牢地罩在所有人的头顶。

邝埜和王佐之所以被罚跪到天黑，主要是因为他们奏请英宗回军的呼声最高和说辞最有说服力。大军刚刚出征，天上就下雨。秋雨绵绵，一连好几天，从没停息过。迷信的人私底下纷纷相传，这不是好兆头，应该撤军。邝埜和王佐不是迷信，而是越来越担心不稳的军心。

这支大军是一群乌合之众，只会享福，不能与他人共患难。因为后勤供给不充分，大军行走了几天后，开始闹粮荒。伙食供给越来越少，有心计的兵将就开始铤而走险，干一些偷抢的勾当。王振不懂得维持纪律、稳定军心对出征在外的军队的重要性，对军队中偷鸡摸狗的勾当睁一只眼闭一只眼，使得事态发展得越来越严重。

发展到后来，很多死在出征路上的军士不是因为粮食不够而死，而是因为有一部分人仗势强力多占了他们的口粮。粮食不足加上军心大乱，使一大部分出征军士被同伴遗弃在路上。秋雨绵绵，道路满是积水，泥泞不堪。被遗弃的军士不是身体孱弱，就是染上疾病，加上没有粮食充饥，等待他们的只有死亡。明军还没到达大同，已经损失了十分之一二的人马，叫邝埜和王佐如何不心痛？

邝埜和王佐认为，秋雨绵绵不利于远道行军，这叫没有天时。按照路上损失的人数计算，即使到了大同，剩下的也未必能够战胜也先部队。一路上军心不稳，秩序混乱，又因为缺粮闹得人心惶惶，应该及早回军。回军的提议刚出，大部分军士就纷纷高声附和。可是，王振是一根筋，无论邝埜和王佐的理由多么充分，他就是坚持不回军。大多数人附和回军的提议，唯独王振一党反对，这更加凸显了他们的倒行逆施。

为压制回军的呼声，王振痛下辣手，罚地位最高的邝埜和王佐跪了一天。两位尚书被惩罚后，呼吁回军的声音就消失了，王振不屑地笑了笑。令王振意想不到的是，刚刚打压下反对派的回军呼声，在他的内部竟然有一个人跳出来高呼回军，这个人就是彭德清。彭德清懂天象之术，自出征起他每天都观察天象。经过一段时间的观察，他发现此次出征不利，如果不及时回军，明朝将会遭遇莫大的灾祸。两位尚书都被打压下去了，对付彭德清这种小角色，王振有的是办法。

明军来到大同，也先部队已经撤走了。王振和英宗都认为，也先部队撤走，只有一个原因——害怕亲征的英宗皇帝。在王振的甜言蛊惑下，英宗越发自高自大，感觉他此次出征未费一兵一卒就吓跑了也先部队，功劳特别大。

大军一路北上，没有见到一个抵抗的也先士兵，王振和英宗整天笑个不停，邝埜等人却是忧心忡忡。他们认为，也先出军时气势汹汹，连克数城，大有不成功便成仁的气势。可是，听说英宗亲征，两军还没有正面交锋，也先部队就撤了。如果要解释这种情况，除了也先打算诱敌深入外，不能有其他解释。

冒着被再次惩罚的危险，邝埜再次奏请英宗回军。然而，英宗被虚假的胜利冲昏了头脑，只听得进王振拍马奉承的甜言蜜语，对邝埜的提议充耳不闻。大军仍旧北上，同样没有遇到一个也先士兵的抵抗。这个时候，大同守将郭敬也看出了也先的计谋。联系明军前几仗的惨败，郭敬认为也先一定在诱敌深入。如果明军继续前进，一定会中也先的埋伏。

听了同党郭敬的分析后，王振的脑子终于开窍了，全身冷汗直冒，马上下令撤军。在该从哪条路撤军这个问题上，王振又动了一点小小的私心。王振家住蔚州，如果从紫荆关（今河北易县西北）撤退，皇帝就会经过他的家乡。英宗很宠爱王振，如果经过蔚州，一定会驾幸王振的府邸。如果皇帝驾幸，王振的家不仅蓬荜生辉，更重要的是他能在父老乡亲面前炫耀一番。

明军刚刚撤军，也先部队就紧追而来。原来，也先探子发现，明军驻扎过的营地车辙混乱，脚印错杂。也先知道后，发现明军不仅害怕蒙古骑兵，甚至知道明军内部没有善于谋略的大将。由于明军仓促南撤，组织很不规范，比出征时还没秩序，再加上粮草短缺，担心也先的追截，一路上又损失了不少人马。

大军撤了40多天后，王振突然发现一个严重的问题，那就是他的庄稼的收成。掌权后的王振大肆搜刮钱财，一部分用于投资土地。在蔚州，王振利用各种手段，软硬兼施，强行买下了一大片土地。这一大片土地都种有庄稼，时间又正逢庄稼成熟。如果这支粮草紧缺的大军遇上一大片成熟了的庄稼，尽管王振的淫威很骇人，他还是不能阻止军队对庄稼的糟蹋，遭殃的一定是他的庄稼。

为了保全他的庄稼，王振又做了一个十分不利于明军的决定，改道东行，向宣府（今河北宣化）直奔。后面是也先追兵，如果改道直奔宣府就绕路了，势必被也先部队追上。大同参将郭登和内阁大学士曹鼐听了王振的命令后，十分不解，联名上书。他们写道："自此趋紫荆关，只有四十里，大人应该从紫荆关回京，不应该再取道宣府，以免被瓦剌大军追及。"（《明史》）可惜，这个提议最终被王振否决了。

也先部队越追越近，眼见就要追上明军了。为了皇帝的安全，王振派了两拨人马拦阻也先军队。第一拨以恭顺伯吴克忠和都督吴克勤为首，他们兵微将寡，只能以死相抵；第二拨以成国公朱勇为首，朱勇有勇无谋，孤军深入，深陷瓦剌重围，3万大军全军覆没。

杀了两拨拦阻的明军，也先部队的士气十分高扬，如潮水般向明军大部队席卷而来。还是为了个人私利，王振再次做了一个十分损害明军的决定。听说也先大军追来，众人都是轻装速进，辎重在后缓缓而行。到达距离怀来城仅二十余里的土木堡后,王振突然下令安营扎寨。原因很简单,王振一路上对沿途官吏大肆搜刮,敲诈了不少财物。这些财物都放在后面的辎重军车里,一共有 1000 余辆。如果也先部队追上这些辎重,王振就白辛苦了。

也先部队片刻就追到,众人都知道在土木堡停留不明智。可是,英宗只听王振一人的话,谁都无法改变王振的决定。为了皇帝的安全,邝埜再次奏请英宗先行驰入居庸关,接着布置精锐部队断后。王振听了邝埜这个建议后,就像没听到一样,不给回复。迫于无奈,邝埜大胆闯入英宗的行殿,奏请英宗火速先行驰入居庸关暂避。王振知道后,勃然大怒,大骂邝埜。王振的意思是,邝埜是竖儒一个,不知道用兵之事。如果邝埜再胡言乱语,当心人头落地。邝埜此次进谏,连性命都豁出去了,非要说服英宗不可。邝埜不怕死,王振就没有其他办法,只能命令军士将邝埜拖出英宗的行殿。

第二天,土木堡的明军醒来,发觉四周都是也先部队。眼望敌人一重又一重,即使是长了翅膀也飞不出去。深陷重围的英宗满目凄然,向山下扫视一圈后,目光最后凝视在王振身上就不动了。王振看着满山遍野的敌人,他连自己姓什么都忘了。

土木堡是一个小山丘,没有泉水,也没有河流流过。在它的南面十五里处有一条小河,可是被也先部队牢牢控制住,明军根本无法接近。就在这个没有水源的小山丘上,数十万明军被围困了两天。两天滴水未进,明军将士渴得嗓子都冒烟了。为了寻找水源,数十万人在小山坡上乱挖,可挖了两丈多深都没有见一滴水。

众兵将饥渴难忍,满腹怨言,骂声不绝。也先看着土木堡上的明军,就像看到热锅上的蚂蚁,笑得嘴都合不拢了。数十万明军就被困在土木堡上，无路可逃。

北京！北京

几天以后，因为缺乏水源，土木堡上的明军就像蔫了的白菜，腰都直不起来了。看着这支蔫头耷脑的军队，也先知道成功的时机到了。也先首先派出使者，要求和谈。也先主动和谈，王振和英宗喜出望外，命曹鼐起草诏书，命代表前去也先的军营商议和谈事宜。

明军代表刚刚进入也先大营，驻守在水源附近的也先军队就撤军了。极度干渴的明军见也先军队撤离，万分高兴，不顾指挥，纷纷奔向水源。这些人的行为都是自发的，毫无秩序，远远看去不仅混乱，还很狼狈。

突然，一声炮响，水源附近竟然冒出无数手持利刃的也先军。明军只顾喝水，武器都没在手上。有组织、有纪律、有准备的也先军攻打混乱不堪、饥渴万分的明军，自然胜得容易。趁此大乱，也先军大举攻向土木堡，就如狂风卷落叶，十分凌厉。也先军队这次攻击类似突袭，明军毫无准备，伤亡十分惨重。

在也先军队的大举冲击之下，英宗和朝臣失散了。看着如山倒的兵败，英宗竟然发起小孩子脾气，他一不逃跑，二不抵抗，三不假扮小兵，而是呆呆地坐着。也先兵杀人杀红了眼，凡是见到明军，先抢值钱的东西，抢后就一刀解决对方的性命。有一个也先小卒见英宗穿得华丽，厉声索要衣服。英宗神威凛凛，不脱衣服。对方大怒，举刀就要砍下去。这时，这个小卒的哥哥见英宗气宇非凡，认为他是大人物，不能轻易杀害。

这两个也先小卒带英宗去见也先的弟弟赛刊王。赛刊王还没开口，英宗先问："子其也先乎？其伯颜帖木儿乎？赛刊王乎？大同王乎？"（《明史纪事本末》）英宗的口气太大了，举止又不同常人，赛刊王被吓了一跳，火速飞报也先，说："部下获一人甚异，得非大明天子乎？"（《明史纪事本末》）

也先听说后，十分震惊，急忙找明朝使臣去认。两位明朝使臣确认，赛刊王所抓住的，正是大明的皇帝英宗。英宗被俘，护卫将军樊忠万分愤怒，不管三七二十一，命亲随抓住王振，他抡起铁锤，对准王振的脑门儿，一下就结束了这个祸国殃民的大罪人。

朱祁镇被俘，100多名随行官员几乎全部力战而死，大军全军覆没。消息传到北京，百官在朝堂上号啕大哭。为大局着想，皇太后含着眼泪任命朱祁钰监国。这就是说，如果英宗有什么三长两短，朱祁钰就是下一任皇帝。

朝臣认为，北征军全军覆没和英宗被俘，罪过全在王振一人。可是，王振的党羽马顺还死力辩护。群臣怒不可遏，揪出马顺，你一拳我一脚，将马顺活活打死。为平息民愤，朱祁钰下令，诛杀王振一党，枭首悬挂街头示众。处理完内部奸臣后，明朝的首要问题是解决皇位的空缺。

俘获英宗后，也先非常高兴。他认为，只要借助英宗，他就可以实现像成吉思汗那样的功绩。可是，当明朝和大同都筹措了充足的赎金后，也先还是扣留英宗，因为他认为英宗是无价之宝。

随英宗朱祁镇一起被俘的有一个叫喜宁的人，英宗失势后，他马上倒向也先一边。凭借熟悉明朝的喜宁的谋划，借助英宗这个无价的筹码，也先准备大干一场。他答应放英宗回北京，条件是英宗同他联姻。被俘的英宗很机灵，他答应联姻，条件是他回北京后举办。如此一来，英宗采取的是拖延战术。

既然同英宗谈不拢，也先就准备攻打北京。那时的北京已经陷入混乱，因为守城的军队不过 10 万人。谋略家兼老臣徐有贞认为，皇帝被俘，大同和宣府等边关要镇存亡未卜，北京已经危如累卵。为了明朝的未来，朱祁钰应该仿效宋朝，南迁首都。这位大星象家的预言更加扰乱了北京城的稳定，不少官员和富商纷纷举家南迁。

凭着一身铮铮铁骨，侍郎于谦坚决反对迁都。兵部尚书邝埜战死土木堡，于谦就是北京城中最高的军事指挥。于谦的这个提议，赢得了很多热血男儿的附和，例如大学士陈循、吏部尚书王直和礼部尚书韩雍和李永昌等人。为了争取更多说话有分量的人的支持，于谦等人四处活动，最终孙太后也加入了他们这一派。

决定留守北京后，于谦等人认为，如果要击败也先的阴谋，只有最大限度地降低他手中的筹码——英宗的价值。如果明朝不承认英宗的皇帝身份，也先即使扣留英宗，也只是白白浪费粮食。再说，如果明朝有人主持大局，说不定也先认为英宗无用，就会放他回北京。孙太后以国家为重，答应朱祁钰登基称帝，册封英宗刚一岁的长子为太子。

相比而言，朱祁钰的性格比较懦弱，朝臣却劝他登基。"他最初拒绝了，因为他认为这样会搞乱王朝的继承顺序。只是在皇太后的批准和于谦关于国家亟须领导的主张的推动下，他才最后被说服。"（费正清《剑桥中国史·明史》）

九月二十三日，朱祁钰在最简单的仪式下登基，史称景帝，年号景泰。为粉碎也先利用英宗辖制明朝的阴谋，新皇帝立刻颁布诏书，宣告英宗为了国家利益，自愿让位；同时，任何从蒙古地区发出的，以英宗为名义的诏令都应不予理睬。如此一来，在明朝历史上，出现了两个皇帝共存的尴尬局面。

新皇帝继位后，他所面对的最大困难就是解决北京的防卫问题。为了加强防卫能力，朝中有能力的官员都开始担任武将要职，例如兵部侍郎于谦被提升为尚书，可以调动任何文官。于谦从宣府调回近8万精兵守卫北京，同时动员北直隶、山东、山西、河南和辽东一带的精兵。不到一个月的时间，北京的防卫兵力迅速得到补充，达到22万人左右。

在于谦和朱祁钰的改组下，北京城的粮食、武器和兵力等都得到了及时的补充，"全城出现了高度同仇敌忾的情绪、信心和高昂的士气"。（费正清《剑桥中国史·明史》）眼见北京城越来越有生命力，也先再也不能等待了，他亲率大军袭击大同。为了迷惑守城军士，在也先的授意下，英宗被推到城门前。蒙古人告诉守城军士，除了重新扶持英宗登上皇位外，他们没有其他的目的。可是，英宗秘密告诉守城军士，不能听信。

攻打大同以失败告终。也先掉转马头，直取紫荆关。经过好几天的浴血奋战，蒙古族人终于破关，大军压境北京城。也先再次告诉守城军士，他们的目的只是扶持英宗重新登上皇位。可是，守城军士不但不领情，还杀了也先派出的使者。这个时候，喜宁告诉也先，应该假装归还英宗，让新朝廷派遣要臣前来迎接，再将明朝要臣全部扣留。谁知新朝廷看破了也先的诡计，只派了两个低级官吏来迎接英宗。也先不放人，他的谎言不攻自破。

经过于谦的整改，北京城固若金汤。也先无法攻打，五天后撤军了。喜宁告诉也先，应该侵占华北地区的一小片土地，打着英宗的旗号建立一个傀儡政权。事实证明，喜宁的任何提议都是不切实际的，因为经过改组的景泰朝廷有很强的战斗力。最让人哭笑不得的是，种种谋划被也先和残酷的事实否决后，喜宁竟然提议攻打南京，建立南方的明朝。

不久，也先的君主、蒙古的脱脱不花汗正式向景泰朝廷派遣纳贡使团，准备结束双方的敌对状态。景泰元年（1450年），也先派遣喜宁出使明朝。喜宁的倒戈和阴谋令明朝很痛恨，他刚刚踏上明朝的土地，就被抓捕，定为死罪。

喜宁死后，也先缺乏谋臣，便不再打北京城的主意了。

皇室内部矛盾

在茫茫大漠，有一个明朝人孤孤单单地生活着。在大漠的这些时间，他很少与人交谈，别人不知道他在想什么，只是发现他总是怔怔地朝着北京方向出神。这个身在大漠、心在北京的人，就是明朝的前任皇帝英宗。

也先的问题解决后，英宗的未来就成了明朝最大的痛苦。想当初，朱祁钰不当皇帝，因为英宗还没有死。但是，现在的北京已经是他辛苦改组后的北京，他对自己的杰作产生了感情。登上皇位之后，他已经放不下权力了。

在景泰朝廷与蒙古的多次互派使臣中，提到英宗朱祁镇的次数越来越少。起初，蒙古屡屡催促，建议明朝廷尽快接英宗回北京。出于保持权力的私心，也为了防备蒙古再次利用英宗偷袭北京的防卫之心，明朝廷将此事一拖再拖。到后来，礼部侍郎李实奉命出使蒙古，可是皇帝给他的书信中竟然没有一个字提及英宗。"李实发现这位从前的皇帝的生活条件很糟，并且甚至希望作为一个平民或皇陵的看护人回到明朝。"（费正清《剑桥中国史·明史》）可是，尽管英宗在给景泰的信中表达了对过往种种的深深悔恨，景泰皇帝还是没派遣使者接他回北京。

继李实之后，都御史杨善再次出使蒙古。杨善曾随英宗出征，只是他比较幸运，在土木堡一战中侥幸逃生。他对英宗的感情很深，不惜自掏腰包，为英宗赎身。当然了，景泰朝廷迟迟不为英宗赎身，蒙古人觉得英宗的身价已经大降，索要也很少。

面临分别，也先突然生出很多感情，为英宗安排了一次盛大的送别活动。为保护英宗的安全，也先甚至特意安排一支精锐部队，一直将英宗送到明朝的疆域之内。

在颁布迎接英宗的命令和制定迎接的礼仪上，明朝内部发生了无数次争吵，连英宗的回程日期都耽搁了。

面对一再拖延的回程日期，英宗第一次感到被遗弃的痛苦。相比而言，在土木堡被俘的经历都要比被遗弃的好受。自从被俘的这些日子以来，虽然也先将他当成一个人质，但至少是一个有价值的人质。可是，他的兄弟，当今大明皇帝竟然将他当成一个棘手的麻烦，一个十分希望抛弃的包袱。

千等万等，英宗终于在九月十六日被接回朝。景泰皇帝亲自迎接，除了脸色不太好外，一切都算不错。由于不是皇帝了，英宗被安排在南宫的一所新建的房子里住。现在的皇宫，对英宗而言，尽管景物依旧，可是人的感触已经大大不同，这种感触很怪，英宗从未体验过。见了几个侍婢和太监的表情和举止后，英宗终于发现，这仅仅是因为他已经不再是皇帝了。

对常人而言，这种极大的失落感会催生无穷无尽的反抗之心。然而，英宗是一个曾遭遇重大变故的人，他对一切都看得很透，不再将一切牢牢抓在手心。现在的景泰，将一切都狠狠地抓在手心，既然他那么喜欢权力，英宗就成全他。回来的第四天，英宗在太庙宣布，承认景泰为皇帝。

英宗一再忍让，景泰的打压不但不收敛，反而做得越发不近人情。首先，景泰不让英宗接见瓦剌的使者。他总认为，如果英宗接见瓦剌的使者，一定会有一个推翻他的统治的密谋。其次，景泰不让英宗过生日。其实，对于一个皇帝而言，他放弃权力，就相当于忘记自己。可惜，景泰不懂。最后，景泰规定，英宗不能参加新年的庆典。景泰的种种规定，只有一个目的，将英宗排挤在皇宫之外，甚至排挤在生活的世界之外。在朝臣看来，这些规定都是不合情理的，因而景泰越来越不得人心。最为突出的是，自英宗回北京起，礼部尚书就多次公开为英宗鸣不平。

景泰是在危急之中继位的，这决定了他当皇帝只是暂时性的。英宗的长子朱见深是公认的太子，即景泰不能将皇位传给他自己的儿子。可是，自从坐稳皇位后，景泰日日夜夜都想皇位能沿着他的血脉传下去，从二世到三世，一直到千秋万世。景泰三年（1452 年）五月二十日，景泰做了一个引发群臣愤怒的错误决定，他不顾大学士们和许多高官的反对，公然册封他的儿子朱见济为太子，立朱见济的母亲为皇后。

更立太子的行为冒天下之大不韪，原本对景泰忠心耿耿的很多大臣都为英宗以及英宗的儿子朱见深鸣不平。事实证明，景泰的这次倒行逆施得不偿失。一年多后，新太子不幸夭折，新皇后也在景泰七年（1456年）去世。新太子和新皇后相继去世，很多迷信的大臣开始以此为话柄，谈论景泰当皇帝的合法性问题。

紧接着，景泰又做了一件使群臣心寒的事。新太子去世后，不少大臣纷纷上书，劝说景泰另立太子。他们的言外之意是，当皇帝是天命注定的，只有英宗的儿子朱见深有这个命。刚刚遭遇丧子之痛的景泰听了这话后，就像听到这些人诅咒他的儿子死绝一样，因而勃然大怒，将这些大臣都打入大牢，残酷对待，好几个体质差的竟被活活打死。

事情发展到这个地步，景泰排挤英宗父子的心已经昭然若揭。那些被景泰排挤的官员，纷纷倒向英宗。他们认为，经过共同的奋斗，英宗还是能够继续当皇帝的。就算英宗不当皇帝，英宗的孩子朱见深早晚也会当上皇帝。只要英宗父子中的一个得势，他们的前途就是光明的。在这群人当中，数石亨最有野心、最有心计。石亨府上养了一群仗势欺人、专门贪污行贿的小人。自诩"两袖清风"的于谦见石亨一党如此猖狂，接连打击了几次。可是，石亨一党的行为属于集体犯罪，如果不连窝端，就无法从根本上杜绝。

为了击败景泰的宠臣于谦，石亨聚集了一群专干违法勾当的奸人。京师卫戍部队的都督张轨是石亨的助手，同石亨一样，也是一个贪得无厌的人。野心勃勃的徐有贞不甘居于于谦之后，痛恨景泰对他的冷落，整天都祈求朝廷发生大变动，好趁机攀升。都御史杨善怀有同徐有贞一样的心情，因为景泰没有嘉奖他接英宗回京的功劳；一想到接英宗回京的一切花销，杨善就后悔得要命。在这群人当中，还有一个把王振奉为楷模的宦官将军，名叫曹吉祥。曹吉祥没有其他志向，只想继承大罪人王振的事业，并力求将它发扬光大。

关于这个畸形的联盟，费正清的论述非常独到："密谋者的动机不是崇高的理想，也不是对皇帝行为的道德上的不安。"（费正清《剑桥中国史·明史》）这些人之所以叛变，完完全全是受到利益的引诱；他们结合在一起，也完完全全是受到利益的连接。因此，这是一个唯利是图的、腐败的小集团。

他们时刻准备着，终于在景泰八年（1457年）等来了千载难逢的机会。景泰染上重病，不仅不能上朝，甚至连新年庆典都无法参加。尽管景泰病重的消息被严密封锁，无孔不入的石亨还是知道了。趁皇帝病重的大好时机，石亨、张轨、曹吉祥、徐有贞和杨善等人集结大约400名禁卫军，急急忙忙地冲入英宗居住的南宫。他们推推攘攘，英宗还没明白过来发生了什么事，就已经被拥上帝辇了。

英宗被抬入皇宫后，石亨等人立即召集朝中大臣，宣布英宗复位。等到朝臣明白发生了什么事后，英宗已经安安稳稳地坐在龙椅上了。石亨等人发动这次政变，在进入南宫门时，他们不是从门而入，而是破墙为门，硬闯而入，史称"夺门之变"。

新官上任好几把火

不远处传来一声又一声的钟鼓撞击声，躺在病榻上的景泰听了后，用微弱的声音问是谁撞击的。这个钟鼓，是皇宫内专门用来召集群臣的。普天之下，只有皇帝一人有权下令撞击钟鼓。景泰已经病入膏肓，几乎连下令撞击钟鼓的话都说不出。在深夜突然传来召集群臣的钟鼓声，躺在病榻上的景泰大致猜出发生了什么。

八年来，景泰坐在龙椅上，表面上过着风风光光、得意扬扬的日子。实际上，在内心深处，景泰一直都在担忧失去权力。登基之初，他面对的是强悍的也先部队，如果北京的城防稍有差池，整个大明就会断送在他手里。为了北京城，为了大明，他同于谦一起并肩作战。皇天不负苦心人，经过昼夜无休的厮杀与奋斗，景泰终于成功保卫北京，坐稳龙椅。

在短短的景泰年间，景泰对全国做了一场深刻的改革。在军事方面，景泰建立了一套统一的指挥，加强了京城武将监督戍军的作用。他不仅完善了永乐大帝的五军营、三千营和神机营，还加强了对戍边军队的控制和管理。

在水利方面，景泰不仅兴修了许多有助于农业发展的水利工程，还成功治理了黄河。为保存大运河，景泰下令沿运河建造了几个大型的集水池和水库。这些集水池和水库都安装了新式的水闸，不仅有分洪和泄洪的能力，在干旱时期还能维持正常的供水。对百姓而言，景泰在水利方面的最大功绩是组建了一个灌溉体系，使山东北部近200万亩的土地拥有充沛的水源。

景泰统治时期，失地农民和地主之间的矛盾在全国都有，以中原地区最为突出。农民失去土地后，为了生活，不得不租种地主的土地，接受地主的盘剥。如果遇上天灾，庄稼歉收，农民不仅交不起地租，甚至连吃的都没有。这种情况常常催生高利贷，地主利滚利，普通百姓根本无法偿还。发展到后来，为了收账，地主常常会逼迫农民，致使农民家破人亡。

景泰还不得不面对一个残酷的现实：自然灾害频发。从1450年到1456年，全国的洪水、雪灾和寒潮不断，这是新朝廷必须面临的严峻考验。1450年，人口大省山东发生饥荒，十室九空，道路上全是饿死的人。

景泰三年（1452年），黄河和淮河泛滥，北直隶、南直隶和山东都受到影响。潮湿的天气竟然一直持续到景泰四年（1453年），这使情况进一步恶化。次年，全国又出现异常的酷寒：山东、河南、浙江一带大雪纷飞，道路行走困难，牲畜被冻死无数；淮河被冰封，沿河的数万人被活活冻死。令人无法相信的是，江南地区竟在景泰五年（1454年）初接连下了40多天的雪，繁华的苏、扬等地有无数人被冻饿煎熬，最终死在家里。水灾和雪灾刚过，接踵而来的就是旱灾。景泰六年（1455年），全国大范围干旱，山西、陕西、山东、河南、江西、湖广和直隶一带颗粒无收，百姓纷纷举家外迁。

面对也先的军事威胁、民众的叛乱和上天的灾害，景泰都挺过来了。然而，景泰就是不能超越对权力的欲望。为了维系他的皇权，景泰对他的兄弟英宗做了无数的小动作，布置了一些令人作呕的小阴谋。可是，无论景泰如何努力，他的愿望仍是空想，他的美梦也一个接一个地幻灭了。先是他的儿子夭折了，接着他的皇后去世了，只剩下景泰一个人孤零零地活在世上。到了最后，景泰也被病魔缠身，性命危在旦夕。

躺在病床上的景泰听着一声又一声的撞钟声，那钟声就像撞在他的胸口上，使劲地阻塞他的呼吸。钟声停了，景泰知道英宗称帝了，他的理想破灭了。

景泰八年（1457年）三月十四日，朱祁钰去世。

尽管景泰犯了不少的错误，但他的丰功伟绩对整个大明发展的影响还是很深远的。景泰"挽狂澜于既倒，扶大厦于将倾"的历史功绩还是值得肯定的。

我爱你，就像老鼠爱大米

天顺八年（1464年）正月，明英宗朱祁镇病死，太子朱见深继位，是为明宪宗，年号成化。

朱见深的童年生活，用"水深火热"来形容，真是一点儿都不为过。他出生于正统十二年（1447年），一生下来，就理所应当地过着锦衣玉食的富贵生活。如果没有那件事情的发生，朱见深应该是一个很幸福的孩子。

正统十四年（1449年），发生了土木堡之变。朱见深的幸福生活宣告结束。父亲朱祁镇带兵亲征，沦为瓦剌军的俘虏。国不可一日无君，经朝廷商议，由朱祁镇的弟弟朱祁钰顶替他哥哥的位置，待到朱祁镇还朝，再将皇位归还。为了遏制朱祁钰的野心，老谋深算的孙太后还联合群臣，力荐年仅两岁的朱见深为皇太子，以此作为支持朱祁钰登基的交换条件。

朱见深做了皇太子，但他的地位并不稳固，而且充满了凶险。朱祁钰的眼睛时时刻刻都在盯着他，恨不得将他斩草除根。为了保护年幼的小孙子，孙太后将一个叫万贞儿的宫女派到了朱见深身边。这个万贞儿，聪明乖巧，惹人喜爱，从小跟随在孙太后的身边，颇通书画文墨，是孙太后的心腹。

让万贞儿承担照顾和保护小皇子的职责，孙太后终于放心了。但是，孙太后当时恐怕万万没有想到，就是这个并不起眼的宫女，有朝一日将成为历史上赫赫有名的万贵妃，把大明宫廷搅得天翻地覆。而此时，一切才刚刚开始。

那一年，万贞儿十九岁，朱见深两岁。

年幼的朱见深自然不知道外面的世界已经天翻地覆，他只知道每日在宫廷里游荡玩耍。由于他地位特殊，大家都知道他被废是迟早的事情，没有人愿意去接近他。可怜的他，亲生父母被囚禁在南宫；疼爱他的皇太后奶奶也是顾了这头顾不了那头，宫里宫外处处是景泰帝的眼线，朱见深十分孤独。这时，只有一个人，无微不至地照顾朱见深，寸步不离地守护在他的身边，给他照顾和安慰。这个人，就是孩子心中最敬爱的万姑姑。

朱祁钰继位不久，就开始谋划永坐皇位。景泰三年（1452年），他联合一部分大臣，一举废除了朱见深的太子地位，改封为沂王，又立了自己的儿子朱见济为太子。此时，朱见深五岁。

从此，朱见深流落皇宫之外。父亲被囚禁在南宫，母亲周贵妃也无法出宫来看他，他的身边遍布着朱祁钰的手下。朱见深就这样过着今日不知明日事的生活，随时可能突然死去。这样的生活，持续了整整五年。

这五年里，朱见深的身边，始终只有万贞儿一个人，她不仅是他的保姆，更是他的母亲、老师、朋友，是他能够活下去的勇气。天顺元年（1457年）正月，朱见深悲苦的日子终于结束。朱祁镇重新夺得皇位，朱见深可以回到宫中，太子的身份得以恢复。

就这样，在万贞儿的陪伴下，十岁的朱见深回到紫禁城。这一次，自己的父亲是当今的皇帝，他可是名正言顺的皇储了。于是，许许多多溜须拍马的官僚开始围绕在朱见深的身边讨好他，身边也多出了许多各种各样新选进的宫女。但是，五年的废太子生涯，已经使他和万贞儿一时一刻也分不开了。

天顺七年（1463年），朱见深十六岁，到了成婚的年龄。明英宗开始在全国范围内为太子挑选太子妃。按照礼制规定，这次将为朱见深选择一位正妻、两位妃子。经过层层筛选，最后留下三人，分别为：顺天吴氏、上元王氏以及一位柏氏。

就在明英宗为选择谁做太子正妻而犹豫的时候，他病倒了，半个月后撒手人寰，十六岁的朱见深成为大明帝国新一任的皇帝。他册封自己的嫡母钱氏为慈懿皇太后，生母周贵妃为皇太后。在这两位太后的策划下，天顺八年（1464年）七月二十一日，紫禁城举行了隆重的大婚典礼，和朱见深同年的吴氏成为宪宗朝的第一任皇后。

吴氏成为皇后，虽然得到的宠幸远远不及万贞儿，但仍是让万贞儿妒火中烧。她时常在小皇帝面前耀武扬威，根本不把皇后放在眼里，甚至还有意无意地激怒她。当时万氏专宠，吴皇后凭借着自己的皇后地位，指责万氏的过错，并亲手杖打了她。万氏哭哭啼啼地跑到朱见深面前倾诉，并趁机讲了许多吴皇后的坏话。宪宗朱见深听了，勃然大怒。一气之下将吴皇后打入了冷宫，还下令对吴皇后也处以杖刑，为万氏出气。

当初明英宗中意的太子妃人选其实是王氏，由于吴氏的父亲吴俊打通了太监吴熹的关节，送了大笔银两，在两宫太后复选之时，假造英宗遗言，使得吴氏成为皇后。可怜的吴氏，才做了一个月的皇后就被废掉，十六岁的她只能在冷宫里度过自己漫长的人生了。

吴皇后被废后，王氏成为皇后。王皇后知道万贞儿的厉害，一直对她忍气吞声。其实，在朱见深心里，只恋着万氏一人，他何尝不想册立万贞儿为皇后？但是，万氏年龄比他大十七岁，又是微贱的宫女之身，想坐上皇后宝座，实在是万万不可能的。迫于礼制，也迫于两位太后的压力，宪宗也只得给她一个小小的妃嫔名号。

成化二年（1466年），万氏生下了皇长子，大喜过望的朱见深立即趁势将万氏加封为贵妃，又派出使者祭祀山川诸神。谁知天不遂人愿，这位小皇子不及满月就夭折了。更令万贵妃伤心的是，从此之后，她再也没有怀上过孩子。

"母以子贵"的梦想破灭了。但是，万氏并未放弃夺取皇后之位的野心，而朱见深对她的宠爱也并未因此而减少丝毫。万贵妃不但宠冠六宫，而且将势力扩展到了朝堂，内连宦官，外结权臣，一时间威行朝野，连朱见深也无法遏制她。他还将万贵妃的弟弟万通封为锦衣卫指挥使；将其兄万喜封为指挥使；将其弟万达封为指挥金事。万贵妃还指使太监梁芳、郑忠、汪直、钱能等，以宫廷采办为名，大肆搜刮百姓财产，动用内帑无数。对此，宪宗却没有提出过任何异议。

失去孩子之后的万贵妃虽然集万千宠爱于一身，心肠却更加狠毒。每当得知宫中其他妃嫔诞下龙子，就恨得牙痒痒。她买通太监，每当她知道哪个妃嫔已有身孕，就马上送去打胎药，逼迫她们喝下去。迫于万贵妃在宫中的权势，妃嫔们只好含泪相从，导致"掖庭御幸有身，饮药伤坠者无数"。

几年过去了，朱见深一直没有子嗣。朝野内外，一片忧心。大臣们屡屡奏请，希望皇帝广施恩泽。虽然明宪宗也愁眉不展，但仍是很少出入万贵妃之外其他宫人的住所。直到成化五年（1469年），柏贤妃生下皇子，宪宗大事庆贺，将其立为皇太子。但不到一年，这个孩子也不明不白地夭折了。朱见深痛苦极了。宫人太监们觉得太子病得奇怪，偷偷查访，得知果然是万贵妃派人毒死了太子，但没有一个人敢去告发。在明宪宗的眼里，万贵妃永远是那个世界上唯一可以相信、可以依靠的善良的女人。

有一天，太监张敏正在给朱见深梳理头发。百无聊赖中，朱见深又想起了自己已经死去的儿子。他对镜自照，看到自己头上的数根白发，不由得长声叹息："老将至而无子！"张敏听到了皇帝的自言自语，酝酿斟酌良久，终于鼓起勇气，伏倒在地，连连磕头，用颤颤巍巍的语调，告诉了皇帝一个惊人的消息："万岁已有子也。"

纪姑娘的肚子

张敏的回答让明宪宗大吃了一惊。激动之余，也不待细问这个儿子是从哪儿冒出来的，便急急忙忙地传旨摆驾至西内，派张敏去领皇子来与自己见面。

这个皇子究竟是谁呢？他又是怎样逃脱了万贵妃的魔爪，在六岁时终于得以与父亲相认的？

一切还得从成化元年（1465 年）说起。

这一年，西南作乱，朝廷任都察院都御史韩雍为远征军指挥官前去征讨，不久便将其全部歼灭。这次平定叛乱，俘获了很多当地的土著居民。他在这些俘虏中挑选了一些年轻男女，带回京城，准备送进王府或是宫廷。

在这批人里，有一位年轻女子。她姓纪，名字不详，是贺县一名官宦之女，长得漂亮，人也聪明，于是便被送进了宫，充入掖庭。因她性情贤淑，又通晓文墨，不久便升为女史，继而被王皇后看中，命她管理内藏。所谓内藏，其实就是内府的钱库。在明代，国库里的钱，是由户部管理的，内藏库里的钱，则是皇帝的私人财产，由皇帝亲自掌管。

一天，朱见深闲来无事，来到了内藏，想问问内藏现在还有多少金银钱钞。当时，正是纪姑娘值班。朱见深见她口齿伶俐，对答如流，十分喜欢，又见她生得美貌如花，明艳动人，当即在纪氏住处召幸了她。

虽然得到了皇帝的宠幸，但纪姑娘的日子并没有好起来。朱见深只是一时兴起，离开内藏后，便把纪姑娘抛在了脑后，一颗心又回到了万贵妃身上。纪姑娘就这样等待着，但她没有等到皇帝的到来，却等来了自己怀孕的征兆。

纪姑娘马上意识到了自己的危险，连后宫诸多妃嫔都保护不了自己的孩子，何况以自己的人微言轻，又怎是万贵妃的对手？

果然没过多久，事情便传到了万贵妃的耳中。万贵妃恼怒异常，派了一名宫婢前去内藏打听实情。那宫婢发现纪氏是真的怀孕了。她也知道，这事如果告诉万贵妃，纪氏和孩子通通都会没命。她动了恻隐之心，实在不忍皇帝的子嗣再遭杀害。于是，她回去禀报万贵妃，说纪氏只是肚子里长了个瘤块。

后来，纪氏生下了一个男孩。对这样的喜事，纪氏却痛苦万分。她知道，儿子一定无法逃脱被万贵妃害死的命运。没过多久，万贵妃就得知了这一消息，她命太监张敏将孩子溺死。

张敏看到小皇子甚是可爱，把他弄死，实在是于心不忍。又想到皇上年纪越来越大了，天天盼望的就是能有皇位的继承人。而他的几个儿子不是莫名其妙地胎死腹中，就是急病夭亡，至今连一个子嗣都没有。如果这个孩子再死了，那社稷怎么办？

张敏越想越是不忍，终于，冒着杀头的危险，把皇子偷偷地藏在了密室，还和宫中的其他太监商议，从他们少得可怜的收入中挤出一些钱，每天就拿些蜜糖、粉饵之类的食物喂养他。由于张敏行事小心，小皇子一次又一次地躲过了万贵妃的耳目。这个孩子也就一天天长大了。

这个孩子得到了宫中太监群体的一致喜爱。在这冰冷的宫墙内，孩子的存在给他们带来了无数的欢乐。但是，张敏毕竟是一个普通的太监，而与他相熟的那些知情的太监宫女们，也都生活在这个宫殿的最底层，除了每月自己的花销，根本没有什么剩余财产。虽然养这个孩子并不需要花费太多费用，只要有口饭吃也就够了，但即使如此，这些太监宫女们仍是供应不起。而作为孩子的生母，纪氏虽然曾经掌管宫廷内藏，但就收入来说，和这些宫女太监，其实不相上下。

就在大家一筹莫展之时，事情突然有了转机——废皇后吴氏知道这件事了。她十分真诚地愿意把皇子接到自己居住的西内，加以照料。虽然吴氏已是废后，但毕竟曾经风光一时，有些家底。于是，他们欣然将孩子交给了吴皇后。从此，孩子开始了与吴皇后共同生活的日子，"时吴后废居西内，近安乐堂，密知其事，往来哺养，帝不知也"。直到这一天，张敏终于找到机会，将孩子的事情对朱见深和盘托出。

皇帝在西内焦急地等待着儿子的到来，而此时接到消息的纪氏却已是泪流满面，她将孩子拉到自己面前，对他说："儿去，吾不得生。儿见黄袍有须者，即儿父也。"你今天去了，做母亲的我也就活不成了。你看到穿着黄袍、留着长胡须的人，就过去吧，他就是你的父亲。说完，她给孩子穿上一件小红袍，将他抱上小轿，由张敏等护送着，向西内而去。

朱见深忽然看见宫门前一顶小轿停下，一个穿着小红袍，连胎发都没剃过的长发的孩子扑到自己怀里。他激动极了，马上将他抱起，放到自己腿上，凝视了半天，发现孩子和自己长得很像，不禁喜极而泣，遂向群臣传递喜讯，并讲述原委。大臣们听了，也是欢喜不已，第二天一早齐来向宪宗道贺。朱见深命内阁起草诏书，颁行天下，又命礼部召开会议，替皇子定名叫祐樘。这个孩子长到六岁，终于有了自己的名字。

随后，大学士商辂率众群臣上疏：皇子为国本之所在，教养之事仍以其生母纪氏主持为好。朱见深欣然准奏，纪氏被明宪宗封为淑妃，移居永寿宫。但是，正如同她对自己命运的判断，朱祐樘进宫一个月后，纪妃在后宫住所忽然死亡，死因不详。

听到纪妃去世的消息，宦官张敏明白，自己的死期也到了。不等万贵妃下手，自己就在后宫中吞金自尽了。

纪氏死了，张敏也死了，但是，他们的死并未给大明皇宫带来哀伤的气氛，举国上下沉浸在皇帝得子的喜悦之中。唯有一个人，恨得咬牙切齿。她发现，自己被彻头彻尾地骗了。她日夜怨泣，发誓要将这个尚未长大成人的朱祐樘置于死地。

嫉妒的女人最可怕

纪妃的死，让朱见深下定了立朱祐樘为太子的决心。成化十二年（1476 年），就在纪淑妃死后的第五个月，在群臣的一致拥戴下，朱祐樘被正式立为皇太子。这一下，万贵妃彻底慌了。

十几年来，压在心头的不祥预感终于成为现实。这个太子，与自己有着深仇大恨。虽然年纪尚小，但终有一天会知道自己对他母亲的所作所为。现在虽然明宪宗的心在自己的身上，将来皇帝一旦宾天，那我在后宫之中的地位，难道还能保全吗？万贵妃思来想去，开始策划一桩又一桩谋害太子的行动。

对于万贵妃的这一想法，当时的太皇太后，明宪宗生母孝肃周太后早就有所提防。为了保护自己的小孙子，防止年幼的朱祐樘遭到陷害，周太后主动提出，要将朱祐樘接到仁寿宫，和自己共同生活。好不容易有了这么个儿子，也生怕他遭遇不测，交给母亲照顾，宪宗自然放心很多。于是，他欣然应允。

周太后对朱祐樘可谓是呵护备至，虽然仁寿宫并不大，但朱祐樘不管走到哪里，身边都有人紧紧跟随，万贵妃一时感到有点棘手。眼看暗地里下手实在是没有机会了，她决定光明正大地邀请朱祐樘。

这一天，皇太子接到万贵妃的邀请，去她的宫中参加宴会。皇妃设宴款待，于礼数上，朱祐樘是非去不可的。连周太后都没有办法阻拦，无奈之下，只好为他打点准备，并叮嘱朱祐樘"儿去，勿食也"。年轻的太子这时没有意识到自己可能会有危险，但想了想，还是问自己的祖母，如果万贵妃非要让自己吃，那该怎么办。周太后嘱咐他，如果这样的话，就说自己已经吃饱了。

朱祐樘如约来到万贵妃宫中，万贵妃百般热情，拿出各种先前准备好的糕点让朱祐樘吃。朱祐樘想起周太后的话，任凭万贵妃怎么劝，就是不吃东西，只是不停地回答说自己已经饱了。万贵妃无奈，又拿出粥来给他喝，谁知朱祐樘语出惊人，说害怕有人在粥中下毒。

事情已经挑明，万贵妃哭笑不得，只好放朱祐樘回去了，于是宴会不欢而散。

其实，自从朱祐樘与宪宗父子相认，纪妃莫名其妙地突然死亡之后，皇宫内外传言纷纷，再加上太子已立，一天天长大，势力如日东升，万贵妃怕事情败露，也怕太子继位后报复自己，所以收敛了许多。既然皇帝已经立了太子，自己又无法再生育了，那么，最好的办法就是让皇帝再添几个孩子，说不定还能与太子一争高下。于是，万氏逐渐抛弃了谋害妃嫔幼儿的一贯兴趣，后宫中接连地添了十余位皇子。

经过万贵妃的细心观察，她将目标锁定在了邵宸妃的儿子兴王朱祐杬身上，想扶持朱祐杬继承大位。只要一有机会，她就跟朱见深又哭又闹，要求废掉皇太子朱祐樘，另立朱祐杬。尽管这时候的万贵妃年岁已长，可朱见深仍是对她又爱又怕，根本离不开她，虽是心中不愿，却也不由得动摇了几分。而太监梁芳等万贵妃的党羽，曾经依靠着万贵妃的势力大肆侵吞内府钱财，他们害怕将来太子继位后会遭到惩治，也就帮着万贵妃一起攻击太子。

时间长了，朱见深终于答应了万贵妃的要求。于是，他找来司礼太监怀恩商量太子废立事宜。但怀恩一听，连说不可，朱见深一怒之下，把怀恩贬到凤阳守皇陵去了。眼看着万贵妃以其不可思议的魅力和手段正在步步接近胜利，宫廷斗争的天平却被一场千里之外的灾难打翻了。

就在朱见深正要召集群臣商议之时，忽然接到奏报，东岳泰山发生地震。钦天监正顺水推舟，对皇帝说，据天象所测，此兆应在东宫。明宪宗怕废太子会惹怒天意，也就不再提易储之事，太子的地位这才得到了保全。

万贵妃的美梦到此时终于破灭了。任凭她怎么披散着花白的头发又哭又闹、老泪纵横，皇帝再也没有提过改立太子之事。万贵妃心如死灰，终于发现，自己已经彻底衰老了。在前方等待她的，是寂寂深宫里苟延残喘的最后时光。但是，她连这最后的时光也熬不过去了。

成化二十三年（1487 年）春天，风光一世的万贵妃因肝病去世。

万贵妃死了，群臣松了一口气，朱祐樘也松了一口气。但是，深深恋着万贵妃的朱见深却伤心极了。万贵妃的死似乎让他丧失了对这个世界的所有希望。

在朱见深那孤独无助的幼年岁月里，只有万氏守护在身边，陪伴着他走过无数的风雨，始终不离不弃。即使朱见深对她的所作所为了然于心，也是百般顺从，不忍苛责。这份感情，应该是任何人、任何事物都无法取代的。

尸位素餐者离开

成化二十三年（1487 年），明宪宗朱见深驾崩。太子朱祐樘继位，是为明孝宗，年号弘治。

紫禁城的宫门外，年轻的朱祐樘焦急地望着远方，等待着一个人的归来，朱祐樘为他准备了盛大的欢迎仪式。终于，随着一阵吱吱呀呀的车轮响声，怀恩的轮廓渐渐在他的眼前清晰起来。

曾经是他，为了保护与汪直作对的商辂等大臣，而在皇帝面前百般周旋；也是他，为了保住朱祐樘的太子地位，不惜直言犯上，与明宪宗据理力争而被发配至凤阳做苦役。

怀恩一下车，明孝宗就连忙上前握起他的手。已经年过七十、头发花白的怀恩老泪纵横，连连推辞。但是，明孝宗却毫不犹豫，亲自搀着他一起走进了宫门。怀恩被召回之后，恢复了司礼监的原职，成为太监中的"第一把手"。而他的亲信陈准、萧敬等人也相继执掌了大权。

在请怀恩还京的同时，朱祐樘还妥善安顿了抚养自己长大的吴皇后。

虽然在自己与父亲相认后不久，生母纪妃就已经死了。但是，朱祐樘没有忘记，是谁曾经用自己多年来的微薄积蓄抚养自己长大，教导自己读书明理。多年来的养育之恩，朱祐樘一直感念在心。他将吴皇后从冷宫中接出。此时的她，年华已逝，人老珠黄。只当了几个月的皇后，就被冷落在深宫中的她，如今被朱祐樘当作自己的母亲来奉养。

现在，成化一朝最荒唐无耻的势力已经被肃清。但是，朱祐樘知道，这些其实都只是所有问题中最容易解决的一部分，真正的困难才刚刚开始。这一切，绝不能操之过急。这个棘手的问题便是内阁。

此时的内阁在万安的统领下，已经完全是一个烂摊子。所谓的"纸糊三阁老，泥塑六尚书"，绝不是徒有虚名。他们不做任何的实事，天天混吃混喝过日子，但是事情一旦关系到自己的切身利益，这帮老油条马上又会变得极富斗争经验。

在宪宗皇帝的纵容下，这帮满口仁义道德的官僚大多只知拿钱不知办事，已经逍遥久了。而且他们彼此之间拉帮结派，关系复杂，一旦发动了集体罢工，朝廷的事情就真的没人做了，国家还怎么运转？所以将他们通通赶走是行不通的，一定要想出一个切实可行的办法来。

　　还没等朱祐樘动手对付他们，这帮人就已经按捺不住了。成化二十三年（1487年）九月二十二日，朱祐樘登基仅十五天，以万安为首的内阁以及吏部、户部、礼部、兵部、刑部、工部六部尚书，集体上奏折请求辞职。其实，这只是朝臣们看朱祐樘大规模改革，怕殃及自己的利益，而给皇帝的下马威而已。他们知道，先皇尸骨未寒，朱祐樘年少登基，留下的烂摊子总得有人收拾。如果小皇帝一下子把人全轰走了，新来的人不熟悉工作，谁还能替他干活？

　　朱祐樘接到奏疏后，冷冷一笑。他将这帮人叫到面前，二话没说，好好地表扬了一番，说他们个个勤勉踏实，都是国家的治世能臣。

　　在之后的一段时间里，朱祐樘对这帮人也表达出了莫大的信任，不仅时常召见，而且极为虚心，经常出言勉励，还给了他们各种各样的好处。于是，"纸糊三阁老"和"泥塑六尚书"安心了。在他们看来，弘治朝和成化朝没什么两样，他们还是可以这样继续拿着俸禄，安心地混下去。

　　但是，这样的好事只持续了不到一个月。成化二十三年（1487年）十月，万安向先帝明宪宗呈送房中术书籍一事暴露，朱祐樘以惊人的速度将万安赶出了内阁。而曾经依附在万安身边的党羽，无一人为他求情。毕竟，向皇帝呈送这样污秽不堪的东西，传出去也是一件相当丢人的事情。但是，万安倒台后，他们也一个都没落，彭华、尹直等人相继被罢免，万安安插在六部和地方的亲信，无一人漏网。

　　万安走后，"纸糊三阁老""泥塑六尚书"一个接一个地离开了。最后，只剩下了一个人。自从万安离去，他就产生了强烈的兔死狐悲之心，整天忐忑不安。这个人就是刘吉。

刘吉是正统十三年（1448年）进士。成化十一年（1475年），他与刘珝同受命兼翰林学士，入阁预机务，时任户部尚书、谨身殿大学士。这么多年来，他追随万安的脚步，与万安狼狈为奸，共同进退，因"多智数，善附会，自缘饰，锐于营私，时为言路所攻"，内阁同僚给他起了一个绰号叫"刘棉花"，"以其耐弹也"。那本献给朱见深的低俗作品，就是他同万安一起杜撰出来的。在当时的官场上，刘吉的名声甚至比万安还坏。自从明孝宗继位后，各类御史言官抨击他的口水漫天飞，弹劾的奏章更是一封接一封地向他砸来。

刘吉眼看自己的情况不妙，于是决定换一副面孔。他将自己平日里的混世嘴脸隐藏得干干净净，开始按时工作，主动评议朝政，直言进谏，勤勉有加，大有一副鞠躬尽瘁死而后已的架势。朱祐樘要封张皇后的弟弟做官，他还故意上奏说太后在上，应该先封太后的亲戚才符合礼数，颇有一副直臣的风范。

很快，刘吉便迎来了明孝宗对他的裁决：升任内阁首辅，总领百官。一夜之间，他成为一人之下、万人之上的人物，这下不光朝臣们呆了，连刘吉也呆了。万安下台，彭华被逐，梁芳下狱，和他们一伙的刘吉能保住性命就不错了，这下反而升官，小人居高位，这不是更大的祸害吗？到底是怎么一回事？

其实，自小在斗争中长大的朱祐樘，早就知道了刘吉是什么样的本性。他之所以提升刘吉，背后有着更为深远的考虑。

刘吉虽然说只是个混事的，但他在内阁多年，对于处理政务方面的经验也积累了很多，而且办事能力也强于万安之流，他还有一套自己的人际关系网。现在上一届内阁的成员已经纷纷出局，如果连一个都不留下，而是彻底更换内阁班子，那么在交接方面会有极大的难度。因为熟悉新的工作环境毕竟需要时间。而且，明孝宗也没有让刘吉独当一面，继续作威作福。

就在提升刘吉为内阁首辅的同时，朱祐樘还暗地里做了另外两件事，这就是令吏部右侍郎徐浦和礼部右侍郎刘健入阁。他们二人与刘吉，一同组成这新一届的政府。而刘健与徐浦，都是朱祐樘从太子时代开始就十分倚重的能臣。从此以后，内阁的政务大事，基本都出于这两人之手，内阁首辅刘吉虽然在高位，但已经完全被架空了。

果不其然，刘吉对于新加入的两位内阁成员表现出了充分的热情，一心一意地指导工作，凡事从不自作主张，而是与这两位新人商量决定。他觉得自己能够在明孝宗的手下安安分分地过好日子就万事大吉了。于是，新一届的大明政府在极为和谐的气氛中开始了新的工作。

为了表现自己悔改的诚意，刘吉还揭发了一大批成化年间劣迹斑斑的官员。于是，一大批冤假错案得到了纠正，一大批曾经遭排挤陷害，甚至包括被刘吉本人陷害的忠臣良臣也得以官复原职。最倒霉的是山东、河北、江苏的几位官员，他们本来都是刘吉多年来的亲信，却一股脑儿全被刘吉出卖了，不仅如此，在刘吉的配合下，朝廷还追回了大量赃款。

刘吉清楚地知道皇帝的心思。虽然朱祐樘是一心要为这些人平反的，但这一平反，一定会涉及一个问题，那就是怎样在给官员平反的同时保住父亲明宪宗的面子。这让朱祐樘一度感到十分棘手。比如说成化朝一个叫贺钦的给事中，就因为阻止朱见深"弘扬佛法"，而被革职免官。对于这样的问题，刘吉早就想好了主意，他提示朱祐樘，诸如贺钦之类的人物，可以公布天下说当年先帝其实也很欣赏他们，革职免官只是为了能让他们多加历练，经受磨难，将来才能予以重任。现在请皇上重新起用他们，也是为了不负先皇的苦心。

刘吉的这个马屁拍得朱祐樘满心欢喜，但依然没有蒙蔽朱祐樘的耳目。没过多久，朝政已经基本稳定，国家机器开始正常运转。而此时庶子张升、御史曹璘、御史欧阳旦、南京给事中方向、御史陈嵩等又开始相继弹劾刘吉。于是，朱祐樘一怒之下，"中升逐之。数兴大狱，智、向囚击远贬，洪亦谪官"。朱祐樘也就趁机将刘吉赶回了老家。

事情至此，成化一朝的腐朽内阁已经被清理一新。朱祐樘望着自己苦心经营的成果，满心欢喜。他已经准备好在这个全新的平台上，迎接更多的挑战。

我的爱好是娱乐

弘治十八年（1505 年）五月初七，为国为民操劳一生的明孝宗终于走到了生命的尽头。

年仅十四岁的朱厚照从贪玩的皇太子一下变成了肩负重任的一国之君。五月十八日，朱厚照继位，是为明武宗，年号正德。

"正德"这两个字用在朱厚照身上，可谓是极大的讽刺。他的一生，与"正"和"德"简直是一点儿都不沾边。

甫一继位的朱厚照心中一片茫然，根本不知道皇帝该怎么当的。但是没关系，当年的三位重臣阁老此刻都围绕在他身边。他们会一步一步地告诉这个小皇帝，一切应该怎么做。而这时的正德皇帝也并未表现出怎样的反叛，一切都在中规中矩中运转。

朱厚照对于当时颇具美名的三位遗老大臣，可谓是言听计从。但是，没过多久，他们之间的问题便接二连三地爆发出来了。由于这三个人习惯了弘治皇帝的办事方式，于是便将这套理论原封不动地加在了年轻的正德皇帝身上，不论大事小事，总是咄咄逼人。朱厚照对于大臣们本来就有反感心理，这样一来，更是对他们不满至极。而最让朱厚照受不了的，就是定期举行的经筵。

明朝所谓的经筵，常常是在文华殿举行。这个活动一般都是群臣向皇帝进行说教和讲学，告诉他什么该做什么不该做。正德皇帝对于这个无聊又没有实际意义的活动特别反感。再加上年轻又贪玩，能勉强做到每天按时上早朝就已经是很难得了，于是他便经常找寻各种借口不去参加经筵。

朝臣们对皇帝的行为十分不满，各种各样的劝谏书不停地往朱厚照眼前飞，三位顾命大臣也是苦口婆心地一遍又一遍坚持力请。这一次，朱厚照终于认识到了大臣们的厉害。但是，由于从小被娇宠惯了，他虽然重开了经筵，却也产生了强烈的逆反心理。相比之下，宦官们就可爱多了。从此，他暗下决心，要和这帮老顽固斗争到底。

正德元年（1506 年）九月，朱厚照和大臣们的矛盾终于正式爆发了。

这一天，被派往江南督造朱厚照日常生活衣装的太监崔杲以筹措经费为理由，向户部追讨往年支剩的盐 12000 引，但户部却没有批复。理由是按照先例，盐税收入只能用于军饷，不能挪为他用。朱厚照知道后，站在了崔杲一方，要求户部拨款。但户部坚决不给，还以此为理由，开始了一场大规模讨伐朱厚照的行动。从六科十三道直到都察院，几乎所有的言官都参与了进来。三位内阁大臣甚至以辞职相威胁，让朱厚照大丢面子。而朱厚照看着一封又一封的讨伐书，态度反而更加强硬，就是不同意收回成命。就这样僵持了许久，终于以折中的办法，批给了崔杲盐引的一半，也就是6000引。

盐引的事情过去了，正德皇帝中规中矩做皇帝的日子正式宣告结束。从此，他对于当一个有道明君彻底失去了兴趣。不管大臣们和他商量什么事情，他都毫不理会，凡事都只说"知道了"。他开始我行我素，所有的时间都花费在了游戏和享乐之上，大臣们对于这个顽劣的小皇帝也无可奈何。而聪明的朱厚照，越来越花样百出，渐渐地发明出了一个又一个令人匪夷所思的玩乐之法。

豹房是个"好地方"

正德元年（1506年）八月，按照大明皇室的礼节，新皇帝朱厚照举行大婚典礼。他的皇后姓夏，是一位文雅端庄、温柔贤淑的民间女子。婚后的朱厚照对这位新娘似乎并没有太大的兴趣，不久之后，他又陆续纳了两位嫔妃。不过，宫廷中的女子显然不符合朱厚照喜欢新鲜刺激的性格。没过多久，这两位妃子也被冷落一旁。此时，明武宗的心，已经完全被一个全新的浩大工程所占据了。

这个工程，就是豹房。

按照明代的规矩，皇帝登基后，须住在乾清宫。但是，乾清宫是一个庄严冰冷的所在，爱热闹的他对于这个地方，真是一点儿都不喜欢。在这位皇帝的眼里，乾清宫就像一个大笼子，在这里整天面对的不是三位大臣没完没了的唠叨，就是夏皇后冷冰冰的脸。而且乾清宫戒备森严，连侍奉在身边的太监宫女都不能随便进出，何况是他所喜欢的各种游伴和艺人呢？

乾清宫既束缚着他的四肢，也束缚着他的思想。因此，做了皇帝还没几天，朱厚照就开始酝酿着建造一个全新的、可以充分满足他身心要求的所在。

经过朱厚照的亲自调查和选址，他决定将新的游乐地建在西华门外的太液池。这个地方曾经是皇宫饲养一些珍禽猛兽之地，皇帝打理朝政累了，就来这里参观赏玩，到了朱厚照时期，动物已经没有了。他看这里距上朝的地方路途并不远，便再次破土动工，整修扩建成为一个新的别院，盖好后命名为豹房。从此，乾清宫形同虚设。明武宗不仅在此生活居住，游乐嬉戏，甚至还在这儿批阅奏章，召见臣工，俨然已经将明代的政治中心移到了豹房。

豹房的建设耗费了国库存银 24 万两之多，朱厚照亲自精心设计了豹房的建筑格局和陈设。豹房中，不仅有华美的娱乐之地，还有佛寺、校场和许多密室。

除了在豹房中养着各种歌伎、伶官、乐户、道士、僧人等三教九流，只要能投武宗所好，都被他送进了豹房。朱厚照对音乐有着很强的感悟力，在他的带领下，这些乐师们组成了一个庞大的乐队，时常排练歌戏。由朱厚照亲自作词谱曲的《杀边乐》，后来在明代的教坊司流行了相当长的一段时间。

朱厚照还将他所收养的义子们通通藏纳在豹房之中。在继位的短短十几年中，明武宗共收养了一百二十多个义子，并且在正德七年（1512 年），一次性将这些人全部改赐朱姓。他们虽然来路不同，但无一例外，都是奸佞之徒。其中最受朱厚照喜爱的就是江彬。

江彬原为边关将领，曾在蓟州杀了一家二十余口人，还诬陷他们为贼寇，换得了重赏。后来在一次镇压反贼的过程中，他独当一面，身中三箭仍然毫无惧色，其中一支射中他的脸，他拔下来继续战斗。这件事被崇尚武力的朱厚照知道后，十分佩服江彬的勇气，专门召见了他，相谈之后，朱厚照发现这个江彬甚合自己的心意，便把他留在了身边。这样的人，在豹房中数不胜数。

　　说到朱厚照的崇尚武力，还有一事不能不提，那就是他有着一项极为特殊的爱好——与各种动物搏斗。即使身受重伤也毫不在意。有一次，他正在豹房中戏弄老虎，谁知这一头平日里极温驯的动物忽然兽性大发，直向朱厚照扑来，慌忙之中他连忙向周围的人大呼救命。但周围的人却谁都不敢上前帮忙。情急之下，江彬英勇而出，才救了朱厚照一条命。虽然朱厚照每次想起此事都心有余悸，但这次教训依然没有让他对这种爱好有多大收敛，仍然是自吹自擂，到处逞能。

　　受到之前列位先祖的影响，朱厚照还十分崇信佛教，在全国大兴佛事的同时，他在豹房内召集了一帮僧人，天天演经诵法。由于朱厚照的个性随和、平易近人，他很反感所谓的尊卑之分，对所有的人都像好朋友一样，一起吃酒谈笑，常常一聊到深夜，就相互依偎着睡着了。

　　朱厚照就这样没日没夜地待在豹房，广招乐伎，夜夜笙歌，荒淫无度。有一年元宵节放烟花，一个不慎烧着了乾清宫，火势迅速蔓延。作为一国之君的朱厚照竟然跑到了豹房的高处，带着几位美女观看，边看边谈笑风生，赞叹这一壮观的景象。

　　自从有了豹房，朱厚照对后宫嫔妃几乎没了兴趣，他很少出现在后宫，而是将所有他亲自挑选的、为他所爱的女子送进豹房。一时间豹房美女如云，不仅有中原美女，更有一大批异邦美女，连寡妇、妓女等，只要满足朱厚照的审美，也一样被养在豹房。但是时间长了，他也开始渐渐腻烦起来。江彬猜到了朱厚照的这一心思，于是想出了一个新的招数来哄皇帝开心。

夜里，他与朱厚照都换上便装，悄悄溜出了皇宫，来到京城的繁华之地，吃酒听戏，还逛了妓院。趁朱厚照高兴，江彬附在他的耳边，告诉他后军都督府右都督马昂有一个妹妹，生得美若天仙，不仅会演奏胡乐，而且擅长骑射，懂得外邦语，但她已经嫁给了一个叫毕春的人，并且怀有身孕。

色胆包天的朱厚照毫不在意，马上下诏让这位孕妇进宫。谁知江彬见她风姿秀美，竟先占为己有，多日之后才送入宫中。但朱厚照权当不知，依然喜爱备至，还给已经被革职的马昂升了官。

这件事很快传到了朝臣耳中，举朝震惊。朱厚照再怎么胡闹，他们都忍了，但带一个有身孕的女人回宫，这可是关系到皇室血统纯正问题的国家大事。批评的奏折又开始一篇连着一篇地往朱厚照眼前送。这件事，朱厚照心里也明白自己是做错了。而带回这个孕妇之后，没过多久他就厌倦了，所以在大臣的执著进谏下，将马昂的妹妹送出了豹房。这下朝野上下终于松了口气，但好景不长，朱厚照又带回了让大臣们无法忍耐的女人。

正德十三年（1518年），朱厚照在江彬的带领下到大同游玩。回京的途中下榻太原，又征集了一大批美女和乐师。当时，晋府有一个乐师叫杨腾，他的妻子刘氏被朱厚照一眼看中，当即便被带回京城，并将她安置在豹房的腾沼殿中，"彬与诸近幸皆母事之，称曰刘娘娘"。朱厚照对这个刘娘娘表现出了前所未有的热情，关怀体贴备至。

不论宫中谁犯了错，只要刘氏一说情，朱厚照便立即免除他的罪责。

正德十四年（1519年），朱厚照筹划南巡，打算把她带在身边，但恰巧此时刘娘娘生病，朱厚照只好先行出发。两人约定，以一支玉簪为信物，待刘娘娘病好后，朱厚照派人来接她。谁知朱厚照在路上不小心将玉簪掉在了河里。

抵达山东临清后，朱厚照便派使者回去接刘娘娘，虽然信物没了，他想自己都已派出了最亲近的使者，刘氏见了也会跟着来的。谁知这个刘氏极其固执，见没有信物，死活不肯走。朱厚照得到这个消息，立即起身返京，前后花了一个月的工夫，才将刘氏接回来。而且自从有了刘氏之后，这个风流好色的朱厚照似乎也开始专情起来，二人不论早晚都是同出同入，刘氏也因此成为朱厚照一生中最为宠爱的女子。

朱厚照沉溺在声色犬马之中，大臣们甚至很多年都难见他一面。有一年元旦举行庆贺大典，文武百官和外藩使臣一大早便冒着寒风在宫外等着向皇帝朝贺，而明武宗却一直睡到下午才懒洋洋地起了床，"日晡礼始成。及散朝，已昏夜"。在宫外站了一天的文武百官饥寒交迫，散朝后个个如临大赦，"众奔趋而出，颠仆相践踏"。将军赵朗因为站了一天，力气耗尽，慌乱之中被人挤倒，竟活活被踩死在禁门之内。

武宗皇帝就这样一天一天地混着日子。终于，他对这些玩法渐渐地腻烦了。

把命玩丢了

正德十四年（1519年）二月二十五日，明武宗朱厚照忽然发下诏书，宣布他即将派遣总督军务威武大将军朱寿南巡，而且要"登泰山，历东京，临浙东，登武当山，遍游中原"。这下大臣们傻眼了。他们的忍耐已经到了极限，忍无可忍之下，一场联名规劝朱厚照安于本分、别再闹事的好戏正式上演。

在大学士杨廷和的带领下，从六科言官到十三道御史，从京城官员到地方官吏，纷纷上疏阻止朱厚照出京。不仅如此，他们还把朱厚照多年以来所积累的恶习一个一个拿出来加以批驳，甚至把朱厚照说得极为不堪，大有一种明王朝再这样下去就要亡国的意味。

为了让朱厚照打消出游的念头，大臣们有的在他面前长跪不起，有的一封接一封地上疏，还有的就在朱厚照面前号啕大哭，一把鼻涕一把泪。但不管周围的人怎么说，他就是不听。到了三月二十日，朱厚照的脾气终于爆发了。

这一天，一百多名朝廷官员齐聚午门，密密麻麻地跪了一地。原来，这些人都是上疏阻止朱厚照南巡的官员。在江彬的挑唆下，这些朝臣们不仅被罚跪长达六个时辰，在这之后还被朱厚照"各廷杖五十或三十"，再押入大牢。因为此事被打死的官员竟有11人之多，被贬谪者也有上百人。

这场闹剧结束了，朱厚照却犹豫了。其实他心中明白，这些人是对的。他们的所作所为，没有一个是为了自己。思考再三之后，朱厚照终于痛下决心，表示自己愿意放弃去南方的念头。

但是，大臣们用血的代价换来的朱厚照的悔改之心只持续了两个多月。到这一年的七月，江西传来消息，宁王朱宸濠叛乱了。

宁王朱宸濠是明太祖朱元璋的五世孙。他见当朝皇帝继位以来一直荒淫无道，只知寻欢作乐，不理朝政，心中早就有了反叛之心。正德九年（1514年）开始，朱宸濠不断地向朱厚照身边的太监刘瑾以及近臣钱宁等人输送大量金银财宝将他们买通，时刻关注着朱厚照的一言一行。而且，他在自己的封地江西为这次反叛做好了充足的准备。

在江西，朱宸濠作威作福。"尽夺诸附王府民庐，责民间子钱，强夺田宅子女，养群盗，劫财江、湖间，有司不敢问。"还擅自杀害了朝廷官员都指挥戴宣，驱逐了当地的布政使郑岳、御史范辂以及幽禁南昌知府郑巘和宋以方，当地的副使胡世宁看不下去，一纸上疏，请求明武宗把宁王裁撤。谁知宁王恶人先告状，抢先一步向朝廷告发胡世宁。胡世宁被贬后，江西各官员再也没有人敢和宁王作对了。

正德十二年（1517年），内官陈宣和刘良上奏明武宗，说朱宸濠有谋反之心，但已经被他收买的钱宁等人一直在朱厚照耳边说宁王好话，武宗也就没有再过问。朱宸濠怀疑这件事情是周仪说出去的，当即派人杀了周仪及其家属，可见朱宸濠心地的狠毒。

到了正德十四年（1519年），又有一名叫萧淮的御史上疏弹劾朱宸濠，"谓不早制，将来之患有不可胜言者"。内阁大臣看到奏疏之后，大学士杨廷和决定这件事参照明宣宗时期的先例，"命驸马都尉崔元、都御史颜颐寿、太监赖义持谕往，收其护卫，令还所夺官民田"，勒令宁王改过自新。朱宸濠提前听说了这些勋戚大臣将到的消息，觉得事不宜迟，当即选定自己生日那天在宁王府邸宴请当地土司和心腹大臣。

宴会上，酒过三巡，趁这些土司、大臣们已微有醉意，朱宸濠忽然间命军士牢牢地围住了他们，并高声宣称自己已得到太后的密旨，命他带兵入朝。宴席间顿时一片窃窃私语。席间有两个人，一个叫孙燧，另一个是副使许逵。他们高声表示抗议，坚决不与朱宸濠同流合污。朱宸濠二话没说，拔起剑来便砍下他们的人头。其余不服之人如执御史王金、主事马思聪、参议黄宏、布政使胡廉、参政陈杲、指挥使许金等也都被丢进了监狱。

正德十四年（1519年）六月十四日，一切准备就绪的朱宸濠打着讨伐荒淫无道的暴君明武宗的旗号，开始正式起兵。"参政王纶、季敩，佥事潘鹏、师夔，布政使梁宸，按察使杨璋，副使唐锦皆从逆。以李士实、刘养正为左、右丞相，王纶为兵部尚书，集兵号十万"，大举向中原挺进，一路所向披靡。"命其承奉涂钦与素所蓄群盗闵念四等，略九江、南康，破之。驰檄指斥朝廷。七月壬辰朔，宸濠出江西，留其党宜春王拱樤，内官万锐等守城，自帅舟师蔽江下，攻安庆。"

消息终于传到了京城。朱厚照听了，不但没有丝毫的忧虑，反而立即拍手称快。这一次，他终于找到南巡的最佳借口了。

朱厚照立即将文武百官召集到左顺门，商讨平叛方略。众人商议的结果，自然是要派人带兵出征。但带兵的人选递上去之后，大臣们迟迟都没有得到皇帝的答复。他们足足等了三天，才收到消息——朱厚照要亲自带兵上阵。其实，就在明武宗发布这道旨意的当天，朱宸濠叛乱已经被汀赣巡抚佥都御史王守仁和吉安知府伍文定二人平定了。

朱厚照并不知道这件事。他已经完全沉浸在了将要去往南方的喜悦之中。八月二十二日，他开始率领京师精锐部队数万人出发，一天后到达涿州，住在一个叫张忠的太监家里。就在这时，王守仁的捷报传来。明武宗看到捷报，心中五味翻腾。

朱厚照亲手抓获朱宸濠的愿望就这样破灭了。大臣们开始委婉地劝诱朱厚照立即还朝。但是，在朱厚照看来，好不容易出来了，哪有轻易回去的道理？他依然执着地要求继续南征，还给王阳明发布诏谕，禁止他押送朱宸濠到京城，而是留在原地耐心等待自己的到来。

走了将近一个月的时间，朱厚照一行抵达临清。这时发生了刘娘娘事件，朱厚照不辞辛苦，又花了一个月的时间亲自将美人接到身边，再继续前行。这一路上，朱厚照虽然身披铠甲，却游山玩水，赏花观鸟，一边走还一边要求臣下为自己搜罗金银财物，没有丝毫要打仗的样子。这样一直到了十二月初一，他才抵达扬州府。

到达扬州的第二天，朱厚照带领随从们一起去城外打猎，尽兴而归。从此，他开始迷上打猎，每天的生活几乎都是在打猎中度过的。对于群臣的劝说，他从不加以理会。众臣无奈，只好去恳求刘娘娘。刘氏出面，才终于劝住了这位无法无天的皇帝。

在扬州，朱厚照还做了一件令人匪夷所思的事情。他竟然亲自前往各大妓院去慰问妓女，扬州妓女也因此而身价倍增。

朱厚照就这样一直在南京附近游玩。到了正德十五年（1520 年）二月，他接到奏报，张永已经将朱宸濠押到了南京江口。为了弥补自己没能亲手抓获朱宸濠的遗憾，他下令手下人等在自己的住处布下阵势，然后给朱宸濠松绑，自己则跨上马背，重新表演了一出活捉宁王的好戏。而此时众位军士大声呼喊"皇上神勇"。朱厚照则得意扬扬，就好像朱宸濠是真的被他亲手抓获一样。

八月，在众位大臣和刘娘娘的苦心劝导之下，朱厚照终于打算返京了。

到了九月，浩浩荡荡的大部队抵达清江浦。朱厚照发现，这里的游鱼又多又美。他玩性大起，跳下马车一个人驾了一艘小船就要到河里抓鱼。谁知一个没站稳，只听"扑通"一声，皇帝掉到水中不见了。

众人一个个慌忙地跳入水中前去援救。一阵折腾之后，终于把朱厚照拉上岸。虽然有惊无险，但他也因此而受到惊吓，再加上常年荒淫过度，身体虚弱，便一病不起。

回到京城之后，他下令朱宸濠自尽，而王守仁和伍文定的平叛功劳则全部被加在了他自己身上，成为明武宗亲自出征获得大捷。之后，朱厚照的身体江河日下，于正德十六年（1521 年）正月，在豹房一命呜呼，年仅三十一岁。在遗诏中，朱厚照要求"释系囚，还四方所献妇女，停不急工役，收宣府行宫金宝还内库"。临死之前，终于做了一件对百姓有益的事。

明武宗终其一生，都让他的朝臣们头疼不已。可是，让他们真正头疼的还在后面。那就是，朱厚照没有留下一个孩子。

不让我进去，我还不干了

皇帝无子，而国不可一日无君。早在百年之前，有远见的太祖皇帝朱元璋留下了一本《皇明祖训》，这是一本怎样当皇帝的百科全书，内阁首辅杨廷和找出这本连皇帝本人都不太信奉的书，并遵照历代中原王朝在面对这种事情上的传统——"兄终弟及"，细细思量：皇帝无子，应找皇帝的同父弟弟继位，可武宗的兄弟早就不在人世，就只能再追溯到武宗的父辈，去找孝宗皇帝的兄弟来继位，不巧的是孝宗的兄弟们不是早死便是已经正常死亡。在这山穷水尽的情形下，杨廷和想起了一个人，孝宗的四弟朱祐杬留下了一个儿子！为了保证皇帝血统的纯正，寻寻觅觅了半天只找到了这一个跟正德皇帝关系最近的人，皇帝的宝座就这么"顺理成章"地落到了朱祐杬的儿子——朱厚熜的头上。

就在两年前，朱厚熜的父亲兴献王薨，按照明朝的制度规定，藩王去世后，王世子不能即刻袭封，须守孝三年期满后，奏请朝廷批准方可。如此这般，朱厚熜只能以王世子的身份掌管府事了。父王英年早逝时，朱厚熜年仅十二岁，可他少年老成，以"孝道"管理王府诸事务，使得"事皆有纪，府中肃然"。杨廷和最初的考量，一来朱厚熜在血亲上跟武宗最为亲近，二来大概是年纪轻轻的朱厚熜似乎可以担当大任。

于是这年的农历三月十五日，内阁派定国公徐光祚、寿宁侯张鹤龄、驸马都尉崔元、大学士梁储、礼部尚书毛澄、太监谷大用等前往湖北安陆迎接朱厚熜，到京师即皇帝位。农历三月二十六日，徐光祚等抵达安陆。据传当时消息很快传到安陆的百姓耳中，他们扶老携幼拥至兴王府外，夹道跪地而呼。

宣遗诏的行礼仪式在兴王府承运殿举行。司礼监谷大用宣武宗皇帝遗诏说："朕绍承祖宗丕业十有七年，有孤先帝付托，唯在继统得人，宗社生民有赖。皇考孝宗敬皇帝亲弟兴献王长子厚熜，聪明仁孝，德器夙成，伦序当立，已遵奉祖训'兄终弟及'之文，告于宗庙，请于慈寿皇太后，与内外文武群臣合谋同辞，即日遣官迎取来京，嗣皇帝位。"遗诏是杨廷和以正德皇帝的口吻写的，"兄终弟及"四个字写得明明白白。

四月初一，朱厚熜拜别其父陵墓，次日辞别母妃启程。四月二十二日，朱厚熜抵达京师郊外。在交通并不发达的古代，从湖北走到北京，用了二十天，可以说是正常的速度了。何况新皇帝在路上，排场肯定不少，朱厚熜已经努力提高速度了。

　　我们无从知晓得到遗诏后的朱厚熜是一种怎样的心情，但是一个情商正常的人肯定都因幻想过君临天下的情景而兴奋异常，但是这兴奋就在他已经能看到紫禁城的红墙黄瓦后急转直下。

　　没有人规定皇帝要先在郊外待一会儿再进宫登基，除非是皇帝不能走了，皇帝不想走了。事实也正是如此。

　　在武宗死后，朱厚熜还在路上奔波的日子里，内阁杨廷和独揽朝政三十七天。废除丞相制度的明朝却给了内阁学士几乎等同于丞相的权力。皇帝的人选选好了，可是问题来了，究竟是用什么礼仪迎接这位未来的主子，特别是这位主子还不是皇帝的儿子。朝廷官员陷入了争论，而主管礼仪的礼部尚书毛澄根据杨廷和的授意，定议以皇太子继位的仪式。

　　潜台词是，朱厚熜，你首先要当你哥哥武宗的儿子。

　　一路风尘赶来当皇帝的朱厚熜看见来迎接他的大臣，大臣也是这么说的："由东安门入居文华殿，择日登极！"如此轻描淡写的一句话，估计已经让朱厚熜愤怒了。

　　由东安门入居文华殿，是皇太子继位的路线，话里的意思已经非常明显，我们迎接的，是武宗皇帝的皇太子，即将登上皇帝宝座的也是武宗皇帝的皇太子。

　　朱厚熜是一个有原则的人，何况一个帝王，认谁当爸爸应该自己说了算。如果再考虑朱厚熜的出身更不难理解他的愤怒，他从藩王的府邸出来做皇帝，朝廷中一个自己的人手都没有，倘若尚未登基就被人牵着鼻子走，日后说话能算数吗？这皇帝还怎么做？于是朱厚熜的回答是："遗诏以我嗣皇帝位，非皇子也。"

这意思就是，遗诏里面说了，是让我来当皇帝，不是让皇帝的儿子来当皇帝。你不是说"兄终弟及"嘛，那我就是"兄终弟及"！我是来当皇帝不是来当儿子的。

准皇帝的话已经说得很明确了，但是这些朝中大臣也明确地不同意。双方陷入了僵局。

朱厚熜这时候使出了撒手锏：你们既然不同意，我还是回湖北当王爷过逍遥日子好了。

此时正好皇太后率领百官劝进，朱厚熜索性继续以不登基为要挟：劝进可以，我就在郊外受劝进表。

这下把大臣给吓傻了，郊外受表就是要郊外登基。国不可一日无君，毕竟选了半天只有这一个人是武宗的亲密兄弟。

后来太后也发话了，大臣们不敢不从，只好答应朱厚熜的要求，从大明门进宫，进入奉先殿——这是一般皇帝继位的法定路线。

独揽朝政三十七日的杨廷和没有想到，他苦心选择的黄口小儿竟然不是一个省油的灯，竟然跟他的哥哥武宗皇帝不一样。新皇帝赢得了进宫路线，然而一切只是开始而已。而这一小插曲，却展现了朱厚熜的乾坤在胸，只是在众多的大臣眼中，尤其是杨廷和的眼中，他还只是个孩子。

父母也能更换吗

正德十六年（1521 年）四月二十二日，朱厚熜从大明门进入紫禁城，正式坐上了龙椅，大明王朝又开启了一个新的时代。大明门，是只有皇帝在祭天、出征、登基、大婚时才可以正式走的，这个皇帝专用门，第一次对一个尚未穿上龙袍的人开启。

经过一系列烦琐的劝进、告祭礼仪后，首辅杨廷和给朱厚熜送上了继位诏书。这本是一道程序性的事情，百官也在静静地拜皇帝的首肯。心思缜密的朱厚熜并没有对这些等闲视之，在良久思量之后，第一次拿起御笔，修改了他平生的第一道诏书，他抹去了内阁拟定的新年号"绍治"，在上面写上了心中早已准备好的年号——"嘉靖"。

古代帝王的年号不仅用来纪年，也是一个政权的象征，甚至是正统王朝的象征。"绍治"的"绍"为继续、继承之意，意思是让新皇帝继承弘治皇帝的正统，放弃自己本来兴献王后嗣的背景，而弘治皇帝正是朱厚熜堂兄武宗正德皇帝的父亲。字面的意思不难理解，新皇帝首先是作为弘治皇帝的后嗣来治理国家的，可能内阁朝臣考虑了新皇帝既然不愿意当已故皇帝的太子，那就顺应"天意"当已故皇帝父亲的儿子吧。但这在朱厚熜看来无疑是对皇帝权威的极大冒犯。

如此看来，就能理解为何少年天子朱厚熜面对这样的一封走过场似的诏书需要较长时间的思量，以致内官太监来催要诏书才能落笔。朱厚熜将年号改为自己中意的"嘉靖"，"嘉"寓意美好，"靖"为太平的意思，"嘉靖"取意于商代的高宗喜靖殷邦。

明世宗嘉靖皇帝登基的过程并不一帆风顺，从哪个宫门进宫，取什么年号这些事，都需要皇帝奋力争取，如果这些都还算小事，那么大事才准备登场。

　　继位后的第三天，嘉靖皇帝立即向大臣提出希望能迎接自己的母亲来北京母子团聚。中国历代王朝几乎都以"孝"为所有品德之首，皇帝本人提出的要求也是合情合理，自然无法反对。但尴尬的是，皇帝的母亲目前的身份还只是"兴献王妃"。新皇帝或许还没有正视这个问题，他甚至亲自去送迎接母亲的使臣，嘉靖皇帝的孝心可见一斑。

　　两天后召开了一次君臣大会，主要内容是讨论正德皇帝的谥号，最后决定为"承天达道英肃睿哲昭德显功弘文思孝毅皇帝"，庙号"武宗"。这无疑没什么需要争论的，臣下拟定好，皇帝直接拍板就行。之后皇帝提出了自己真正在乎的事情，他希望能为自己的亲生父亲、已故的兴献王朱祐杬确定主祀和封号。

　　嘉靖皇帝是一个孝心很重的人，何况新皇帝为自己的父亲上封号，也是完全合理的要求。本来很简单的事情却还是出现了波折，一切还是归结为嘉靖皇帝的出身：他不是先皇的儿子，只是堂弟，父亲是王，儿子是皇帝，的确很尴尬。

　　为了避免这样尴尬的事情再次出现，皇帝本人跟臣子都认为这一问题亟待解决。大学士杨廷和是官场老人，熟谙史籍，对礼部尚书毛澄说："此事以汉代定陶王、宋代濮王二事为依据，敢有异议者皆为谀奸小人，依法当诛！"

　　这两个例子分别是汉代定陶王和宋代濮王的故事。汉成帝一直都没有儿子，于是他在宗亲中选择了共王的儿子定陶王立为皇太子，并将其作为自己的儿子养在身边一直到其继位成为汉哀帝。为了延续共王的子嗣，又从楚孝王那里选择了一个孙子作为共王的子嗣。宋代的宋仁宗也没有儿子，于是从濮王那里找了个孩子养在宫中，改名后变成自己的孩子以备继承皇位，这个孩子后来成为宋英宗。

也就是说，根据前代外藩王入继大统的事例，嘉靖皇帝应以明武宗为皇兄，以明武宗之父明孝宗（嘉靖的伯父）为皇考。这样一来，就只能让新帝以其生父生母为皇叔父、皇叔母。大臣们又十分"贴心"地考虑到了皇帝的孝心，因为兴献王只有嘉靖皇帝一个儿子，为了弥补兴献王"无后"的"缺憾"，廷臣们建议让益王的儿子朱崇仁代替嘉靖，过继给死去的兴献王，杨廷和将此称之为"濮议论"。

四朝老臣杨廷和的话说得极端坚决，"敢有异议者，当诛"。而首先有"异议"的正是嘉靖皇帝本人。看到这种强行摊派的结果，有原则且至孝的嘉靖皇帝决然不同意，尤其是杨廷和拟定的武宗遗诏已经清楚明白地说过，是"兄终弟及"，这种匪夷所思的归宗行为让他大怒，不禁大呼："父母可更若是耶！"但是新皇继位，初来乍到，他强压着怒火，无奈地在奏疏上做批复：驳回，再议。之后又加了一句：请博考前代典礼。

皇帝婉转地表达了希望能找到不同案例的希望，但一切当然尽在那群政治老手的掌握之中，毛澄装模作样等待了几天，表示自己确实是在礼部召集了群臣议论之后，再一次把几乎相同的奏疏送到了皇帝面前，并大加阐述这样一个决定如何符合古礼，如何最能体现兼顾，如何最能体现对兴献王的尊崇。

杨廷和等大臣六十多人上疏力谏，希望新帝从大局出发，兼顾"天理"与"人情"。大多数朝臣都支持杨廷和的"濮议论"，更有一百九十余人先后抗旨上奏，要求嘉靖皇帝接受礼部的安排，朝廷呈现一边倒的现象。

此时的皇帝，不仅放下了帝王的架子，甚至转变了对大臣们的进攻态度，开始用优渥的待遇拉拢杨廷和。有明一朝太师这样文官的最高职位，只有三个人享有过，嘉靖曾经试图给杨廷和加过太师的衔，不料杨大人将臣子的礼节尽数做到，赏赐固辞不受，原则问题没得商量。

杨廷和这个人，四朝的老臣，嘉靖继位，杨廷和对他抱有很大希望，"自信可辅太平"，重振大明王朝。按说这样的人辅佐嘉靖本应谱写君臣佳话，但是他办事勇于负责，敢于坚持己见，对待嘉靖这样一位颇有主见的帝王，却"事事有所持诤"。他多次上疏，劝嘉靖帝"务民义，勤学问，慎命令，明赏罚，专委任，纳谏诤，亲善人，节财用。语多剀切"。在杨首辅眼中，皇帝归宗，乃是一国之本的大事。

新皇帝嘉靖尽管只有十五岁，却是一个对于原则问题极端固执的人。

第一回合，杨廷和先生胜

礼部尚书毛澄没有想到，皇帝派来的太监居然对他行跪拜礼。

太监这类人，按道理讲是没什么地位的，但是要看负责的是什么工作。倘若是皇帝身边的亲近太监，干的又是传旨这样的重大事情，按照规定，接旨的大臣务必要穿戴整齐下跪听旨，跪拜的对象看上去是太监，实则是皇帝。

毛尚书听得府中来了一位不速之客，却是皇帝派来的传旨太监，当然是按照规定一番整理，正要跪拜接旨，结果这位太监一进门就不停地给毛大人磕头，弄得毛澄丈二和尚摸不着头脑，又惊又吓，太监拜他，无疑等于皇帝拜他啊，连忙询问所为何事。太监几乎带着哭腔表示，这完全是皇帝的意思，说皇上请尚书大人体谅自己的感情，"人孰无父母，奈何使我不获伸"，说罢从怀里拿出些黄金，说这是皇帝给大人您的，希望笑纳云云。

几乎走投无路的嘉靖皇帝想出的招数是，给大臣送礼。

偏巧这位毛大人是书生意气，不仅不领情，反而认为这是皇帝对他这个读书人的侮辱，愤然拒绝。

嘉靖也尝试过给杨廷和送礼，送的是杨廷和爱吃但经常吃不着的皇家贡品——荔枝。在古代，一般人是无福享受荔枝的。杨廷和收下了荔枝，却有点儿耍无赖，还是继续反对。明朝读书人的气节在这里得到了很好的展现，皇帝的拉拢甚至送礼都没能换来杨大人、毛尚书的通融。

明朝内阁的权力经过数代的发展，到嘉靖时期变得越发强大，皇帝也不能独断专行，此事一直僵持不下。直到一天，一个人的出现，让嘉靖仿佛找到了一棵救命稻草。

礼部有一个小官观政进士张璁，上了一份《正典疏》。张璁是正德十六年（1521年）的进士，擅长"三礼"，对《周礼》《仪礼》《礼记》这三本书烂熟于心，他在此时利用自己的所长，对杨廷和的观点进行了理论上强有力的辩驳，是为"人情论"。

张璁认为汉哀帝、宋英宗都是早就被选作皇帝的人选寄养在宫中的，是先过继后做的皇帝，而陛下您不同，您是先皇死后按照祖训继位，主张"继统不继嗣，请尊崇所生"。最后则强调"非天子不议礼"，请求嘉靖皇帝应乾纲独断，不应采用阁臣们建议的"濮议论"，否则天下臣民将批评嘉靖皇帝"为利而自遗其父母"。

可以想见郁闷了多时的嘉靖看见这样的奏疏是多么兴奋，他不禁大呼："此论出，吾父子获全矣！"于是立即将张璁的奏疏交给杨廷和讨论按照这个办理。

杨廷和看见这份奏疏是异常地气愤，指责"秀才安知国家事体"，毕竟对于张璁这个小人物，杨廷和还是很鄙视的。有了底气的嘉靖不理会杨廷和的反对，降手敕给阁臣："卿等所言，俱有见识，但至亲莫过于父母，今尊父为兴献皇帝，母为兴献皇后，祖母为康寿皇太后。"

杨廷和身为首辅，坚持原则，封还皇帝的手敕。尽管明朝给予了内阁封还的权力，但是内阁的大臣还是很少使用的，毕竟一个皇帝的诏令被当臣子的拒绝，就等于完全无视皇帝的存在。由于杨廷和是一个对于原则不断诤言的人，他说"臣等不敢阿谀顺旨"。接着，几位御史、给事中等言官也交谏张璁议疏的褊狭，希望嘉靖皇帝"戒谕"张璁这等躁进之人。

过了些天，嘉靖皇帝的母亲已经到了通州，听说自己的儿子不能认亲生的父母亲，顿时大怒，上演了与朱厚熜一样的戏码：拒绝进城。至孝的嘉靖皇帝闻此，涕泣不止，忙入内宫对明武宗生母慈圣太后张后表示"愿避位奉母归养"，以撂皇帝挑子来软威胁，众臣有些惶惧不安。

见施压起到了作用，少年皇帝独断"本生父兴献王宜称兴献帝，生母宜称兴献后"，并诏示大臣开大明中门奉迎他的生母蒋氏。当然，嘉靖帝也做了稍许退让，没敢再坚持让生母谒太庙。本来明廷有祖制：妇人无谒太庙之礼。

朝臣之中，如兵部主事霍韬等人，见张璁这么一个新科进士因巧言得达帝听，也思奉谀升官，开始上疏附和张璁疏奏。嘉靖皇帝见此，追尊本生父母的决心日益坚固。但是首辅杨廷和很讨厌张璁这样的小人，便外放他为南京刑部主事。张璁不得已怏怏而去，嘉靖唯一的斗士远离了权力斗争的中心。

嘉靖此后又"复申谕欲加称兴献帝后为'皇'"，但是这一举动立即迎来了大臣们的反对，杨廷和与诸多大臣使出了他们最厉害的一招：自请罢斥。"自请罢斥"是久已有之的做法，到了明代，君臣之间如果发生了深刻的分歧，大臣自请罢斥则表示激烈坚持，并不是真的要摘掉乌纱帽，皇帝一般也受限于舆论，不会同意大臣的这种请求。

杨廷和的这一招，打得嘉靖只有妥协的份儿，同时朝堂之上因为这一消息引起了很大的震动，一时上疏请留的人竟然多达一百多人，疏中都说皇帝的不是，杨廷和必须慰留，才刚刚尝到一点点甜头的皇帝马上被打回了深渊。而那些在争论当中敢于站在皇帝一边说话的人，一个个都像过街老鼠一样，被整得灰头土脸，遭到了众人的唾弃。

恰巧，嘉靖元年（1522 年）正月，清宁宫发生火灾，杨廷和等人上言，认为这是"天意示警"。古代帝王对于鬼神之事即便是不迷信，也是不能公然反对的。另外，嘉靖皇帝一生几乎迷恋道教，一时间他不敢再有进一步的举动。

百般无奈的嘉靖皇帝只能放弃给自己的父母前面加上表示皇帝直系亲属的"皇"字，并且申明以孝宗为"皇考"，慈圣皇太后（孝宗皇后）为"圣母"。

为亲生父母正名

嘉靖三年（1524年）七月的一个中午，嘉靖皇帝在文华殿里优哉游哉地喝着茶，突然因为一阵嘈杂的呼天抢地声惊诧不已。

原来这天早上，嘉靖皇帝决定不再犹豫，听从张璁的意见强制推行自己的意见。他在左顺门接见各位大臣，当众宣布手敕，决定给自己的亲生父母的尊号去掉"本生"二字。这个消息来得极其突然，犹如一颗巨大的炸弹爆炸在大殿上。事先大臣们谁都没听说，第一时间只顾得上面面相觑。就在这时，张璁、桂萼等胸有成竹地站出来支持皇帝的决定，并且罗列礼官欺君罔上的罪名，指责朝臣为了一己私利不顾皇帝的感情，结党营私。

这出皇帝与张璁联袂演出的戏让群臣激愤难当。

九卿、詹事、翰林、给事、御史、六部诸司、大理、行人诸司，先后递交疏章进行抗辩，皇帝连理都不理。大臣们疑虑难消，早朝后久久不能离去，聚集在一起分析形势，他们不约而同地想到了一直不希望发生的最坏的事情：怕是皇帝要称呼孝宗为"皇伯考"了吧。这个头顶上的阴云让众人不寒而栗，吏部右侍郎何孟春首先提出让大家一同起来抗争。杨廷和的儿子、翰林编修杨慎激愤大呼："国家养士百五十年，杖节死义，正在今日！"编修王元正、给事中张翀等则以"万世瞻仰，在此一举！有不力争者，共击之"为由威胁官员集体上奏章。

于是，或出于义愤或出于无奈的众臣纷纷响应，数百名朝廷官员一齐跪伏于左顺门。这些官员在左顺门外跪成一片，开始集体大哭，语声嘈杂，喧声直传入嘉靖所处的文华殿，有的臣子一边痛哭一边还高呼被人无限追忆的"高皇帝孝宗皇帝"。

嘉靖皇帝最初对这种几百号人集体喊他大爷爷的情形颇为吃惊，拿着茶杯的手也在发抖。满朝文武全跑来紫禁城哭一个早已作古的先帝，无异于表示对嘉靖的极端不认可。皇帝急忙派太监传旨劝退，甚至表示事情如何，自有后命。大臣们正在气头上，仍是继续跪伏大哭，豁出去的大臣逼迫说一定要嘉靖帝给他们一个满意的答复，否则群臣长跪不起，绝不退让。嘉靖没见过这等场面，一时没了主意，只能不断地让身边的太监去当说客，希望大臣能集体卖皇帝一个面子，给个台阶让大家都好商量。但是这些大臣丝毫不买皇帝的账。

倔强的臣子与倔强的皇帝，双方各自坚持，往返多次，不觉日已过午。皇帝的耐性毕竟有限，放下皇帝架子不断服软的皇帝终于决定不再隐忍。

本来法不责众，受威胁的皇帝可能也只有答应的份儿，但是他们显然忘记了自己面对的是一个有着怎样强烈原则性的皇帝，他从接到遗诏起对于自己坚持的事情就从没有过"退让"二字。嘉靖派锦衣卫将为首的张翀等八人逮捕入狱，杨慎、王元正见皇帝居然如此不顾众怒，撼门大哭，其余的大臣有如听见了指令般放声大哭。这一波更加惨烈的哭声让嘉靖更加恼怒，他传令司礼监太监把跪伏的官员名字一一记录下来。随后，嘉靖将左顺门外跪伏的一百多人下狱。职位高一些的，如何孟春等八十六人，则勒令等候判决。

几天后，皇帝下达了最终的处理意见，杨慎等人皆戍边，四品以上的有关官员均夺去俸禄，五品以下官吏一百八十人处以杖刑，其中王相等十余人受刑太重被活活打死。这就是轰动一时的"左顺门事件"。

九月十五日，嘉靖正式昭告天下，称孝宗为"皇伯考"，父亲兴献皇帝为"皇考"，母亲为"圣母"，不满二十岁的皇帝终于实现了他为之奋斗了数年的心愿。

嘉靖还准备把他生父兴献帝的灵寝迁入北京，有官员劝说"帝魄不可轻动"，这才没有搬动死人入京。

回顾一下嘉靖元年（1522年）到嘉靖三年（1524年）发生的针对嘉靖皇帝亲生父母亲尊号的一系列事件，历史上有一个统称的名字叫"大礼议"。上尊号本是礼仪之事，而与皇帝有关的礼仪是朝廷礼法之至大者，故名"大礼议"。

事件的过程给人的总体感觉是，明代似乎形成了大臣对皇帝的一种较好的监督机制，皇帝不能为所欲为，至少要在精神上承受一定的压力。嘉靖皇帝对宦官的厌恶使得内阁频频出现把持朝政的大臣，造成了嘉靖朝权臣多的情形。但是作为一位情商很高、政治手腕早熟的帝王，他的用人之道、治国之法深得帝王之道的精髓，对于不肯放松的事情，丝毫不放松，皇权始终是凌驾于内阁之上的，即便是臣子用集体性事件相要挟，终究不能避免"衣冠丧气"的下场。

"大礼议"涉及的诸多官员，很难用简单的"好"与"坏"相区分。杨廷和等几位"皆卓然有古大臣风"的大臣，早在清代就有人对其主张表示过不能苟同，而左顺门事件，亦有人提出过否定的评价，想来臣子用集体痛哭要挟皇帝，在后世许多忠君的读书人眼中，确实是不能提倡。至于张璁，在成功晋身朝廷高官后有许多善举，但是毕竟选择了一条以迎合皇帝达到个人目的的仕途捷径，也不是全然私德无亏。

另外，嘉靖皇帝可以说是这些事件中最大的赢家，作为最高权力的所有者，也换来了最高的斗争利益。他不仅成功地为亲生父母正名，用政治手腕坐稳了皇帝的宝座，还更换了武宗朝的大部分官吏，可谓是全方位地加强了自己的权力。

海瑞：谢谢捧场，我只是做我该做的事情

嘉靖四十五年（1566年）二月的一天，昧爽之时，西苑外，一人负手而立，表情坚毅，眼中却有一抹视死如归的神色，他静静地等待着。

这时一个公公从里面走出，他疾步上前，行了个礼，向公公询问嘉靖帝今天可要上朝。公公转头看向他，这人他认识，就是以清正廉洁而闻名的六品户部云南主事——海瑞。他为政清廉，洁身自爱，正直刚毅，敢于蔑视权贵，抑制豪强，安抚穷困百姓，打击奸臣污吏。曾经任福建南平县教谕时，公然不向巡抚御史跪拜，并且在淳安县当知县时，将胡作非为的胡宗宪之子扣押等事迹可是被广为传颂。即使是深似海的皇宫，他的铮铮铁骨也已尽被宫人所知。他是个百姓爱戴拥护、贪官污吏痛恨惧怕的好官。

公公回了个礼，告诉海瑞，嘉靖帝今天要继续去炼丹房，仍然不上朝，也不接见任何人。

海瑞心中实感愤然，现今圣上仍然沉溺于长生不老的美梦之中，终日里派臣子访仙寻道，自己留在宫中，到处支起了炼丹炉，弄得乌烟瘴气，将好端端的一座皇宫变成了水陆道场，而至为重要的国家朝政，却统统抛诸脑后了。户部掌握的天下银两，大多都被用作了修观建坛，令清廉成性的海瑞愤怒不已。海瑞那忧国忧民的心已经无法忍

受下去，于是他用了一个多月的时间，写成一篇近四千字的奏疏，劝诫嘉靖帝，革除仙术弊端，以国为重，以天下苍生为本。海瑞拿出厚厚的奏折，郑重其事地请公公直接呈于嘉靖帝。公公不忍拒绝，答应帮忙。

海瑞道了谢，转身离去，背影却是如此孤单。在面对嘉靖帝对敢于上谏之人给予的是砍头待遇，毕竟怕死之人甚多，许多人就睁一只眼闭一只眼。海瑞怎么说也是个上有老、下有小的人，他怎么敢如此冲动地直谏，弃自己的性命和家庭而不顾呢？古人常说："忠孝难以两全。"海瑞正是深知这一道理，并且在这种抉择中，他选择了把"忠"放在高于一切的位置，正因为他对自己的国家爱得深沉，正因为他的责任观和道德观使他无法沉默，因此即使"谏官"阵营中只有他一个，他也毫不畏惧。

西苑内，嘉靖皇帝斜倚在软榻上，眼睛微闭，脸上尽是病态的倦意。公公悄然立于皇帝身边，告诉嘉靖帝海瑞有一份奏疏上呈，嘉靖拿过奏疏翻开来看，脸色却愈来愈阴霾，好似满城风雨爆发前之势。公公看着皇帝的脸色也心惊胆战，不禁往旁边瑟缩了一下。

嘉靖看了奏疏不禁盛怒，心想这人如此大逆不道，竟敢冒犯于我！于是把奏疏摔到地上，怒道："去执之，无使得遁！"旁边的宦官黄锦安抚说："此人素有痴名。闻其上疏时，自知触忤当死，市一棺，诀妻子，待罪于朝，僮仆亦奔走散无留者，是不遁也。"（《明史·海瑞传》）

听了黄锦的话，嘉靖皇帝的怒气消了不少。他对于海瑞大无畏的勇敢精神倒是给予了一些肯定。嘉靖把海瑞的奏疏又复读了两遍，觉得他说得还是有道理的，不过作为帝王，一颗高傲的心仍然让他无法忍下这口气。次日，嘉靖帝还是下令，派锦衣卫把海瑞抓起来，关进锦衣卫特设的监狱。

户部有个司务叫何以尚，极佩服海瑞，于是在海瑞被捕的第四天闯进宫，他击打景阳钟，要求皇帝上朝，呈上奏疏，请求释放海瑞。嘉靖帝看到还有人敢帮助海瑞，这挑战了他的自尊心，于是很生气，当即令锦衣卫将何以尚廷杖四十，也关进监狱。嘉靖要把海瑞处死，刑部拟了把海瑞斩首的奏章，经过阁老徐阶的手时，因为徐阶爱才，才有心搁置下来，没有呈嘉靖御批。过了不久，嘉靖因吃丹药中毒过深，渐渐卧床不起，不久驾崩。

嘉靖四十五年（1566年），明穆宗朱载垕继位，宣布大赦，把海瑞、何以尚等人释放出狱，官复原职。

海瑞终于得以重见天日。在此之后，海瑞不仅名声更响了，世人都称赞他"扶棺进谏钢做脊，铁骨铮铮胆气豪"，并且在仕途上也步步高升。

海瑞官复原职不久，就改任兵部，被提拔为尚宝丞，调任大理寺。

隆庆三年（1569年），海瑞升任右佥都御史，总管粮道，巡抚最富庶的应天府。海瑞上任后，还是用其"铁腕"的手段，一如既往地惩治贪官，打击豪强，并且疏浚河道，修筑水利工程，解决了当地的水患问题，还强令贪官污吏退田还民。

任巡抚不到半年，穆宗又改任海瑞为督南京粮储。由于受到徐阶老对手高拱的从中破坏，海瑞只好称病辞官，返归故里。后来由于得罪了内阁首辅张居正，革职闲居16年之久。

海瑞这16年的生活看上去是闲适无争的，也是他所向往的，但是他做不到，就因为他的气节。他认为，仕途是士人实现人生价值的唯一途径，如果不能为当世所用，那么人生就没有了意义，于是他还是期待着有复出的一日。然而现实的残酷使他慢慢意识到，因为他不能"通达"，因为他不肯向这个世界妥协，所以没有人敢用他，即使有着一身忠诚傲骨又如何。于是他的生活渐渐黯淡下来。

然而，上天与海瑞开了个玩笑，机遇再次降临。张居正死后，万历皇帝亲政。万历十三年（1585年）冬，海瑞重新被起用，被提升为南京都察院御史，为正三品官员。"天意怜幽草，人间重晚晴"，七十多岁的老人，本应安享晚年，可朝廷的一纸诏书，让海瑞再一次踏上了险滩重重的仕途。

"老骥伏枥，志在千里。烈士暮年，壮心不已。"此时年逾古稀的海瑞，虽雄心犹在，却已无力回天。加之生活困苦，忧思多虑，很快就患病卧床不起了。万历十五年（1587年）十月十四日，在一个风雨交加的深夜，七十四岁的海瑞辞世，天地为之泣血，众官跪送，百姓哭迎。朝廷追赠海瑞为"太子太保"，谥号"忠介"。

海瑞从官几十载，用他的"廉正"，用他的"刚毅"，为百姓谋福祉，为国家谋福利。海瑞为官一生，几番沉浮，但始终让他个性依旧。

戚继光：很猛很强大

明朝著名抗倭将领戚继光，一生与一个"武"字难解难分。他不仅出身于武将世家，戎马一生，死后还被追加谥号为"武毅"。"克定祸乱曰武。以兵征，故能定。"（《逸周书·谥法解》）他的最大功绩便是带领戚家军扫除倭患，平定祸乱，镇抚边疆，使明王朝的统治在入侵者的虎视眈眈中稳若泰山。

用他自己的话来描述他的一生："南北驱驰报主情，江花边草笑平生。一年三百六十日，多是横戈马上行。"（戚继光《马上作》）

戚继光自幼生长在将门，祖辈均系明代将领，"父景通，历官都指挥，署大宁都司，入为神机坐营，有操行"。（《明史·戚继光传》）戚继光从小就被父亲严加管教、勤练武艺，"好读书，通经史大义"，还有一位良师不为名利亲自上门为其授课。受到良好家庭教育和军事生活的熏染，戚继光很早就怀有保家卫国的大理想。

嘉靖二十三年（1544年），年仅十七岁的戚继光一面遭受着丧父之痛，一面承袭了登州卫（今山东蓬莱）指挥佥事的职位。在这第一份差事上，年纪轻轻的戚继光没有初入职场的青涩，在管理屯田事务上，他敢作敢为、大刀阔斧地革除弊病，赢得了士兵们的拥护。

每日操劳工作之余，戚继光仍苦学不辍，勤加批注，"封侯非我意，但愿海波平"的著名诗句就写于此时。初出茅庐，他便显露出强烈的爱国情感和将相之才的雄心抱负。然而，承袭来的官位没有羁绊住这位有志之士前进的脚步，不久，戚继光决定去参加科举考试。

古代的科举考试分为两种，一种是文人参加的，叫文科举；另一种是政府为了选拔武将而设置的，叫武科举。戚继光要去参加的自然是武科举。毫无悬念地，戚继光中了"武秀才"。次年恰逢庚戌年会试，于是戚继光赴京应试，但是历史上却没有记载他的这次考试成绩，科举之路就这样莫名其妙地中断了，这是为什么呢？

答案只需一个词——巧合。

当时，明王朝的边防岌岌可危，北有虏，南有倭，坐在紫禁城里的嘉靖皇帝最怕的就是频频来扰的蒙古大军。结合时政国情，戚继光准备拟写一篇《备俺答策》来应试。就在他挥毫泼墨之际，鞑靼首领俺答汗竟然直捣京师、焚掠三日，制造了骇人听闻的庚戌之变！火烧眉毛的嘉靖将此时来京赶考的武举人全部动员了起来，参与城防工作。戚继光的《备俺答策》正好是一股解燃眉之急的清泉，所以在大家都没有成绩的时候，戚继光被任命为总旗牌，奉命戍守蓟门，"东起山海关，西至镇边城"。这在当年参加武举的考生中是绝无仅有的。"才猷虎变，当收儒将之功；意气鹰扬，可望干城之寄。"（《戚少保年谱耆编》）

从嘉靖二十九年（1550年）庚戌之变算起，到嘉靖三十一年（1552年）这三年时间里，按戚继光自己的说法是"臣束发从征，三历边境"。（《止止堂集·横槊稿》）戚继光从此开始了守北防、抗南倭，由北到南再由南到北的征战生涯。

由于嘉靖初期明王朝在西草湾大败葡萄牙的远东舰队后执行严格的海禁政策，加上汉奸王直、陈东、徐海、叶麻等人勾结倭寇，大肆劫掠江浙百姓，到了嘉靖三十二年（1553年），东南沿海多年沉积下来的倭寇之乱终于呈现出规模化爆发的趋势。戚继光在此时被升为署都指挥金事，派回老家掌管山东的海上御倭事宜。由此，戚继光与倭寇结下了不解之缘。

要说倭患最严重的地方，当数江浙沿海，在胡宗宪刚刚接任浙江巡抚后，戚继光就被调任浙江都司金书，继而两人分别擢升浙直福建总督和宁绍台参将。在戚继光二十九岁这一年，他打响了人生中剿倭除寇的第一枪，首战龙山所即击败八百敌人。但是他也发现明朝军纪废弛，将士难以调度，各级将领为吃空饷编造士兵名额也是普遍的贪污现象。于是他上书《任临观请创立兵营公移》提出练兵的请求，胡宗宪调了3000人给他训练。练兵，是戚继光最为重视的事情之一，因此才有了名垂青史、使倭寇闻风丧胆的戚家军。

嘉靖三十六年（1557年），胡宗宪用诱敌深入之计，抓了王直，他的干儿子毛海峰带着数千倭寇退回了浙江的大本营岑港，负隅顽抗。岑港三面环山，一面朝海，居高临下，易守难攻。明军主帅俞大猷围困半年久攻不下，嘉靖因此大为恼怒，颁下圣旨，限俞大猷一个月之内必取岑港，否则军法论处。为了督战，半个月后嘉靖又补了一条：自俞总兵以下，各级将军、参将一律革职，成则戴罪立功，败则免职下狱。在危急关头，戚继光毛遂自荐，率众舍生忘死，奋勇冲杀，据守岑港的倭寇终于抵挡不住，放火烧寨，狼狈逃窜。至此，王直势力的重要基地被摧毁，海盗们的走私贸易港不复存在，大大打击了东亚的海上走私贸易。

此后，戚继光愈战愈勇，大小战役鲜有败绩。比较著名的战役有：台州之役，经新河、花街、上峰岭、藤岭、长沙等战斗，十三战十三捷，斩杀真倭3000余人；福建之役，经横屿、牛田、林墩三战，斩真倭5000余人。其中横屿之战是一场精彩的步炮协同作战，先以火炮击沉倭寇战船并轰击倭寇大营，再以突击队强行登陆突破倭寇本阵，斩杀倭寇头领；平海卫、仙游、王仓坪、蔡丕岭四场战役，斩真倭2万余人，另外剿灭勾结倭寇的吴平军队，斩从倭3万余人，吴平逃亡海上。同时创造了以平均每22人伤亡，换取斩杀1000人的冷兵器时代敌我伤亡比的奇迹。

身经百战又百战百胜的戚继光，显然是明朝上下找不出第二个的实力干将，嘉靖封他为总兵官，镇守福、兴、漳、泉、延、建、邵武、福宁、金、温九郡一州。倭寇背地里叫他"戚老虎"，在他眼皮底下都不敢轻举妄动，东南沿海一下子太平了许多。可嘉靖没享受几天太平日子就撒手人寰了，噩耗传来，戚继光奉命北上，协助戎政，调到神机营当副将。

不过北方还不安宁，蒙古的鞑靼从来就没停止过对明朝的骚扰，戚继光又被任命为都督同知，总理蓟、昌、保定的练兵事务。这回戚继光挂帅亲征的机会不如以前多了，但他丝毫不懈怠——积极练兵、修筑边墙和空心敌台、建辒重营，教授将领御敌方略、设立武学、培养将官，主持军事演习、著兵书，制轻战车、铁狼筅等器械，制自犯钢轮火等火器。这一系列工作的军事价值不逊于他的赫赫战功，他的《纪效新书》《练兵实纪》等书是军事著作中的经典教材，历经百年仍闪烁着思想创新的光辉。

戚继光一生为国为民，鲜有污点，唯一让人诟病的是在政治上他与首辅张居正交往甚密，以为他依附权势。所以张居正病卒的次年，即万历十一年（1583年），五十六岁的戚继光由京师降调外用，派往广东。兵科给事张希皋仍不罢休，继续弹劾，直到戚继光被罢去总兵官之职，五十八岁的白发老人提前退休，回到故乡蓬莱，两年后病逝。

穆宗受伤了

嘉靖四十五年（1566年）年底，皇宫内，朱载垕的登基仪式正按部就班地进行着。朱载垕被任命为接班人，可以说部分原因是得益于运气。

朱载垕是嘉靖的第三子，其母杜康妃姿色平平，又没有强大的后台背景，因此不得嘉靖的宠爱，所谓的母凭子贵在杜康妃这里并没有得到验证。朱载垕的出生没有引起多大的反响，一来其母不得宠爱，二来嘉靖已有两个皇子。

世事难料，嘉靖的长子朱载基在出生不久就夭折了。二子朱载壑被立为太子，但是在嘉靖二十八年（1549 年）也死了。

嘉靖十八年（1539 年），朱载垕被封为裕王。嘉靖三十二年（1553 年），朱载垕出居裕王邸，开始独立生活。这一年朱载垕十六岁，依现在的标准来看，是一个还在父母身边撒娇的年龄。

两个儿子相继离去，嘉靖深受打击。按理说，朱载壑死后，好运将要降临朱载垕。但是，事情并没有按照想象中的程序进行。

心灰意冷的嘉靖正值宠幸道士，恰逢在这个时候，一个道士进言"二龙不相见"。这嘉靖帝便以此为由不再立太子。距离太子之位只有一步之遥的朱载垕，因为道士的一句话就被拒之门外了，朱载垕有气却只能往肚子里咽。

外在的危机让朱载垕不敢有丝毫的懈怠，嘉靖帝有八个儿子，英年早逝者居多，三子朱载垕和四子朱载圳是硕果仅存的两个。朱载圳的母亲正受嘉靖的宠爱，嘉靖的天平是否会偏向四子也未可知。在这样的未知和惶惑中，朱载垕处处压抑着自己。

长时间的压抑给年幼的朱载垕留下了心理阴影。在裕王府的 13 年里，朱载垕如履薄冰，对父皇嘉靖更是毕恭毕敬，不敢有半点儿忤逆。战战兢兢的朱载垕最害怕跟父皇打交道，因为生怕出丁点儿的差错，这种心理上的长久恐惧对他后来的性格形成有着重大的影响。

也许上天对朱载垕有着莫名的偏爱，嘉靖四十四年（1565 年），朱载垕的最大竞争对手朱载圳去世，朱载垕终于可以高枕无忧了。毫无疑问，朱载垕的这个皇位是坐定了，他现在所能做的就是等待，等待父皇归西的那一天。

历史并没有让朱载垕等太久，嘉靖四十五年（1566年），嘉靖帝驾崩，朱载垕怀着复杂的心情登上觊觎已久的皇位，是为穆宗，年号隆庆。跟多数初登基的皇帝一样，朱载垕怀着一颗雄心，准备大展宏图，一鸣惊人。

纵观穆宗种种，我们不能怀疑他的雄心壮志，《明史·穆宗本纪》也称其为"令主"。穆宗从嘉靖四十五年（1566年）继位到隆庆六年（1572年）去世，在位仅六年，被评价为"继体守文，可称令主"，这是非常难能可贵的。

登基伊始的穆宗，自然要办些大快人心的事情，第一个开刀的就是道士群体。穆宗自己本身对道士就有着无以言说的憎恶，那句"二龙不相见"让他莫名受了数不清的苦，此时手握大权的他，便毫不客气地把矛头指向了道士们。

这一包含着众多私心的举措，受益群却极大。一方面对于朝政来说，一股污秽之气被清除，政治清明了不少，法度也更加修明，另一方面也减轻了百姓的负担。此举深得人心，人人竖起大拇指，穆宗的虚荣心也大大得到了满足。

意气风发的穆宗昂首挺胸，后宫嫔妃突然之间发现她们的夫君原来如此伟岸，对他的敬仰一时之间犹如滔滔江水连绵不绝。穆宗的男子汉气概一发不可收拾，当即表示要给后宫拨款犒劳。

穆宗处事一向低调，以勤俭节约闻名，平素更是布衣素食，一切从简。皇帝如此，后宫之中哪里敢奢华。此次皇帝既然开了金口，后宫嫔妃个个满怀期望，翘首以待。

作为一个皇帝，想犒劳一下后宫嫔妃，这本是无可厚非之事。但是这事到了穆宗这里，似乎就不是一件轻而易举的事情了。

原因很简单：穆宗没有钱。这话听起来简直是滑天下之大稽，一国之君，竟然没有钱，这是怎么回事？在明代，皇帝都有自己的私房钱，那就是内库，这部分钱维持着皇室的日常开支，但是到了穆宗时，内库已经被搜刮一空，这大都是嘉靖帝的"功劳"。"世宗营建最繁，十五年以前，名为汰省，而经费已六七百万。其后增十数倍，斋宫、秘殿并时而兴。工场二三十处，役匠数万人，军称之，岁费二三百万。"（《明史》卷七八）嘉靖帝大兴土木，更是大肆奖赏道士，内库更无分文，简直是一穷二白。

夸下海口的穆宗只得厚着脸皮向户部要钱。此时的户部长官是马森，马森是个铁面无私的人，更不懂得溜须拍马。马森先是对穆宗盘查一番，穆宗支支吾吾说得理不直气不壮。马森一听，三寸不烂之舌马上工作起来，长篇大论说得头头是道，总归一句话，钱是不能给的。

碰了一鼻子灰的穆宗垂头丧气地回去了，一肚子的怨气无处发泄。面对着后宫嫔妃期待的眼神，穆宗是怎么也神气不起来了。此时的穆宗严重受挫，一国之君，竟沦落至如此地步，委屈、愤怒，一股脑儿地涌上心头。唉声叹气，却也无可奈何。

处于心情低谷的穆宗正独自疗伤，一位大臣来凑热闹了。这个人是詹仰庇，他是嘉靖四十四年（1565 年）的进士，如此看来，入仕资历尚浅。

这个詹仰庇没有看到穆宗满脸的忧郁，开口便是一连串的指责。

原来，他不知在哪里得到的消息，听闻穆宗与皇后两人闹矛盾，皇后便搬去别院居住了。这本是穆宗的家务事，言官本不该参与，只怪言官太闲，有些人又居心叵测，一心想要出名。

尽管穆宗是出了名的好脾气，但此时再也忍不住发作了。这詹仰庇还算识时务，看穆宗要发火，便灰溜溜地回去了。

是夜，一声声的叹息从穆宗的寝宫传来，一波未平一波又起，穆宗辗转反侧，难以入眠，这皇帝的宝座原来不是这么好坐的，踌躇满志的穆宗受挫了。

老办法新花样

夏意初来，一切还沉浸在生机盎然的气氛之中。只是，皇宫里却死气沉沉，这日是隆庆六年（1572 年）五月二十六日，穆宗驾崩了。

当务之急乃是新皇登基之事。穆宗一生有四个儿子，长子五岁而夭折，次子不满周岁而亡，三子朱翊钧，四子朱翊镠。三子、四子乃是一母同胞。

按照明朝的长子继承制，朱翊钧已无长兄，他便顺理成章地登上皇位，是为万历皇帝，即明神宗。

万历仅有十岁，皇帝如此小，自是不能亲政。于是，一场你死我活的权力阴谋展开了，高拱虽初占优势，毕竟势单力薄，张居正与司礼监太监冯保里应外合，终将高拱拉下台。

高拱走了，走得落魄而凄凉，无一人敢为他送行。

高拱既走，皇帝尚年幼，权力自然要下放，张居正便毫无疑问地担当起首辅大任。顶着种种闪耀的光环，张居正辅佐幼主，执掌国家大权十年之久。

这十年是张居正的天下，名义上，神宗有着至高无上的地位，但毕竟是个十岁的孩子，贪玩的年纪，对他讲朝政之事，无异于对牛弹琴。张居正集首辅与帝师于一身，神宗都要忌惮他几分。

后人给张居正的评价是明朝后期杰出的政治家和理财家，能得如此评价，必有其过人之处，张居正定是做出了一番业绩。

张居正自幼聪慧，被乡人称为"神童"，自嘉靖二十六年（1547年）入仕以来，心怀大志，一心想在朝廷有所作为，只是都未赢得当权者的重视。目睹朝政腐败，张居正多次上疏改革方案，要么被无情退回，要么不被理睬。

心灰意冷的张居正明白，要实现鸿鹄之志，只有一条路可以走，那就是独掌大权。可眼下之势，张居正唯有静静等待，养精蓄锐，等候一鸣惊人之机。

机会来了，张居正把握住了。如愿以偿，那么下一步便是大展身手之时。种种时机都已成熟，张居正振臂一呼，大喝一声，我要改革，改弦更张。

张居正虽习儒家经典，却有着天生的法家思想，其改革思想也渗透着法家精华，这为世俗所难以接受。祖宗之法，国之根本，怎可改变？一遍一遍的疑问，一道一道地上疏，阻力很大，压力很大。

商鞅曾有箴言："治世不一道，便国不法古。故汤武不循古而王，夏殷不易礼而亡。反古者不可非，而循礼者不足多。"

想及此，况且多年志向，怎可毁于一旦，张居正抱着一颗誓死之心，大刀阔斧地向着目标迈进。纵使满路荆棘，也要毫不犹豫地走下去。

说张居正大刀阔斧一点儿都不夸张，张居正的改革围绕边防、吏治、生产、税制，等等，可谓囊括了朝政的大部分内容。

张居正的改革，最为人称道的可谓推行了"一条鞭法"的税收方法，这也是张居正改革的核心内容。所谓"一条鞭法"，就是将一县之赋役，悉归于一条，将丁银归入田赋之下，这样赋和役就合并在一起，统以银两来收取。百姓可以通过银两来抵徭役，履行对国家的义务。从某种程度上说，徭役被取消了。赋役征收大大简化，土地兼并得到打击，百姓负担也减轻了，可以安心从事生产。

"一条鞭法"的实行并非张居正心血来潮，而是基于对社会形势的了解。况且，张居正终究是统治阶级的代表，他的所作所为，无不是为统治阶级服务的。

明中叶以后，资本主义萌芽产生，商品经济得到很大的发展，金钱的魅力一览无余地展现出来。上至皇室、王公大臣，下至平民百姓，对金钱的追求到了无以复加的地步。

在农业社会，财富大都由农业创造，于是，对土地的兼并便不可限制地严重起来，对农民的搜刮便理所当然成为谋财之道。

那些敛财者，若是如此纵容下去，后果不堪设想。张居正站了出来，伸手拦下了那些不知大祸临头的同僚，大呼小叫那是必然。讲道理，张居正是没有这个耐心的，权力在握，谁敢不从。

"一条鞭法"终究是实行开来，赋役折变成银两，更是规定了定额，这是中国税制改革的一个大转折。中国的税制自秦汉以来，一直以征收实物为主要手段。"一条鞭法"推行以后，便确定了银两在赋役制度中的不可动摇的地位，并一直延续下来，赋役从实物向货币转换成为不可阻挡的趋势。

然而，愿望是美好的，现实却很残酷。张居正可以管得住眼皮子底下的官员，但是全国各地官员无数，张居正纵然本事再大也无能为力。

"一条鞭法"触动的是地主阶级的利益，所以这就注定了它的贯彻实施要大打折扣，在一些已经推行"一条鞭法"的地方，官府仍然以各种名义征收赋税，更有甚者，强迫农民从事各种徭役。这大大违背了"一条鞭法"的精神。

尽管如此，瑕不掩瑜，张居正的改革仍是成功的，对缓和阶级矛盾和民族矛盾、安定社会、发展生产，大有裨益。

边境安宁，国泰民安喽

张居正排除万难，力挽狂澜，冒死变法，将个人荣辱置之度外。"不但一时之毁誉不关于虑，即万世之是非，亦所弗计也"。

所幸，皇天不负有心人，变法卓见成效。单从国家储蓄可略窥一二。据史书记载，张居正当政期间，国库积银有六七万两，太仓也储备粮食达到一千三百多万石。

这样的储备已实属不易，要知道，在穆宗一朝，国库空虚，可谓一穷二白，官员俸禄一拖再拖，仍无法按时按量发放。传闻，礼部尚书因不得俸禄，无法供养家人而上吊自杀。朝廷如此，那平民百姓便可想而知。

仅此一点，我们就不得不肯定张居正的政绩。当然，若要做到流芳百世，仅仅依靠这点儿业绩似乎还不足为道。张居正改革囊括种种，可谓包含朝政的各方各面，我们且看张居正对于边防的整饬。

外患是明朝中后期无法避免的一个话题。当时，对明朝造成威胁的主要来自三方面的势力：北方的蒙古、东南沿海的倭寇和东北的女真。倭寇之乱肆起，经抗倭名将戚继光、俞大猷的平定，倭寇再不敢张狂，倭乱告一段落。

北方游牧民族南下仍是让人一筹莫展的问题。一方面，有明一代正处寒冷期，北方尤甚，少数民族为得人畜生存，便极力往南扩展。另一方面，蒙古与女真内部阶级矛盾激烈，各部为扩大实力，也不遗余力扩张地盘。雪上加霜的是，明朝边境不时有焚烧牧场的情况发生，致使"边外野草尽烧，冬春人畜难过"。更为迫切的是，"各边不许开市，衣用全无"。如此一来，明朝跟北方少数民族的冲突便一发不可收拾了。

但是，我们再看明朝的边防情况，却是让人心寒。边防破败不堪，"壕浅墙卑，虏患日涂，边事久废……频年寇犯如蹈坦途"。当时，朝中众大臣对于边防不甚重视，有大臣认为，筑边防乃是"殆所谓运府库之财，以填庐山之壑，百劳而无一益"。如此情境，如何抵挡外族入犯。

北方少数民族以游牧为主要的生活方式，这种出没无常的特征，使得不善于打游击的明朝军队无所适从，多次交锋都处于下风。对方如鬼神出没，根本就见不到踪影，而明军却只有抓耳挠腮的份儿。"我散而守，彼聚而攻，虽称十万之众，当锋不过三千人，一营失守，则二十二营俱为无用之兵；十里溃防，则二千余里尽为难守之地。"兵部尚书刘焘曾上书叙述这里面的苦衷。

防不胜防，战不能战，困难重重，无所适从。明朝统治者没有好的策略，便断绝民族之间的正常交易。岂料，这只会起到适得其反的效果，对于物资的缺乏和追求，逼得少数民族更加肆无忌惮地劫掠，事端越发严重起来。

张居正是个眼里容不得沙子的人，他当权以后，自然不容少数民族如此放肆，他将整饬边防、改善民族关系列为当务之急，并制定了"内修战守，外事羁縻"的方针。

其实，张居正对于边防的重视并非心血来潮，在其还未担当首辅的时候，就对边防巩固表示十分赞同。隆庆四年（1570年），蒙古鞑靼部俺答的孙子把汉那吉携妻投奔明朝，在张居正的支持下，边疆名将王崇古厚礼接待，以此事为契机，穆宗封俺答为顺义王，明朝和蒙古的关系开始走向正常化。

隆庆五年（1571年），经张居正力主，答应俺答的朝贡请求，并在沿边三镇开设马市，边境有十几个互市市场，与蒙古进行正常的贸易，明朝和蒙古的关系更进一步。

但是，隐藏在貌合神离之下的利益冲突，终究是一个无法让人放心的隐患。随着蒙古实力的增强，兵强马壮之时，便开始不安分了，边境的安危仍是一个亟待解决的大问题。

张居正力图改变这种被动局面：做好万全的防御准备，以和为主，必要时也不放弃使用武力，来犯必战。

防御措施做到位，乃是重中之重。蓟州是北部边防的门户，其地理位置尤为重要。蓟州一失，蒙军便不可抵挡。张居正派遣抗倭名将戚继光担任蓟州总兵，守卫蓟州这个大门。戚继光带领士卒来到蓟州，加紧训练，这些士卒都是抗倭战争中的骨干力量，士卒士气高昂，能以一敌十。

长城是北方少数民族南下难以逾越的一个障碍，长城的作用历朝历代无不重视。戚继光来到蓟州做的第一件事情，便是修缮长城，在此修建了 1000 多个敌台，重点区域以砖石堆砌，内填充泥土石块，其结构更加坚固，这大大增强了边防的防御能力。这样一来，"边备修饬，蓟门宴然。继之者，踵其成法，数十年得无事"。

针对东北渐渐强大的女真族，张居正派名将王崇古、方逢时主持东北边防军务。这二人均为边防能将。他们在辽东地区修城墙，筑城池，开屯田。边防防御为之一新，战斗力则加强了。

西北、东北防务准备就绪，口说无凭，需要接受检验。万历七年（1579 年），张居正命兵部侍郎王遴、汪道昆、吴百朋分工巡视边防工作。九边重镇，一一视察，不得有误。如此一来，边防工作便马虎不得。视察意义重大，一是鼓舞了边境士卒的士气，二是使得朝廷掌握了更加真实可靠的边防实况。

养兵千日，用兵一时。万历七年（1579 年），明蒙战事再起，彪悍的蒙古骑兵从北南下进犯，被戚继光阻挡，不得前进。蒙古骑兵仍不死心，便转移进攻方向，准备从东北进犯，东北的女真也加入对明战事中，战争升级。

面对联军，张居正以其对边防的充分把握，亲下指令，千里遥控。时人称张居正乃是"数万甲兵藏于胸，而指挥于千里之外"。如此看来，张居正还是位文武双全的人才。

此时的辽东总兵是李成梁。此人是一员守边名将，面对联军，毫不畏惧，一次一次将他们的进攻击破，最终打得盟军落花流水，狼狈而逃。

守军凯旋，此时的张居正做了一个让人匪夷所思的决定："威行而后可用恩也"，即与蒙古议和，化干戈为玉帛，再建封贡关系。

张居正的这一决定在朝廷掀起了轩然大波，况且明军取得胜利，这正是一个乘胜追击的好时机。这得之不易的胜利难道要成为议和的筹码？只是更多人敢怒不敢言，观望，观望，再观望，是他们在官场中学会的生存法则。

张居正有更深层次的考虑，此时明朝正值多事之秋，尽量减少战争才是明智之举。战争并不是一个永绝后患的好方法。

在张居正的主持下，明朝和蒙古破镜重圆，继续封贡关系，再开茶马互市。而对于东北的女真，也在清河、抚顺、开原等地开通互市。

当然，议和达成，并不等于可以高枕无忧，张居正深谙其中的道理，因此他下令："桑土之防，戒备之虑，此自吾之常事，不容一日少懈者。岂以虏之贡不贡而有加损乎！"一时之间，北部边疆和睦融融，战事全无。

至此，边境安宁，国内新政初见成效，呈现出国泰民安的繁荣景象。

抄家伙，出气的时候到了

日月如梭，眨眼间十年过去了，神宗已长大成人，到了可以亲政的年纪，也懂得了"功高震主"一词的含义。只是，内有冯保，外有张居正，他们二人共同把持着朝政，神宗只是个光杆司令。

神宗小小年纪时，自是乐见张居正当政，而今他急于享受手握权力的优越感，而张居正却独揽大权，这大权本是他神宗所有。神宗的皇权遭遇了张居正的相权，冲突一触即发。"万历失德"的指责久久回荡，张居正如此蔑视圣上，神宗已将张居正划为敌人的行列。

此外，张居正平日里对神宗甚是严格，让神宗越来越反感，这种不满日益积累，转化成仇恨。

仇恨的种子一旦种下，沾水迹则生根，得阳光便发芽。这二人面合心离，已经背道而驰，渐行渐远。当年彼此之间的关怀与敬爱，烟消云散，再也找不回来了。

两年前，神宗因醉酒，被冯保告状，慈圣皇太后震怒之下，差点儿将神宗废掉。张居正上疏进谏，神宗被罚在慈宁宫跪了六个小时，后张居正替神宗写下《罪己诏》才了事。此后，神宗越发厌恶张居正与冯保，视他二人为眼中钉、肉中刺，不拔掉便寝食难安。

张居正的地位正稳如磐石，以神宗之力气，想扳倒他，那简直是天方夜谭。神宗有自知之明，他的目标先是瞄上了冯保，这个陪伴了自己近二十年的"大伴"。冯保终究是神宗身边的一个奴才，任凭神宗的处处刁难，都无可奈何。

慈圣皇太后看神宗已经长大成人，便还政于神宗，悄然隐退，不再过问政事。当初的铁三角，如今已经四分五裂，危机正一步步向张居正逼近。

万历十年（1582年），举国还未从春节的喜气中恢复过来，张居正却病倒了。张居正这病得的突然，乃是痔疮。都说"病来如山倒，病去如抽丝"，这话一点都不假，张居正一连在床上躺了三个月，仍不见好转。

痔疮在今日看来，实在不算什么大病。依中医学的理论，痔疮的产生，乃是因为"久坐则血脉不行，久行则气血纵横，经络交错。久坐久行，劳累过度，使肠胃受伤，以致浊气瘀血，流注肛门而生痔疾"。总归一句话，就是劳累过度所致。

就算是在当时的医疗条件下，痔疮也不足以夺去一个人的生命。但是张居正在床上躺了三个月，他心急，食不甘，寝不寐。这痔疮就是好不了，越好不了，他越急，如此成了一个恶性循环。

张居正等不得了，太多事情让他放心不下。朝中不能没有他，慈圣皇太后已经隐退，铁搭档冯保也成了众矢之的，自身难保，朝中还有谁可以支撑局面。张居正把朝中亲信细数一遍，没有一个有这样的胆识，没有一个有这样的能力。看看那些蠢蠢欲动、好不安分的反对派，张居正哪里还在床上躺得下去。

听闻神宗日日酗酒，其铺张浪费之本性也渐渐显露，多年的相处让张居正看透了神宗的本质，没有张居正的压制，神宗必定走入极端，张居正再也躺不住了。

更令张居正担忧的是，十年改革，初见成效，大明王朝正生机盎然，大步走入正轨。可是，潜伏的敌人，时刻伺机行动，想要推翻新政。如此一来，一生的心血就会付诸东流，张居正不允许这样的事情发生。现下，是做决定的时刻了。

这日，宫中御医云集于张居正宅中，眉头紧锁，商量不出一个好的方案。张居正命令他们给自己做割除痔疮的手术，以斩草除根，永绝后患。但是，众御医紧锁眉头，他们没有十足的把握。

张居正把自己的命运交给了上天，但是，上天没有眷顾张居正，手术使他元气大伤，张居正再也起不来了，终究是回天无力。

万历十年（1582年）六月二十日，张居正撒手人寰，这年张居正五十八岁。

张居正的死，有人欢喜，有人忧。在这悲喜交加的时刻，表面上的功夫总是要做的，神宗为之辍朝，并赐谥号"文忠"，赠上柱国和太师的美誉。张居正的葬礼办得极尽奢华。

在张居正尸骨未寒之时，一场针对他的风暴袭来了。神宗的报复拉开了帷幕，首先遭殃的是张居正的亲信。张居正重用的一批官员要么被削职，要么被弃市，无一有好下场。

冯保是个重点清算对象，江西道御史李植上疏弹劾冯保十二大罪状。随后，查抄冯保的家产，并把他发配到南京孝陵种地。冯保的弟弟冯佑、侄子冯邦宁也受到牵连，这二人都是都督，被削职之后又遭逮捕，最终死于狱中。

张居正的家属当然不能幸免，饿死的、自杀的、流放的、逃亡的，无不让人心生感慨。

张居正的新政是又一个攻击的对象，所谓人亡政息，众多小丑粉墨登场。张居正在万历六年（1578年），以户部颁布的《清丈条例》为依据，开始对全国的大部分土地进行清丈，至万历八年（1580年）清丈完毕。

这一清丈土地的行为，让张居正成为众矢之的。因为此举清丈出大量贵族地主和官僚地主隐匿的兼并土地，如此一来他们要上缴的赋税便会增加，这对于打击大地主豪强、增加国家的财政收入，有着积极的意义。毋庸置疑，张居正的敌人阵营正一日日壮大。如今，是落井下石的时候了，有冤的报冤，有仇的报仇，跟一个已经不在人世的人斗争，准保有赢无输。

张居正死后，神宗并没有支撑起庞大的帝国，反而开始长期怠政。庞大的大明朝失去了重心，深一脚，浅一脚，再也站不稳，摇摇欲坠，终究是踏入危机，走向深渊。

神宗的出尔反尔及喜怒无常，一直让人难以理解。手中无权，你叫嚣；大权在握，你怠政。试问，你目的何在？

事情仍旧没有结束，清算还在继续进行。这日，已废辽王的次王妃哭哭啼啼来了，她是喊冤来了，控告张居正欺压陷害王公贵族："庶人金宝万计，悉入居正。"不仅如此，其辽王府也被张居正占为己有，这是隆庆二年（1568 年）的事了。

至于张居正到底有没有侵吞辽王府的事情，史学界是众说纷纭，仍无定论。但是这个辽王妃一提此事，由此引发了张居正贪污受贿种种事宜。刚刚平息的弹劾，再次如潮水一般涌起。张居正的罪名里，又多了一项贪污受贿。

世间已无张居正。但是，所谓国哀思良臣，熹宗天启年间，张居正之名重现人间，终得沉冤昭雪，其种种名誉也逐渐恢复。

册立太子：总算熬到头了

神宗皇帝没有大谋略，也没有大气魄，可是他的小聪明很多。他嘴上答应送朱常洛出阁读书，也履行诺言了，可是他的一切安排却大出众人的意料。

朱常洛出阁读书的时候，已经十五岁了。这十五年来，他们母子一直生活在神宗的阴影里。如果神宗不笑，他们母子绝不敢笑；如果神宗哭泣，他们母子不得不跟着哭泣。更令人气愤的是，神宗竟然对他们母子玩冷暴力。心情好的时候神宗不理睬他们母子，心情差的时候神宗就拿他们母子当出气筒。

与朱常洛母子相比，朱常洵母子简直是在天堂里生活。首先，神宗对郑贵妃百般疼爱，总是待在郑贵妃的住处，有什么好处都先给郑贵妃母子。其次，朱常洵养尊处优，不仅衣来伸手，饭来张口，甚至是想要什么就能得到什么。

士大夫们看着神宗厚此薄彼，无不义愤填膺，争着抢着为朱常洛母子打抱不平。从人类的怜悯情感的角度分析，士大夫们拼了老命为朱常洛争夺太子之位，除了深受正统道德观念的影响外，对他们母子遭遇的怜惜也是一个重要原因。

这些年来，朱常洛母子所过的生活，简直不是正常人过的。如果没有士大夫们拼死力争，他们母子可能早已不在人世了。以朱常洛出阁读书为例，神宗胡乱为他请了一个老师。更令人感到好笑的是，为了让这个老师消极怠工，神宗竟然不给他提供饭菜。然而，上天总是眷顾善良者的。这个老师有一身铮铮铁骨，神宗不给他提供伙食，他就自带伙食。这个老师也许没有教给朱常洛很多知识，但是朱常洛至少从他身上学到了什么是"自食其力"。

在册立太子一事上，神宗死拖，硬生生使这场斗争持续了十五年。这十五年来，一共有四个首辅因为争国本一事被逼退。其他人都走了后，沈一贯在万历二十九年（1601年）成功登上首辅的宝座。沈一贯曾与张居正、申时行和王锡爵等人共事，但他的才能和为人都没有这些人好。《明史》对沈一贯的评价是圆滑融通，这就不难理解他能够坚持到最后的原因。

刚刚当上首辅，同前几任一样，沈一贯马上上疏，奏请神宗册立朱常洛为太子。他的理由是，朱常洛已经不小了，到成婚的年龄了。如果神宗册立朱常洛为太子，他就能马上结婚。只要太子成婚，神宗就有孙子抱了。

这封奏疏看似简单，含义却很深。首先，这个时候的神宗已经一大把年纪了，他不能指望再让皇后生一个嫡子。明朝的祖训是立嫡不立长，可是神宗没有嫡子，只能册立长子。神宗也曾想过将朱常洵变为嫡子，可前提条件是郑贵妃被封为皇后。如果郑贵妃想被封为皇后，除非皇后死了或者被废黜。但是，皇后的身体健康得很，再活几十年都不会死。再说，皇后一生规规矩矩，堪称是天下的典范，神宗根本找不到废黜她的理由。

其次，因为争国本一事，神宗已经弄得众叛亲离，成了一个名副其实的孤家寡人。这十多年来，除了四位首辅被逼退外，还有十多位尚书级别的官员主动告老还乡，朝廷和地方的官员加起来一共有300多人受到牵连，其中被罢免、解职、发配的就有100多位。为了立一个太子，这么多人受到牵连，可以说争国本是万历年间最大的政治运动。更令人想不通的是，争国本这么一件纯粹的皇权争夺事件，竟然引发了深受历史诟病的党争。

促使神宗在万历十九年立朱常洛为太子的另一个原因是，他得罪了一个绝不能得罪的人——身份尊贵的李太后。由于李太后的出身也是宫女，她也是因为穆宗的一次偶然临幸才生下神宗。生活的相似性决定了李太后对朱常洛母子十分偏爱，如果没有李太后撑腰，神宗又怎么会承认朱常洛是他的孩子。

等了十几年，神宗还不册立太子，李太后也加入战斗的行列。为了给朱常洛争取太子的身份，有事没事，李太后都要去会会神宗。起初，母子相见，自然有许多话说。随着相见次数的增加，李太后母子的话就越来越少。他们的话虽少，可谈的都很关键，日子一长，神宗就发现，他母亲也赞同立朱常洛为太子。

一天，李太后问神宗，为什么不立朱常洛为太子。不知道神宗在想什么，他竟然脱口说出，因为朱常洛是宫女的儿子。神宗还没反应过来，李太后已经勃然大怒。她铁青着脸，厉声对神宗说，他也是宫女的儿子。

神宗说这话的时候也许是无心的，但李太后听了后十分不舒服。神宗的这句话明摆着是嫌弃他母亲的出身。母亲辛辛苦苦养大一个孩子多么不容易，听到孩子嫌弃自己的话又多么伤心。看见李太后勃然大怒，神宗才发觉自己犯了一个不可饶恕的错误。

尽管神宗连忙赔不是，可他对李太后的伤害已经是事实。行动是最好的道歉，如果神宗立朱常洛为太子，表明他不嫌弃母亲是宫女的出身。相反，如果神宗不顾众人的反对，坚决立朱常洵为太子，表明他嫌弃母亲的出身。如果他真的立朱常洵为太子，李太后可能到死都不会同他说一句话。

从上述因素分析，神宗之所以答应沈一贯立朱常洛为太子，完全是局势所逼，而非沈一贯一个人的功劳。神宗发现，如果要立朱常洵为太子，他必须击败士大夫集团和说服他的老母亲。但是，神宗根本没有足够的毅力和足够强大的能力击败这些人。

被册立为太子后，朱常洛第一个想见的人是他的生母王宫女。这十五年来，不近人情的神宗将朱常洛母子分离，王宫女完全被幽禁起来，她没有要求见任何人一面的权利。即使朱常洛想见生母一面，也要先获得神宗的同意。

宫门打开的一刹那，朱常洛发现，他母亲已经病入膏肓了。多年以来，他一直想好好地对待自己的母亲，可是他连见她一面的自由都没有。等到他有见母亲的自由后，他母亲却没福享受。儿子看着病入膏肓的母亲，母亲看着长大成人的孩子，四目相对，久久默然。

泰昌的大限到了

万历四十八年（1620年）七月二十一日夜，乾清宫中突然爆发出一阵哀痛的恸哭声，划破了夏夜的宁静，"皇帝驾崩"的消息犹如一声惊雷在宫中炸开，皇城瞬间被死亡的气息笼罩，各宫如同炸了锅般，皇宫顿时哭声一片，王子皇孙、妃嫔媵嫱们纷纷面朝乾清宫跪下，各宫道也都跪满了婢女和奴才。

万历皇帝就这么去了！神宗的时代就这么结束了。

消息很快传遍了京城，一夜间满城披上了白色，喧闹多时的京师陷入令人窒息的寂静中。神宗驾崩，震惊了朝野，震惊了世人。人们为万历皇帝哀悼的同时，更多的是对新帝的期待。官员们更是把这看作王朝从头开始的一个机会。许多人把希望寄托在太子朱常洛身上，希望他能迅速地改变他父亲的一些不得人心的政策，进行必要的改革。

八月初一，太子朱常洛衣冠华贵，面带喜色，玉履安和，在万众瞩目中登上了皇位，并宣布次年改元泰昌。泰昌帝一上台即展开新政，他在万历四十八年（1620年）七月二十二日和二十四日，各发银100万两犒劳辽东等处边防将士。同时，命令撤回万历末年引起官怨民愤的矿监和税监，召回在万历一朝因为上疏言事而遭处罚的大臣，增补阁臣，运转中枢，使得整个朝野都感动不已。

然而天有不测风云，登基大典后仅十天，也就是八月初十，泰昌帝就突患重病。第二天的万寿节，也取消了庆典。万历四十八年

（1620 年）九月初一的黎明，噩耗再次从宫中传出，泰昌帝驾崩了！消息迅速传遍大街小巷，人们再次被震惊了。仅一个月的时间，新帝就驾崩了，京城几乎立即充满了关于暗杀、阴谋、篡位的谣言。

朱常洛患病的原因，正史中有记载。"光庙御体羸弱，虽正位东宫，未尝得志。登极后，日亲万机，精神劳瘁。郑贵妃欲邀欢心，复饰美女已进。一日退朝内宴，以女乐承应。是夜，一生二旦，俱御幸焉。病体由是大剧。"（文秉《先拨志始》）"上体素弱，虽正位东宫，供奉淡薄。登极后，日亲万机，精神劳瘁。郑贵妃复饰美女已进。一日退朝，升座内宴，以女乐承应。是夜，连幸数人，圣容顿减。"（李逊之《泰昌朝记事》）

就是说朱常洛本来身体就已经很羸弱了，这与其一直以来的生活压抑有关。朱常洛不是一个一出生就享尽父母宠爱的皇子，他虽然贵为长子，却是他的父王偶然临幸宫女而生的，因此万历帝认为这是他人生的一个污点，打从心底里不喜欢朱常洛，自小朱常洛的内心就是孤苦与不甘。但是他作为长子，有传统封建的官僚士大夫们的拥护，在他们的支持下，他坐稳了太子的位子。朱常洛自从做了太子之后，由于父王对自己十分冷淡，生活失意，精神苦闷。所以大部分的时间，他都是纵情于酒色，因此身体慢慢变得虚弱了。

后来他终于苦尽甘来，登上了皇位，但又因为登基之初，许多政事骤然压来，他必然手忙脚乱、焦头烂额。但是为了证明自己的能力，为了不辜负众人的希望，也为了堵住反对者的口，稳定朝政，他每天都费尽心力地处理政务。繁忙的政务压得他喘不过气来，当时已年届三十九岁的朱常洛，身体也在这一天天中被累垮了。本来身体状况就已经存在很大隐患的朱常洛，又是个贪恋美色之人，每夜沉醉在温柔乡中，最终因为纵欲过度而患病。

八月初十，朱常洛病重后，召医官诊视。十四日，掌管御药房的司礼监秉笔太监崔文升，向朱常洛进"通利药"，即大黄。大黄的药性是攻积导滞，泻火解毒，相当于泻药。这使得朱常洛在接下来的一昼夜，连泻三四十次，身体更加虚脱。从而导致他的病态更严重，已经处于衰竭状态了。

这件事情表面上看只是朱常洛被不幸地用错了药，可实际上却没那么简单。崔文升这个人，其实是郑贵妃宫中的亲信太监，这次进药也是郑贵妃指使的。于是不难发现，朱常洛从最初病倒到病情加重，在这过程中都有一个人一直出现，就是郑贵妃。朱常洛的生母王氏外家、原皇太子妃郭氏外家两家外戚也都发现了这一点，认为其中必有阴谋，遍谒朝中大臣，哭诉宫禁凶危之状。

真相讲究证据，郑贵妃是否有谋害朱常洛的动机呢？据正史中记载，他们确实有很深的过节。郑贵妃曾经是先帝神宗最宠爱的妃子，她所生的皇三子朱常洵也最受神宗的喜爱，因此郑贵妃就一心想让自己的儿子被立为太子。于是她一方面给神宗施加压力，另一方面采取多种阴谋手段来迫害朱常洛。最终，她还是没有胜利，因为她不仅是和朱常洛以及那些官僚士大夫斗，更是与传统封建宗法制度（嫡长子继承制）斗，根本没有胜算，不过她与朱常洛的梁子是越结越深，后来她设计害朱常洛也是在情理之中了。

朱常洛病重，使得朝野舆论哗然，群情激愤，都在寻找幕后的策划人，不管这件事是不是真的是郑贵妃所为，她嫌疑最大，必然难脱干系。朱常洛病入膏肓成为事实，虽然他的病体是由多种原因造成的，但不得不承认的是，贪恋女色、纵欲过度确实是他患病的直接导火线。

万里长城始现身

明朝推翻元朝统治之后，为了防御蒙古的南下侵扰，从明太祖在位起，一直到明神宗万历年间止，修筑长城前后费时200余年。明长城的修筑是在对秦、北魏、北齐、隋和金修筑的长城加以利用的基础上，前后进行18次加修才完成的。明长城全长5660千米，西起祁连山下，东抵鸭绿江畔，将之称为万里长城，可以说一点儿也不夸张。在历代王朝修筑的长城中，明长城的建筑水平是最高的。

长城一般分为城墙、墙台、敌台、烽火台、关隘等组成部分。

城墙是长城的主体，明以前城墙的建筑材料大多用的是土，而明代所筑的长城则因地制宜采取不同的材料，这些材料各有其特色。按筑城材料和构造来分，有砖石墙、块石墙、条石墙、夯土墙及木板墙等数种。也有随山就势的劈山墙及对险峻峭壁加以利用筑成的山险墙等。而在众多的城墙建筑类型中，又以砖石墙、夯土墙为最多。城墙的高度也视险要程度和地形起伏而有所不同。这其中又以居庸关和八达岭附近及慕田峪、古北口等处的长城最具代表性。这些地段城墙坚实高大，城墙表面下部以条石砌成，上部以砖包砌，城墙内部则填以碎石和土，底面则铺以方砖，墙基平均宽约6.5米，墙高7~8米，顶部高5.8米，净宽4.5米，可容十人并行或五马并驰。城墙的底面一般都是随地势斜铺，险要地段则改为台阶，墙顶靠里一面用砖砌筑1米多高的女墙，而向外一面砌成高约2米的垛口，每一垛口均设有瞭望孔和射击孔，每隔一段又有排水口，这些排水口可以将墙顶雨水排出墙外。墙身上每隔一定距离就会设有券门，券门内有石或砖砌的可以一直通到城墙顶上的阶梯，券门的作用就是供士兵由此上下城墙。

在长城上每隔30～100米都会建有一个突出墙外的台子，其中实心而与城高相同的台子就是墙台（也叫马面）；空心而高出城墙者则是敌台。墙台在实践中有很大的效用，它使守城者可以从上部和左右三个方向对攻城者交叉进行射击，从而使城墙的安全可以得到有效的保护。墙台平时也是士兵巡哨之处，为躲避雨雪，有的墙台上还建有小屋。敌台一般要比墙体高出一层到三层，其下部可存储弹药武器，驻扎士兵，并开有箭窗，顶层可作瞭望之用。这种骑墙敌台是明代名将戚继光在总结前代经验的基础上创造出来的，其规模小者可驻兵十几人，大者可驻上百人。

烽火台又称烟墩、烽堠、烽燧等，其功用是报警和传递军情，台上一般都贮有柴草，如果发现有敌情，则白日焚烟，夜间举火，以作报警之用。烽火台通常的修筑方式是每隔15千米修建一独立的高台，如此连绵不断。台址一般都是选在方便互相瞭望的峰巅或高岗，其大部分都是建筑在长城两侧，也有伸展到长城以外很远处的，此外还有向关隘州府乃至首都联系的烽火台。烽火台的构造和材料与长城一样。

关隘为险要交通孔道的防御组群，其组成部分包括出入的关城、驻兵的城堡、密集的烽堠、敌台以及多道城墙等。其中关城是主体，内中又包括有瓮城、敌楼、角楼、城楼、铺房等，其两侧与长城相连。现存著名关城有嘉峪关、山海关、居庸关、雁门关等，这些关城所处地段一般都地形险要，建筑都很雄伟，是中国建筑艺术中独具风格的杰作。其中有很多段落具有很强的观赏价值，如北京延庆区八达岭段、密云区司马台段、怀柔区慕田峪段、河北省滦平县金山岭段等。

明长城沿线共分有九镇，自东向西分别为辽东、蓟镇、宣府、大同、山西、延绥、宁夏、固原、甘肃，每镇均驻有重兵。长城沿线建有很多的关口，关口是进出长城的孔道，九镇的每一镇均辖有很多这种关口，多者甚至有数百个，长城全线则有1000个以上，其中著名的有数十座，如居庸关、山海关、雁门关等。这几处都是拱卫京都北京的战略要地，其建筑也是最为坚固的。

明长城中从居庸关向西至山西偏关一段又被分为南北两线，世称作里、外长城。

除了北部的万里长城之外，明朝还曾经在贵州一带修筑长城380余里。

明代在长城的建筑上，是既集前代之大成，又具自己的特色。首先，强调点线集合，对城墙所经重要关隘予以加固，将其修建为坚固的关城，与城墙紧密结合，从而形成一个以点护线的筑城体系。其次，注重对长城的纵深防御能力予以加强，构筑专门用于防守的墩台，在重要的防御点层层设立营垒和城寨；在重点防区构筑外濠、外墙和内濠、内墙；又在城墙上增设敌台，在城墙的外围修筑烽燧、关堡，以增加防御层次，从而形成了一个三关筑城体系，使得防御能力更为纵深。最后，工程设施的砌筑技术有很大创新和发展，明长城的墙高和墙厚匀度均较前代有所增加，并且在明后期还出现了具有观察、射击、掩蔽并储藏物资、装备等作用的空心敌台，使得城墙的防御力得以进一步加强。

明长城是其北部边疆防御体系的主干，其修建目的虽是进行军事防御，但其建筑之宏伟壮观，令人叹为观止，是世界历史上最为伟大的工程之一。

被命运挑选的人，注定不会漏网

司礼监掌东厂太监孙暹的府中，有一个勤勤恳恳、任劳任怨的下人。当初召他进府，有一半原因是看在这个人忠厚的面相，还有对他自宫的同情。毕竟，硕大府第的主人，也是一个宦官。而这个下人，一直以来都很听话，唯一的愿望就是能够进宫当差。于是，出于怜悯之心，孙暹把这个人叫到跟前，对他说，要让他进宫。这个下人连声答应，欣喜之情溢于言表。孙暹不知道，自己这个看似慈善的举动，会为自己，为大明，带来怎样的灾难。

这个终于能够进宫的人，叫魏忠贤。

不要以为进了宫就能够当上有权有势的大太监，太监这一行讲究的也是个拼资历，熬年头，虽然魏忠贤进宫时年龄已经很大了，但在那些前辈面前，依然是个新手，经常被呼来喝去。

而对这一切，魏忠贤并没有表现出任何的不满。他最初进宫时，是在一个叫作甲字库的地方，做些低级太监都不愿意做的工作，每天无非就是打扫宫院、挑水看门之类的苦活儿，和他以前在老东家做的活儿差不了多少，甚至更劳累。但是魏忠贤丝毫没有抱怨，就连很多年龄比他小的太监指使他做这做那，他也一概欣然接受，半点儿犹豫都没有。时间久了，大家都觉得魏忠贤是个什么都不懂的人，可以任由人欺负。所以，欺负他的人越来越多，但他的口碑却越来越好。

魏忠贤之所以无条件地付出自己的劳动，只是为了一个原因，那就是，在这个深深的宫院中站稳脚跟，然后，找寻一切机会努力地向上爬，得到他想要的一切。魏忠贤明白，像自己这样一无后台，二无特长，而且年龄大的人，在后宫这种地方，一个不小心，就会无声无息地消失。因此，在达到目的之前，他不能允许自己出任何意外。所以，忍人所不能忍，是他唯一的出路。

不过，魏忠贤在忍受的同时，也没少为自己谋划。他利用一切机会，接近当时一个管事的大太监，名叫魏朝。这个人看魏忠贤老实可靠，就给他换了个工作——典膳，就是管理后宫的饮食。虽然只是个管吃饭的，但也要看清楚是管谁的饭。魏忠贤管的，是王才人的饭，而这个王才人，就是后来的熹宗皇帝朱由校的生母。

在当时，朱由校的父亲朱常洛还不是太子，并且地位极其不稳定，而王才人身边的太监数不胜数，一个管饭的根本就不能引起她的注意，所以，魏忠贤就算来到太子身边也没有什么用，他只能继续勤勤恳恳地工作。但是，不管怎么说，这确实是他和未来的皇帝发生的第一次交集。

当然了，能够离开甲字库，去给后宫的嫔妃做下人，怎么说也是一件好事，魏忠贤没有忘了给他带来这些的人——魏朝。于是，他更加尽力地讨好这个上级，在他面前几乎是俯首帖耳，时不时地还送些礼物上门。看上去，魏忠贤似乎是一个知恩图报的人。

不过从魏忠贤得势之后的做法看，这个人心里根本就没有起码的道德标准，怎么能要求他滴水之恩当涌泉相报呢？他对魏朝百般奉承的原因只有一个，那就是，魏朝还有利用的价值，而这个价值，就来自魏朝身后的人——王安。

王安是一个非常厉害的人，在后来发生的移宫案中，他起到了不可替代的作用，直接促成了朱由校的登基。而这个人，就是魏朝的领导。

于是，在对魏朝几乎卑躬屈膝快到尘土里的时候，魏忠贤的名字，终于如他所愿传到了王安的耳朵里。从此以后，大太监王安知道了有这么一个人，他勤劳、能干，并且踏实、厚道，算得上是可用之才。

本来魏忠贤很想在典膳这个职位上做出点成绩来，好给自己以后的道路打打基础。可没想到，努力了没多久，他所服侍的主子王才人就去世了。

从此，朱由校失去了母亲，魏忠贤失去了工作。

但这并不影响这两个人继续存在关系，因为一个人的出现，把他们二人重新连在了一起。这个人，就是李选侍。

神宗死后，光宗朱常洛继位，念在朱由校小小年纪就失去了母亲，朱常洛就把这个儿子交给了当时最得宠的妃子李选侍来养育。没想到，这一下，就把自己的儿子推进了火坑。

这个李选侍不是个省油的灯，在那个钩心斗角的后宫里，嫔妃之间的争斗可以说是杀人不见血。劲敌王才人已死，居然还要自己来照顾敌人的儿子，李选侍能够忍下来，可见这个女人不简单。

当然了，她对朱由校恐怕也不会好到哪儿去。但对于失去母亲的朱由校来说，有人照顾总是一件好事。而照顾他的人，并不只有李选侍一个。

王才人去世后，魏忠贤被分配了其他的任务，从原来的典膳之职上退下来。但他似乎并没有就此被历史所抛弃，因为没多久，一场变故居然成为他的机会。

光宗在位仅仅一个月，就龙驭宾天了。李选侍所照顾的太子朱由校成了名正言顺的皇位继承人。而这个时候，李选侍一反常态牢牢地把持着朱由校，不许任何人靠近他，这是她的筹码，绝不能失去。

　　此时，因为太子的事情，杨涟上疏参奏，奏折中涉及了魏忠贤，这下可麻烦了，毕竟魏忠贤当时无权无势，言官的奏折就是杀人的刀，万一就这么死了，岂不是前功尽弃？

　　这个时候，魏忠贤平日里打下的基础起到了作用。他立刻找到魏朝，也不顾什么脸面了，在魏朝面前失声痛哭，求魏朝在王安面前说说好话，救救自己。王安在先帝和太子面前都很有地位，求他帮忙，一定能够幸免于难。

　　魏忠贤的算盘没有打错，很快，王安就帮他打点好了一切，"力营救之，遂与李选侍宫中李进忠为一人，外廷不知也"。（《明史纪事本末》）王安将魏忠贤改名换姓，派到了李选侍的身边，去伺候未来的天子和他的养母。如果能够讨得这两个人的欢心，一点儿小罪也是可以忽略的。

　　王安的安排很好，对魏忠贤来说很好，但就是这个安排，却成了自己未来的噩梦。

　　来到李选侍身边，魏忠贤终于展示了他独到的眼光。他看出李选侍这个女人，不过是一个没有头脑，只知道一味争宠的妃子。先帝在世时，她恃宠而骄；先帝驾崩，她居然想出挟持太子，来达到自己泼天富贵的目的。

　　但好在她是个笨女人，不然自己恐怕就永无出头之日了。

　　魏忠贤对魏朝很是感激，如果没有魏朝，那么魏忠贤现在可能就因罪被赶出宫去，重新过上那种颠沛流离、朝不保夕的生活。所以，他要回报魏朝，而他回报的方式，就是去安慰因受到魏朝冷落而寂寞的对食——客氏。

客氏，魏忠贤生命中最重要的女人。因为这个女人，不仅填补了他感情上的空缺，更重要的，她是太子朱由校的乳母，一个不能离开的乳母。

就这样，魏忠贤接触到了当时最有权力的几个人，太子朱由校虽然表面上是这个国家的主人，但在当时，他还是一个不知所措的孩子。另一个就是李选侍，这个亲手毁掉自己的女人，但同时，她却成就了魏忠贤。最后一个就是客氏，这个人将在魏忠贤未来漫长的道路上，起到不可替代的作用。

在成为明朝最令人不齿的阉党领袖之前，魏忠贤的晋升道路可谓一波三折，有好几次，他都差点儿从权力的舞台上被赶下去。如果不是杨谧，他可能只是一个想入宫而不得的残疾人；如果不是魏朝，他可能一辈子就待在那个仓库，做一个最低级的奴才；如果没有王安，或许杨涟的一道奏折就把他踢出宫去了，根本不可能接触到权力中心。就是这一系列的意外、一系列的机缘，让魏忠贤在宫中站稳了脚跟。而当他在这片土地上扎下根来，他就要开始实行他一直以来的计划和愿望。进宫当太监，那是走投无路，而荣华富贵，做人上人，才是他最终的目的。

螳螂捕蝉，黄雀在后

万历四十八年（1620 年）九月初六，明熹宗朱由校坐在乾清宫的龙椅上，看着面前跪倒一片的大臣，听着地动山摇般的山呼"万岁"声，觉得这一切好像在梦中，是那么不真实。

想想几天前，自己还是一个唯唯诺诺，被李选侍握在手里，没有一点儿太子威严的受气包，那个女人把自己当作唯一的筹码，来赌她荣华富贵的未来。可现在，自己居然坐在了天下最高的位置上，接受着文武群臣的朝拜，从今天起，他将是大明朝名正言顺的主宰者，再没有人能够左右他，没有人能够掌控他。他，终于解脱了。

而跪在下面的群臣，脑子里想的也是五花八门。先帝朱常洛只当了一个月的皇帝就驾崩了，他们还没来得及有任何作为，他就撒手而去了。留下了一大堆棘手的事不说，还让他们这么一帮老头子为了他的江山，不顾斯文，拼了老命从李选侍手里抢过了太子、现在的皇帝。一帮读书人，手无缚鸡之力的，容易吗？现在这小皇帝到底会把大明江山带到何处，谁心里也没底。

同样跪在地上的杨涟，心中却是无限地激动。上面坐的这个人，是先帝托付给他的唯一命脉，是他要誓死维护的人。先帝不因他的职位低微，而在临终前将他列为顾命大臣之一，可见对他无比信任。"上目视涟久之。"（《明史纪事本末》）这一眼，饱含了无尽的期望。他杨涟不为名利，不为富贵，就为先帝这饱含情感的目光，虽刀山火海，吾往矣！

而此时，坐在宝座上的朱由校，看着跪在一边的杨涟，他明白没有这个人，就没有自己的今天，或许，自己会像一个木偶一样，被李选侍玩弄于股掌之间。因此，他明白，自己不能让这个人失望。

至此，朝廷似乎进入了一个平静的时期，以杨涟、左光斗为首的东林党人遍布朝廷，而以东林党人一贯的盛名，似乎朝廷应该向着一个更加光明、更加健康的方向发展。

可惜，真实情况不是这样。

杨涟、左光斗确实是一代忠臣，而且是以国家为己任，但不代表整个东林党人都能做到大公无私。毕竟，东林已经算是一个党派、一个阵营，而朝廷里，历来最残酷的就是党派之争。

更何况东林党人以文官居多，这帮读书人，别的不会，写奏折骂人可是行家里手。奏折在他们手里就是利剑，而如今，他们要挥起这把利剑，砍掉一些他们不想看见的东西。

看似平静的日子还没过两天，一份奏折就拉开了清洗的幕布。

这个点燃导火索的人叫孙慎行，他上的这份奏折，将矛头直接指向了当时的首辅：方从哲。

这份奏折，火药味十足。"皇考宾天，虽系凤疾，实缘医人进药不审。邸报有鸿胪寺官李可灼进红药两丸，乃原任大学士方从哲所进。凡进御药，太医院宫呈方简明，恐致失误。可灼非用药官也，丸不知何药物，而乃敢突以进。臣谓纵无弑之心，却有弑之事；欲辞弑之名，难免弑之实。即忠爱深心，欲为君父隐讳，不敢不直书云方从哲连进红药两丸，须臾帝崩，恐百口无能为天下万世解矣。"（《明史纪事本末》）这罪名可大了，什么意思，意思就是你方从哲间接弑君啊！那红丸是你进献的，皇帝吃了红丸死了，你当然逃脱不了罪责。这种罪名，搁在当时，凌迟都不为过了。

这还不算，孙慎行再接再厉，又给方从哲数出了三大罪。在先帝立皇后这件事上，你方从哲有明显的嫌疑，导致了误立皇后，遗祸社稷，这是一大罪；把皇帝的谥号定为恭，历来谥号为恭皇帝的，都不是什么明君，不是亡国之君，就是降敌之主，把先帝的谥号和那些昏君定的一样，你方从哲什么意思啊？这是二大罪；再有，李选侍嚣张跋扈，妄想垂帘听政，你方从哲身为首辅，还是先帝临终任命的顾命大臣，为什么不肯慷慨陈词，表明态度，反而模棱两可？这是三大罪。三大罪加上红丸案，方从哲不办不行！

孙慎行激情陈词，我们可不要也被带得头脑发热起来。为什么在清算红丸案时，不去追究直接的罪人，例如李选侍、李可灼等人，反而和一个老人过不去？

其实道理很简单，东林党人要想完全控制朝政，那么就不能有其他党派的存在，而方从哲，很不幸，他不是东林党人，而是浙党。所以，东林党人要想清除浙党，就必须找一个人开刀，首辅就是最好的人选。

孙慎行的一份奏折在朝中引起轩然大波，而后，又有东林党人不断上疏，要求严惩方从哲。史载，随后上书的是左都御史邹元标，御史嘛，本来就是个专门骂人的官，从他嘴里，基本上不会听到好话。他骂起方从哲来，比孙慎行有过之而无不及。"方从哲秉政七年，未闻辅相何道，但闻一日马上三书催战，将祖宗栉风沐雨一片东方，尽致沦没。试问谁秉国钧，而使先帝震惊？使张差闯宫？使豺狼当道？使宵人乱政？使潜鳞骇浪？将何辞以对！从哲近在肘腋，群阴密布，臣投林一世，耻言人过，岂敢过求从哲……从来乱臣贼子，有所惩戒者，全在青史。臣不知忌讳，为先帝计，为陛下万寿无疆计，为天下万世君臣计，为寒将来奸臣贼子之胆，杀将来奸臣贼子之谋计。"（《明史纪事本末》）这下可好，几乎把所有的罪过都推到了方从哲身上，什么国土沦丧啊，太子被袭啊，反正都是你方从哲不对。我邹元标别的不会，但有一颗赤胆忠心，为了国家打算，一定要杀了这个奸臣贼子。

当然，也有人为方从哲辩驳，但在一片团结有力的声讨声中，辩驳声显得微不足道。方从哲一看形势不对，自己上了一道奏折，希望能够回家养老，不再参与朝政。风烛残年的老者，就这样灰溜溜地离开了他曾经的战场。

随着方从哲的离开，一大群浙党受到牵连，纷纷离开朝野。从此，东林党人算是完成了驱除异己的任务，开始摩拳擦掌，将朝廷引向符合自己心意的方向。

说起来，方从哲确实是一个没有什么魄力的人，他生性软弱胆小，不能堪当大任，虽然经常上疏，但内容无非是顺着皇帝的心意，没有什么实质内容。但他实际上是很不容易的，以他本不过硬的才干，维持着一个帝国的运转，而没有使朝政走向崩溃，这已经让他殚精竭虑、苦不堪言了。再加上他的声望本就不高，以一己之力对付满朝文武，他方从哲对得起首辅这个职位了。

只可惜，这样一个老实人却在晚年卷入党派之争，不得不说造化弄人。

明末的党派之争，其残酷和黑暗是常人无法想象的。即使是久负盛名的东林党，也不能逃脱这个旋涡。

按说，朱由校坐上皇帝宝座后，应该在东林党人的指导下，做一个兢兢业业的明君了吧。可惜，历史总是和人开玩笑。就在东林党人还没来得及擦把汗的时候，他们惊恐地发现，皇帝的身边多了一个影子，而这个影子，将成为他们毕生的噩梦。

张皇后来了

当杨涟、左光斗等人惨死狱中后，魏忠贤终于扫清了所有的敌人。从现在开始，他是真正的掌权者，只要让皇帝有木头玩，大明朝就是他的。

天欲令其灭亡，必先使其疯狂。魏忠贤看似所向无敌，但上天却给他降下一个克星——张嫣，明熹宗的皇后。

虽然魏忠贤控制了朱由校，但娶老婆这件事他却管不着。天启元年（1621年）四月，张嫣被册封为皇后。魏忠贤根本就没把这个刚刚十五岁的小姑娘放在眼里，在他看来，这个女孩子只不过是因为美貌才被皇上选中，只要威逼利诱一下，这个皇后也会成为他的傀儡，根本不会对他构成什么威胁。只可惜，这次魏公公的如意算盘打错了。小小年纪的张嫣，早就看透了魏忠贤的恶行。她决定，绝不能让这个人毁掉皇帝，毁掉自己的一生。

当时，魏忠贤的对食是皇帝的乳母客氏。这个对食，其实就是相好，太监和宫女基本上一生都被困在皇宫里，百无聊赖，索性互相扶持。而这个客氏，却实在不是什么好人，所谓"蛇蝎心肠"说的就是这样的女人。魏忠贤和客氏，把持皇帝左右，看似铁板一块，没有缝隙，但张皇后，却生生把这块铁板劈出了一道裂缝。

张嫣经常在皇帝面前陈述魏忠贤和客氏的罪行，虽然皇帝沉迷于手工制造，对其充耳不闻，但却引起了魏忠贤和客氏的憎恨。他们发现，这个皇后似乎不是那么好对付的。但两个大人联合起来欺负一个孩子，还是会有些办法的。

最开始，魏忠贤还不敢直接对皇后下毒手，因此他就在皇帝面前造谣，先是说皇后的父亲张国纪品行不端，然后又说皇后不是张国纪的亲生女儿。这些话对熹宗震动很大，史书记载，"几摇天听"。(《明史纪事本末》)

不过，好在明熹宗还是有点儿脑子的，这样的谣言当时震动很大，事后也就没放在心上。魏忠贤和客氏一看这件事就这么不了了之了，很是不甘。于是，他们又开始了第二步计划。

这个计划有点儿狠，直接导致了明熹宗无后。

其实，朱由校虽然一直致力于手工业的发展，但对传宗接代这样的大事也不敢掉以轻心，还是有妃子替他诞下龙种的，只不过，这些孩子都没能存活。

按道理说，虽然古代新生儿的存活率比较低，但也没有这样百分之百夭折的。究其原因，还是魏公公下的手。

虽然魏忠贤并不想当皇帝，他也没那个能力当皇帝，但他却需要一个傀儡皇帝攥在手里。这样，无论怎样的大风大浪，他也能蹚过去。可是，像明熹宗朱由校这样的皇帝，实在是不可多得，魏忠贤担心，一旦皇帝有了子嗣，而这个孩子比他爹聪明，那长大以后可就不好管了，没准儿还会清算自己当年的那些烂事。所以，皇帝不能有孩子，这就是魏忠贤最直接的想法。

因此，皇宫里才会一再传出皇子、公主夭折的噩耗，就连皇后都不能幸免。"三年，后有娠，客、魏尽逐宫人异己者，而以其私人承奉，竟损元子。"(《明史》)张嫣怀上龙子，魏忠贤和客氏竟然把她身边的宫人尽数驱逐，换上了自己的人。更过分的是，他们居然使用了一种特别隐蔽的手法，在给皇后按摩的时候，伤及腹中的胎儿，以致流产。此后，张皇后一生不孕。

失子之痛让张嫣愤怒了，卖官鬻爵、杀人放火，这些可能和皇后没多大关系，但看着自己的孩子还未出世就被人害死，这样的痛苦是她不能忍受的。她明白，如果再让魏忠贤和客氏控制皇帝，那么大明朝迟早会自行毁灭。既然这样，那么，魏忠贤，我要你给我的孩子陪葬。

不得不说，张嫣确实是一个很有心计的女人，虽然她年龄尚小，但做事的风格却十分老辣。她知道，靠向皇帝进言是根本不可能撼动魏忠贤的地位的，那么，就只能让皇帝在潜移默化中看到魏忠贤的罪行，最终让他得到惩罚。

一次，皇帝来到皇后的寝宫，看到皇后在读书，就随口问读的是什么书。张嫣放下书，平静地答道，读的是《赵高传》。朱由校再文盲，赵高何许人也还是知道的。而张嫣，他的皇后，好端端地为什么要读《赵高传》，这不得不让朱由校思考。

还没等皇帝思考出什么结果，魏忠贤就知道了这件事。他决定，一定要让皇后吃点苦头。

第二天，侍卫在宫中发现了几个神色可疑的陌生人，一搜查，居然还在他们身上搜出了兵器。皇帝大惊失色，立刻命令将这些人送到东厂，严加审问。

这不过是魏忠贤的计谋罢了，这些人正是他安排的，只想等这帮人被送入东厂时，好让他们供出幕后主使是皇后的父亲张国纪，这样，也就起到了敲山震虎的作用。

不过，这个计谋并没有实行成功，因为一个人对魏忠贤说了一句话："主上凡事愦愦，独于夫妇兄弟间不薄，脱有变，吾辈无类矣。"这个人，是魏忠贤的走狗王体乾，他说这话并不是要帮助张国纪，而是说出了一个实情。皇帝是昏聩，但对待亲属却十分宽厚，如果我们诬陷不成，极有可能引火上身。

魏忠贤想了一下，觉得确实是这样，于是就把那几个死士杀掉，这件事才算告一段落。不过，魏忠贤的好日子也快到头了，因为他的靠山朱由校病危了。

皇帝病危，按道理说应该传位太子，可是朱由校没有孩子，怎么办，谁来继承大统？这个时候，张皇后和魏忠贤又开始了一轮斗争。

张嫣明白，绝不能让魏忠贤以给皇帝找接班人的借口弄进来一个来路不明的孩子，日后再次成为他的傀儡。于是，张嫣跪在朱由校的病榻前，苦口婆心地和他说了几个时辰，终于让皇帝下定决心，将皇位传给自己的弟弟信王朱由检。

事实证明，张嫣是对的，尽管大明朝气数已尽，但她好歹让朱由校做了一个比较正确的决定，让这个王朝又继续存活了一段时间。

而朱由检的到来，预示着魏忠贤即将走完他充满血腥和罪恶的人生道路。

继位是件靠谱的事

天启七年（1627 年）八月，一天，熹宗朱由校把自己的弟弟信王朱由检召入宫中。当朱由检急匆匆地来到皇帝寝宫时，他看到的，是缠绵病榻已久的熹宗。本来朱由检还想嘘寒问暖，以尽手足之情，没想到，朱由校一把拉住弟弟的手，拼尽全力说出"吾弟当为尧舜之君"。（《明史纪事本末》）朱由检一听，大惊失色，连忙跪在地上，一边磕头一边说："陛下为此言，臣应万死。"（《明史纪事本末》）尧舜之君？皇帝还没死呢，这要是应下来，万一过两天朱由校康复了，想起这天发生的事，再来算我的后账，哪还有不死的道理？

没想到朱由校并没有就此打住，反而将宫内的事一并托付给他："再以善事中宫为托，及委用忠贤语。"这意思就是说，等你当了皇帝，一定要善待皇后张嫣，并且要继续重用魏忠贤。

朱由检听到这儿，发现自己的哥哥好像不是病糊涂了，而是真的要把皇位传给自己。此时的他，终于郑重地跪拜眼前的这个人，接受了这个全天下人都梦寐以求的差事，同时，也是世界上最沉重的枷锁。

天启七年（1627 年）八月二十二日，熹宗驾崩，享年二十三岁。

他没有治世的才能，最大的爱好就是制作木器，传说，朱由校制作的各种木器精美绝伦，构造复杂，在当时的市场上就价值不菲。如果他没有生在帝王家，而只是一个普通人，也许，我们现在记住的，可能会是和鲁班齐名的木匠朱由校，而不是一个浑浑噩噩、不知明日为何日的无用之君明熹宗。

历史弄人，有时就是这么残酷。

朱由校死了，却把一个实实在在的烂摊子留给了他的弟弟朱由检。要说这哥俩儿也算命苦，他们的父亲留下了七个儿子，活到现在的就只有他们两个。哥哥朱由校，废物一个，而弟弟朱由检，却只能接过被哥哥折腾得差不多的江山，设法维持。

就在皇帝驾崩，并且传出旨意传位于信王朱由检后，魏忠贤明白事态不会按照自己期望的方向发展了，但他并没有放弃。哥哥死了，把弟弟也拉过来变成傀儡不就行了。于是，魏忠贤马上派心腹去迎接信王朱由检进宫，举行登基仪式。

朱由检这个人，在他登基之前，似乎根本就没有什么名声，挂着一个王爷的头衔，却一点儿也不引人注目。并且，他似乎给人留下的印象，是和他哥哥一样傻乎乎的，没有什么头脑，很少参与朝政，哪边都不倒向。对于朝中发生的事情，一概不关心，连看热闹都没兴趣。而魏忠贤之所以没有千方百计阻止信王继位，也是因为朱由检这个深入人心的形象，和他一直以来对自己的态度。朱由检一直都对他很尊敬，一点儿都不摆王爷的架子，并且这个人看上去也是唯唯诺诺，没什么主意。这样的人，虽然可能不像朱由校那么傻到家，但如果略施手段，控制他也应该不成问题。魏忠贤是这么想的，也是这么做的。

天启七年（1627年）八月二十四日，朱由检接受群臣朝拜，正式登基。

登基前，皇后张嫣走到他面前，向他低声耳语："勿食宫中食。"魏忠贤的用心，一般人猜不透，皇位之争，看上去他败了，但他绝不会就此善罢甘休，虽然弑君的行为他干不出来，但谁也保不准他会在朱由检的膳食中下点儿什么慢性毒药之类的，吃不死你，也得让你丧失一些能力，彻底为我所用。张嫣担心朱由检着了魏忠贤的道，因此在他登基的大好日子，实实在在地兜头浇了他一盆凉水。

好在朱由检没有被当皇帝的喜悦冲昏头脑，他听从了张嫣的劝诫。史书记载，朱由检一直到继位，"犹从戚畹家取楔食进"，（《胜朝彤史拾遗记》）还是自家的东西吃着放心。

而朱由检也记住了张嫣的好，这个女人，无论她出于什么目的帮助自己，不可否认的是，从自己接受遗诏到登基，张嫣确实帮了他很多。朱由检是个懂得知恩图报的人，他一直对张嫣尊敬有加，还照顾到了张嫣的家人。

在朱由检登基之前，有一项大事必须经过他的决定，那就是确立年号。经过多番筛选，最后，朱由检确定"崇祯"为自己的年号。

大明朝再次更换了主人，但有一个人并没有跟随先帝离去，那就是魏忠贤。

在魏忠贤看来，虽然朱由检给人的印象是那么不起眼，但对于一个宦海浮沉经年的老手来说，他不会不知道，越是不叫的狗，咬起人来越狠。他必须时刻提防朱由检，并想方设法弄清他心里真正的想法，最好能够找到这个人的弱点，投其所好或者抓住把柄，把这个新皇帝牢牢控制在自己手里。只有这样，才能使自己避免受到政局震荡的波及。

不过，魏忠贤忘了很重要的一点，那就是，正因为朱由检一直以来太低调了，所以他到底有什么优势，又有什么弱点，没有人知道。所有人都认为这样的人，他的弱点和优点是没有必要了解的，因为他根本不会构成威胁，这样的人，不值得动脑子去算计。但最可怕的正在于此，你不动脑子，不代表我也停止思考。被人遗忘的弱点，往往说明这个人把自己隐藏得极深，他既不露出才华，也不外泄缺陷，在人看来，最平庸不过了。但越是这样的人，越明白中庸的奥妙，他不留任何把柄于任何人之手，让你无论是奉承或是打击，都无处下手。就好像一个球，从哪个方向看它都是圆的，但你想把它踩在脚下，结果往往是反倒摔了自己一跤。

所以说，从这一点来看，崇祯虽然低调，但并不低能。

虽然崇祯很不幸地当了亡国之君，但从他登基之前的作为，以及掌权之后的行动，都说明这是一个不同于明熹宗朱由校的人。他比他的哥哥要聪明许多，也沉稳许多。无论面对何种情况，即使是在魏忠贤这样权倾朝野的人面前，他也能够保护自己，不给敌人留一丝机会。虽然他知道，自己哥哥的下场一大部分是拜这个太监所赐，但除了同情，剩下的是深深的鄙夷，一个皇帝，被人架空至此，实在令人不解。

而朱由检不同，在得到熹宗召见之前，他其实一直明白朝野中发生的所有事，但他既不参与，也不发表议论。他知道此时阉党势力根深蒂固，那么多东林党人前赴后继地牺牲就是明证。他一个王爷，又能有多大作为？于是，他选择保护自己，让自己坚持到能够与魏忠贤相抗衡的那天。

或许，从一开始，朱由检可能就知道自己有一天会继承皇位，哥哥没有子嗣，自己就会成为继承人之一。只不过，他没有想到，这一天会来得这么早。

既然已经被推到幕前，有些责任就是必须履行的。但在这之前，他要做的，依旧是按兵不动，因为自己面对的是一个党派，是一个控制了整个朝廷，甚至整个国家的党派，想要除掉他们，谈何容易。

而此时的魏忠贤似乎也有些心神不宁，他隐约感觉到，要变天了。

崇祯的不眠夜

朱由检独自坐在空旷的大殿中，警惕地看着四周的一切。这是他入宫以来的第一夜，他已经是名正言顺的皇上了，是这万里江山的主人。红烛高照，龙袍加身，按道理说应该兴奋得血液沸腾，可是为什么觉得这么冷呢？自己不是已经是这座宫殿里最尊贵的人了吗？怎么会一点儿底气都没有？难道是长久以来的隐忍，已经把自己的锐气都磨没了吗？还是说，因为那个人，和他所留下的强大的阴影？

魏忠贤，他的计划没有实现，本来可以控制一个没有任何还手之力的幼童，可现在，朱由检的存在让他的愿望泡了汤，他会善罢甘休吗？朱由检不禁心头一紧，谁也猜测不出这个老奸巨猾的太监会对人使出什么手段，想想当年不可侵犯的东林党人，还不是被他连根拔起，血淋淋的一幕现在想来还会令人胆寒。魏忠贤没有道德，也没有底线，谁能保证他不会对新君下手？想到这些，朱由检觉得，夜色更加浓重，而空气中弥漫着阵阵杀机。

但朱由检和他的哥哥最大的不同，就是他不会坐以待毙，没有人能够蒙骗过他，虽然是身处陌生的环境，但现在，他已经不是信王了，而是皇帝，皇帝和别人最大的不同就是，即使你再无能，你的命令还是会有人听的。所以，朱由检决定采取行动。

但这个时候，所有的大臣都不能入宫觐见皇上，要想找个人商量一下都不行，那就只能靠自己了。"王秉烛独坐，久之，见一阉携剑过，取视之，留置几上，许给以赏。"（《明史纪事本末》）朱由检点着蜡烛，独自坐了很久。这时候，一个太监从他身边走过，朱由检叫住了他，还没说话，他就直接拿下了这个太监腰中的佩剑，拿在手上自己看了看，奇怪的是他什么也没说，而是把剑直接放在桌子上，然后就赏了这个太监。

这个太监领了赏，很是高兴，可更多的是诧异，自己不过是路过而已，无端端地就受了赏，这个皇帝，脑子不是有毛病吧？

事情还没完，接着，朱由检又做了一系列让人匪夷所思的事情。

"闻巡逻声，劳苦之。问左右，欲给以酒食，安从取乎？侍者以宜问之光禄寺。传令旨取给之，欢声如雷。"（《明史纪事本末》）朱由检听到外面的巡逻声，然后说这些侍卫真是辛苦啊，我想要赏给他们一些食物，从哪儿可以取得食物呢？结果身边的侍者把皇帝赏的酒食拿给这些侍卫，侍卫们很是感动。这新皇帝真是不错，知道我们辛苦，还慰劳我们。

其实，这个朱由检真的是用这样的手段来拉拢人心吗？也许是有这样的原因在，但绝不是他的初衷。魏忠贤势力遍布宫廷，而且极其深厚。如果身边的这些人真的是他派来监视或者加害自己的，那一顿酒饭怎么会轻易地让他们弃暗投明？其实，朱由检最大的目的只有一个，那就是让这些人不只是冷冰冰地站在那儿，要让他们动起来，让他们的声音和脚步让这个大殿热闹一些，让这里不至于那么冷清、那么恐怖。说到底，皇帝害怕了，要有人来给他壮胆。

好在，他的目的达到了，这些太监似乎没有什么意图，看到皇帝赏赐自己，还摆酒席招待大家，就剩下高兴了。这个皇帝看上去和善、温柔，比那个只会做木匠活的先帝好伺候多了。看来，要想监视这么一个人，不用费太多功夫，到魏公公那里也容易交差了。

虽然朱由检确实害怕，但这是一个人的正常反应。想想看，他朱由检刚来没多久，人生地不熟的，什么势力都没有培植起来，连吃个饭都疑神疑鬼，不得安生。而魏忠贤呢，可以说，皇宫就是他的天下，他要风得风，要雨得雨，万一把自己弄死了，到时候昭告天下说自己暴病而亡，谁敢有异议？不过，害怕不代表朱由检会妥协，作为一个曾经的王爷、一个现在的天子，与生俱来的优越感和贵族气让他不可能轻易地低头。这世上他是最尊贵的人，任何想要凌驾于他之上的人，都只有一个下场，那就是死。魏忠贤算什么东西，一个太监，一个残害忠良的败类，一个祸害后宫、把持朝政的小人，这样的人，存活于世只是侥幸，而现在，必须让他付出代价。

但朱由检也明白，此时的自己势单力薄，要想和魏忠贤抗衡还要假以时日。这段时间里，他只能示弱，只能示好。虽然这样的招数可能瞒不过魏忠贤这只老狐狸，但他只有这一个办法，既然拼不过实力，那就拼时间，早晚有一天，他魏忠贤会放下戒心，完全松懈，到那时，就是自己反击的日子。在这之前，朱由检只能忍，看这条狗怎样乱咬人。但总有一天，会让他付出代价。

初入宫的几个晚上，朱由检都是在这样的恐惧和愤恨的煎熬中度过的。而也正是这几个晚上，让朱由检有了足够的思考时间，他完全明白了自己的处境，也明白了应该采取什么样的办法来对付魏忠贤。

至于魏忠贤那边，他应该能从皇帝的随从那里知道皇帝的一举一动，只不过，在他看来，这个皇帝太胆小了，居然连着几夜都让一大帮人在身边陪着。这种人，有什么魄力执掌江山？对于江山来说，这似乎是一个悲哀，但对他魏忠贤来说，这实在是一个大好的消息。胆怯、软弱，这都是一个傀儡皇帝应该具有的良好品质，看起来，这个朱由检没有他哥哥那么昏聩，但这是一个懂得害怕的人，那就够了，只要让他知道，在这个宫里，只有一个真正的主人，那就是魏忠贤。听我的话，你就能安心当你的皇帝、享你的富贵。可要是不听，那结果就说不好了。人聪明一点儿也不是不好，聪明人懂得识时务。

就这样，朱由检和魏忠贤拉开了战幕。不过，这第一回合，似乎是魏忠贤占尽了上风。看上去软弱可欺的皇帝，应该会和先帝一样，被牢牢掌控在阉党手里。这朝政，看来是没有清明的那天了。

虽然给新皇帝造成了心理上的恐惧，但魏忠贤并没有就此放下心来。因为他觉得，这个皇帝虽然害怕，但是从来没有过惊慌失措的样子，对于自己的恐惧，他也能想到办法来解决。这个人，似乎不那么简单，应该想个法子来试探他一下。

于是，没过多久，魏忠贤提出要告老还乡，说先帝已经走了，自己年事已高，留在宫里也没什么用处了。可是没想到，崇祯并没有批准。按道理说，这个时候，如果准了魏忠贤的请求，那就真的是不费吹灰之力就除掉了一大隐患。事实上，崇祯明白，这是魏忠贤的计谋，是在试探自己。如果准了，保不准这个老头儿会干出什么出格的事来，阉党的势力盘根错节，就算免了一个魏忠贤又能怎样。过早地暴露意图只会招来祸端。所以，崇祯坚决地拒绝了魏忠贤的辞职请求。

为了安稳魏忠贤，崇祯还做了一系列的努力。他告诉魏忠贤，是先帝要求自己必须倚重魏公公，自己初来乍到，还需要像魏公公这样的老臣辅佐自己。并且，当魏忠贤请示停止修建自己的生祠时，皇帝的反应很是让他满意，"上优答之，其前赐额如故，余俱罢止"。这意思就是说，新的就不必修了，但是已经开工的还是把它修完吧。给人修生祠，这个人一般都是有盖世的功勋，或是值得万人敬仰的高尚情操。他魏忠贤有什么，所谓生祠不过是走狗的溜须拍马而已。但是崇祯不但没有追究，反而说可以继续修建，看来这个皇帝并不想和自己作对。

魏忠贤是对的，这个时候的朱由检确实不想和他作对，但他不知道，此时的顺从和倚重，不过是假象。崇祯一边在麻痹这只狐狸，一边在等待机会，等待着能将阉党一举铲除的机会。

干掉这个太监

看着魏忠贤鱼肉百姓，祸乱朝政，崇祯皇帝隐忍了很久的怒气终于要爆发了。

就在魏忠贤提出辞职后不久，他的对食客氏也上交了辞呈，没想到，这一次皇帝居然批了。魏忠贤十分惊慌，不让自己走，却让自己的相好走了，这是什么意思？皇帝也很委屈：客氏在宫里的位置是先皇的奶妈，先皇都不在了，我崇祯也这么大了，自然是不需要奶妈了，所以她要走，我怎么好阻拦？

这个理由滴水不漏，魏忠贤也不好说什么，但他隐约觉得，皇帝是不是要开始动手了？不能着急，再看看，一定要等到确信无疑时再开始回击。

这个时候，一道奏折摆在了崇祯面前，国子监的负责人朱之俊弹劾学生陆万龄，因为这个陆万龄，居然提出要在国子监里给魏忠贤立生祠。弹劾他一点儿都不过分，皇帝见到这份奏折，立马就批了，定罪，下狱。

魏忠贤慌了，虽然陆万龄不是什么重要人物，但法办他是不是预示了什么？还没等魏忠贤反应过来，皇帝的一系列举措让他更加晕头转向了。

皇帝先是给太师宁国公魏良卿、少师安平伯魏鹏翼颁发了丹书铁券，丹书铁券就是免死金牌。但是，明朝的丹书铁券有个规定，那就是，什么罪都能免，只有一条罪是不能免的，那就是谋反。

拿到了丹书铁券的阉党还没来得及高兴，皇帝又下令遍赏群臣，这个所谓的群臣，其实就是阉堂，把魏忠贤、王体乾、徐应元、崔呈秀这些人赏了个遍。

没过几天，御史杨维垣上疏弹劾兵部尚书崔呈秀，理由是不守制。所谓守制，其实就是父母去世，没有依照规矩回乡丁忧。这个罪名实在有点儿牵强，但崔呈秀也不傻，马上上奏折，请求回乡丁忧，结果皇帝不许。

到了这个时候，魏忠贤算是彻底放心了，看起来皇帝并不想真正对付自己，只不过是用些手段提示一下自己而已。只要自己不太猖狂，稍微顺着皇帝一些，好日子还是可以继续过下去的。皇帝确实不想让魏忠贤太过猖狂，但皇帝的真实想法是，只有死人才不会猖狂。

为什么在杨维垣上疏的时候，皇帝没有趁机干掉崔呈秀？因为这个杨维垣不是什么好人，他是阉党，他的这道奏折，摆明了是受到了魏忠贤的指使，皇帝既然不高兴，那就必须象征性地干掉几个人，但魏公公是不能下台的，那就只能委屈崔呈秀了。这一招，叫作丢车保帅。所以，这道奏折其实是魏忠贤送给皇帝的礼物，只可惜，皇帝想要的更多。

终于有一天，一个人的奏折吹响了真正的号角。

工部主事陆澄源上言四事，陆澄源弹劾的内容，明眼人早就看出来了。魏忠贤虽然有功，但那也是伺候先帝的功劳，论功行赏，也有祖宗的法制在，可他现在居然位极人臣，这到底是什么道理？

这根本就没有道理，所以崇祯打算讲讲这个道理。

接下来，兵部主事钱元悫也上疏奏事，把魏忠贤和阉党的罪行统统数了一遍。他比陆澄源还厉害，把魏忠贤和历史上的叛国谋逆的王莽、董卓相提并论，并声色俱厉地质问：魏忠贤，你到底想干什么？

这些人的奏折，一封比一封厉害，给魏忠贤扣上了不小的帽子，而这顶帽子，叫作谋逆。

崇祯一看，火候到了，可以动手了。

听说这些奏折皇帝都看了，魏忠贤害怕了，他决定采取行动，而他的行动，就是哭。

"忠贤不胜愤，哭诉于上。"（《明朝纪事本末》）本来想用眼泪博得皇帝的同情，可皇帝并没有如他所想的被感动，而是冷冷地看着他，并且叫来一个人，让他把一个名叫钱嘉征的人写的奏折读给魏忠贤听，这份奏折里没写别的，就写了魏忠贤的十大罪，魏忠贤听了，"震恐丧魄"，连胆都吓没了。

魏忠贤终于明白，皇帝并不想和他共享权力，他要的是全部，是为君者应该得到的尊严和荣耀。很明显，魏忠贤存在一天，皇帝就憋屈一天。

魏忠贤见大势已去，就连忙找人帮忙，他找到了当时皇上身边的太监徐应元，表示自己只想留条后路，徐应元答应了，并且在皇帝面前也替魏忠贤说了好话，可没想到，这一下，魏忠贤死得更惨。

皇帝没想到，自己身边的人居然会替魏忠贤说话，那好吧，看来让魏忠贤去守陵是不够的，一定要永绝后患。至于这个徐应元，既然你和魏忠贤要好，那你就去守陵吧。

要不说魏忠贤没脑子呢，都已经倒霉了，还不消停点儿，居然浩浩荡荡地大队人马前往南京。皇帝看了，心里很是别扭，于是马上下旨兵部："逆恶魏忠贤，擅窃国柄，诬陷忠良，罪当死。姑从轻降发凤阳，不思自惩，素蓄亡命之徒，环拥随护，势若叛然。令锦衣卫擒赴，治其罪。"本来我都想从轻发落了，没想到你这么没心没肺，居然还摆出一副能和我抗衡的姿态来，那好吧，就成全了你。

就在锦衣卫星夜兼程追赶魏忠贤的时候，魏忠贤也得到了皇帝欲除掉自己的消息。自己这次看来是躲不过去了，既然如此，还不如来个痛快的。

天启七年（1627年）十一月六日，魏忠贤自缢身亡。

魏忠贤死后，崇祯皇帝立刻开始了铲除阉党的行动。一番快刀斩乱麻，朝野上下为之清明，阉党集团可说得上荡然无存。而后，皇帝又下令恢复那些在与阉党的斗争中去世的东林党人的名誉，并封赏了所有做出贡献的斗士们，无论他们活着，还是死去了。

豺狼来了，迎接它的有火炮

天启五年（1625年）十月，关外的天气总是要冷得多。一辆马车停在道旁，车边，两个人相对而立，静默无言，这是学生袁崇焕来送别自己的老师孙承宗。良久，一旁的学生再也忍不住，涕泪长流。

孙承宗镇守关外四年间，边防事业卓有成效。"前后修复大城九、堡四十五，练兵十一万，立车营十二、水营五、火营二、前锋后劲营八，造甲胄、器械、弓矢、炮石、渠答、卤楯之具合数百万，拓地四百里，开屯五千顷，岁入十五万。"（《明史》）关外，已经不再是那个让所有官员都不愿涉足一步的地域，而真正成为大明朝的防御重地。这一切，都是孙承宗的功劳。如果这个老人能够继续留在这片土地上，那么，或许明朝和后金的真正对决就不会来得那么早。只可惜，纵使有天大才能，也挡不住宵小之辈的无耻攻击。

孙承宗是东林党人，虽然他远在关外，但阉党对东林党的迫害依然波及了他。孙承宗纵然贵为帝师，深得皇帝的信任，但毕竟长期不在皇帝身边，这就被魏忠贤这个小人钻了空子。

　　既然皇帝这么信任孙承宗，想要扳倒他实在不易。但是，这个人手里握有十几万重兵，怎能让他安然待在关外？于是，魏忠贤开始拿辽东战局说事。恰好，当时明军因为冒进，导致了柳河战役的失败，这一下就让魏忠贤抓住了把柄，他立刻组织那些为阉党效命的言官，不分昼夜、分批分次地上奏折弹劾孙承宗。虽然皇帝还没做出什么反应，但孙承宗知道，东林党已经垮了，自己再没有任何依靠，如果这个时候能够全身而退，就已经是最大的福气了。

　　于是，孙承宗主动提出辞职，获批后，告老还乡，离开了他为之苦苦奋斗的辽东。

　　孙承宗走了，高兴的不只是魏忠贤，还有那个在关外一直虎视眈眈的后金之主努尔哈赤。自从孙承宗到了辽东，努尔哈赤的进攻步伐硬是生生地被这个老人给截断了，不仅如此，本来辽东大部分地区已经落入后金的手里，可没想到，孙承宗用蚕食的方法，一点一点地把大部分土地给拿了回去。努尔哈赤实在找不到这个人和他所建立的关宁防线的漏洞，只好停下了脚步，艰难地等待着时机。

　　可惜，天不佑明朝，反击的机会终于让努尔哈赤等到了。

　　孙承宗走了，那谁来接任他辽东经略的职位呢？很不幸，朝廷，或者说魏忠贤派了一个无用之人——高第。高第是个书生，胆子奇小。

　　天启五年（1625年）十一月，高第下达命令，大军撤回关内。于是，袁崇焕给高第上疏，说此时万不可撤退，只可惜高大人不听，仍然坚持撤退。气愤之下，袁崇焕发誓："我宁前道也，官此当死此。必不去。"（《明史》）于是，当大军浩浩荡荡地撤回山海关，沿途百姓背井离乡、哭声震天时，只有一座城池仍然有兵把守，那就是宁远。

　　很快，努尔哈赤就带兵来攻。天启六年（1626 年）正月二十三日，大军抵达宁远。开战前，努尔哈赤让一个汉人入城充当使者，告诉守城的人，说："吾以二十万兵攻此城，破之必矣，尔众官若降即封以高爵。"（《清太祖武皇帝实录》）没想到，城中之人很快就回了信，说："汗何故遽加兵耶？宁锦二城乃汗所弃之地，吾恢复之，义当死守？岂有降理？乃谓来兵二十万，虚也，吾已知十三万，岂其以尔为寡乎？"这座城你不是不要了嘛，干吗还杀回马枪？再说了，我知道你根本就没有那么多人，不用唬我，要打就打，我是不会投降的。

　　努尔哈赤愤怒了，这是第一次有人轻视他的战斗力，既然这样，那就打吧。

　　此时的袁崇焕，召集了所有留下来陪伴他的将领，刺破手指，写下了血书，然后，朝着这些人深深行礼：诸位，从此刻起，再无退路，城在我在，城破我亡，宁远，要么是后金的地狱，要么就是我们的。

　　当所有人的斗志和热血都被激发出来后，袁崇焕立刻开始了紧张的部署。首先，他令人将城外的所有房屋一律烧毁，所有防御设施能搬回的搬，不能搬的就地毁了，决不留给后金任何东西作屏障，这一招，叫作坚壁清野。而后，命人在城中清查人口，找出后金的奸细。努尔哈赤很喜欢搞里应外合的一套，只可惜这一次他的对手是袁崇焕。袁崇焕早就知道努尔哈赤的做法，所以在开战前，就将自家门庭清理殆尽，不给努尔哈赤留任何可用之物。

　　继而，袁崇焕制定了详细的作战方针，命总兵满桂守城东，副将左辅守城西，参将祖大寿守城南，副总兵朱梅守城北，满桂作为援军，援应各处。而袁崇焕则坐镇于城中，统领全局。

此时，宁远城中，连守兵带百姓不到两万人，面对城外号称二十万的敌人，人心自是不定。为了安稳人心，袁崇焕给驻守在前屯的赵率教、山海关的杨麒送去消息，一旦看见从宁远逃回的人，无论将士一律斩杀。此举一出，人人皆知袁大人的决心，人心一下安定了。

二十四日，后金大举进攻，努尔哈赤知道宁远城不同于一般城池，城墙极高。于是，他命人将一种战车推上战场，有这种车挡在前面，掩护士兵朝城上发起攻击，而不受来自城楼上的弓箭和石头的伤害。这其实是一套很不错的作战计划，只可惜，袁崇焕有比战车更加可怕的武器——大炮。

明朝的火器已经到了十分厉害的程度，而此次战役中使用的，并不是明朝自己建造的，而是从西洋引进的红夷大炮，这种火炮射程远、威力大，袁崇焕将从京城调来的十一门大炮依次列于城墙之上，并派人培训炮手。当后金的军队开到城下时，他们才知道自己面临的是一个怎样恐怖的境地。

伴随着一声声巨响，从天而降的炮弹把后金军队打得四分五裂，什么战车，此时早已被炸成灰烬。

就在红夷大炮发威的时候，袁崇焕却在城中和从朝鲜来的使者交谈甚欢。当第一声炮响时，使者被吓了一跳，而袁崇焕只是笑了笑，说："贼至矣！"（《春坡堂日月录》）说着他打开窗子，让使者看看战况，这个朝鲜人恐怕是第一次如此近距离地面对战争，他的描写很是生动。"地炮大发，自城外遍内外，土石俱扬，火光中见胡人，俱人马腾空，乱堕者无数"，大炮一发，后金的人居然都被震到天上去了，这样的威力，实在是令人胆寒。

当然了，使用大炮就免不了要填充炮弹，而这个空当，袁崇焕也没让敌人歇着，大炮没有了，还有火枪和火药罐。总之，凡是能点着的，能爆炸的，一概往城下扔，直打得努尔哈赤叫苦不迭。

后金一看，强攻是没戏了，干脆改挖墙脚吧，能把城墙挖破，也是可以进城的。这个想法很好，只不过不起作用。在后金军队的努力下，城墙确实被挖出了几个大洞，但是，城就是不塌，为什么？天太冷了，连地基带土壤都被冻住了，怎么凿都不管用。

袁崇焕当然不能眼睁睁看着敌人凿自己的城墙，于是，不知道是谁发明出了一种新式武器，用棉花裹上浸了火油、包了炸药的稻草，朝城下扔去。大炮毕竟因为射程的原因，有些死角是打不到的，而这种新武器就完全解决了这个问题。

努尔哈赤没有捞到任何好处，反而死伤无数，而这个时候，士气明显出现了问题，面对明军的大炮和不知道是什么的武器，后金的士兵们都不愿意再卖命了。无奈之下，努尔哈赤只得下令，暂时停止进攻，待明天再来。

努尔哈赤停止了，停止在了最不该停止的时候。虽然明军的武器很先进，但毕竟人数太少，一天的战斗下来，损伤也是很多的，而袁崇焕是经不起这样的折损的。明日，将是最后的决战。

二十五日，后金再一次发动攻击，而明军自然也是用大炮对付。只不过，一发炮弹出去后，袁崇焕看到后金军队有明显的退去之势。这是怎么了，一发炮弹就把他们打跑了？那昨天怎么没这个效果？袁崇焕怎么也想不明白。

其实道理很简单，因为这一炮，打中了一个重要的人物，具体是谁，史书上没有统一的说法，明朝说打中的是努尔哈赤，但清朝的史书又不承认，谁也没有亲眼见过，所以，姑且认为是一个非常重要的人物，重要到他的受伤，可以让所有的后金军队丧失全部的战斗力。

战斗就这么结束了，以后金的惨败、明军的胜利告终。努尔哈赤非常不甘："帝自二十五岁征伐以来，战无不胜，攻无不克，唯宁远一城不下。"（《清太祖武皇帝实录》）宁远，最终成了他的噩梦。

面对重重包围，袁崇焕显示出了一个将领应有的勇气和责任，誓与宁远共存亡，袁崇焕用行动说明了这不是一句口号，而是一句誓言，一句要用血来铸就的誓言。作为学生，袁崇焕做到了对老师的承诺，他仅凭一己之力，在既无退路也无援军的困境中，守住了宁远，守住了关宁防线。

终于落幕了

桌案上，一盏烛火，孙承宗坐在桌边，仔细地校对着刚刚写好的文字，这是他毕生所学的总结，是他一生心血的结晶。著书立说，本就是读书人留名千古的最好途径。只不过，孙承宗并不想通过几本书来在史书上留下名字，他只希望有人能够重视他的所思所想，只希望一生辛苦不会付诸东流。

马蹄声、喊杀声，已经离他远去，但空气中似乎仍能嗅出丝丝热血的味道。年迈的孙承宗知道，自己这一生，已经不可能再上阵杀敌、保家卫国了。但壮志未酬，心有不甘。

几年前，因为东林党败，孙承宗无奈之下只得上表乞求归里养病，临走前，他将未竟的事业交给了他的学生袁崇焕。他相信，这个人能够忠心为国，直到死去。大明朝收复失地的重任，只有这个人能完成。这话说对了一半，袁崇焕确实一直到死都保持着对大明的忠诚，只不过，他并没有完成光复国土的任务。

关宁防线是坚固的，众多的战斗经验证明，这是一道不能正面冲破的屏障。于是，皇太极采取了一个迂回的方法，取道蒙古，直接进逼北京，史称"己巳之变"。

"己巳之变"造成的后果是十分残酷的，袁崇焕下狱，满桂战死，当年的几大猛将现今已经所剩寥寥。这时，真正的救世者出现了。

孙承宗回来了，在他已经六十七岁高龄时回来了。当年因为魏忠贤，功劳卓著的他无奈之下只能告老还乡，这期间无人问津，寂寞孤独还有无尽的失落是别人无法理解的。如果换成别人，应该会对朝廷怀有怨恨，应该会发誓这辈子再也不为这个伤害了自己的政权效力。但是，孙承宗不是别人，对他来说，保家卫国是责任，是义务，无论是身处庙堂，还是隐居草泽，都应该随时准备为了国家献出一切。

皇帝把孙承宗召回后，给他在原来的官职上加任少师兼太子太师、吏部尚书、中极殿大学士兼兵部尚书。给了你官，就是要你办事的，京城已危难如此，祖大寿因为看到袁崇焕的下场竟率军弃京城而去，这些，你都打算怎么办？

孙承宗自然有办法，他立刻写下一封信，命人交给祖大寿。祖大寿见到当年老领导的信，自然是悉数照办，马上上表说明自己退兵的苦衷，然后又表示要立功赎罪，再加上孙承宗在一边说好话，皇帝竟然没有追究祖大寿的罪过。

事情说开了，孙承宗马上召集祖大寿和马世龙，这两个人手下的部队都是当年的辽东军，有了这些军队，应该可以抵挡皇太极了。

此时的皇太极已经率军退回了关外，但留下了大量的军队驻守滦州、迁安、遵化、永平四个重镇，这对京城来说依然是个巨大的威胁。孙承宗自然不会卧榻之旁容他人鼾睡，他带领着手下的两支强劲的辽东军，朝着这四个镇进军。

此时的孙承宗已经六十八岁了，但皇太极依然没敢轻看这个老人，他派手下的大将阿敏率领部队前去应对。可是，毫无悬念地被孙承宗的大炮给打回来了。没过几天，这四个镇全数被孙承宗收回，消息传回，朝廷内外，一片欢腾。

似乎转机来了，有孙承宗在，胜利的消息就会一直传回来。然而美好的愿望往往会落空，这次也不例外。

孙承宗出关后，立誓重建被高第毁掉的大凌河、右屯二城的城防，巩固关宁防线。他派祖大寿修筑大凌河的城墙。可是，就在祖大寿奋力修墙的时候，皇太极就来了。

后金部队将大凌河团团围住，并且将孙承宗派来的援军全部打溃。最后，祖大寿在城里实在顶不住了，无奈之下，只得开门投降。

大凌河之败，使一直以来的好局势就此止步，孙承宗再次成了众矢之的。这就是他所效力的朝廷、他所保卫的人。没办法，孙承宗再次上疏乞归，皇帝为了安抚局势，批准了他的请求。

呼之即来，挥之即去，这已经不是对一个有功之臣应有的待遇，这是对一个工具的态度。很不幸，孙承宗居然成了一个工具。

自此，辽东这片土地和孙承宗的缘分，尽了。

回到家乡后，孙承宗尽力尝试去过一段安定舒心的日子，"家居七年，中外屡请召用，不报"。（《明史》）只可惜，此时的大明朝，气数将尽，安心的日子，也是过不久了。

崇祯九年（1636年），皇太极建国号为清。

崇祯十一年（1638年）十一月九日，大清军队到达了一个名叫高阳的小城，这本来是个不起眼的小地方，但是，当得知城中所住的人时，清军震惊了。因为此地是孙承宗的故乡，退休在家的他就居住在这里。其实当时的高阳，基本可以看作待宰的羔羊，因为城中既无守军，又无将领，有的，只是一城手无寸铁的百姓。而孙承宗，似乎成了他们唯一的希望。

清军并没有发动攻击，而是派出使者围着城墙大声地呐喊，内容基本是劝降。可没想到，换来的是孙承宗在城墙之上严厉的拒绝。

清军无奈之下发动了攻击，其实何需猛攻，对于这么一个弹丸之地，基本上一轮进攻就可看到成效，但别忘了，此时站在城墙之上的，是孙承宗。

当看到清军到来时，孙承宗没有慌张，他召集起全家上下四十余口，然后找到了所有可以充当武器的用具，带着家人，上了城墙。

这一次，没有援军，没有神助，只能靠孙承宗自己，这个国家亏欠这个老人的实在是太多了，这样一个有功于社稷的人，竟然会蜗居在一个不起眼的县城，周围没有任何的保护。如今，敌人的铁骑就在面前，他居然还要负起保护城池的责任。

当清军看到出现在城墙上的人时，一时之间还有些惊慌，但仔细一看，才发现人群中，竟然掺杂着老弱妇孺，这座城市，似乎倾巢出动了。这仗怎么打，局势很明显，孙承宗不占任何优势，但就是在极端劣势的情况之下，孙承宗依然守城一天。于他来说，于高阳来说，已是不易。

无边的战火映红了天空，也映红了所有人的眼、所有人的心。凡是参战的人都知道，这是一场毫无悬念的战斗，拿起武器的那一刻，也就是签下了献出生命的同意书。不能后退一步，因为已经无路可退，只能向前，再向前。前方，有一个身影，他不高大，甚至有些瘦弱，但这个身影，却给了所有人无边的力量，绝不能让敌人破坏我们的家园，即使战斗到最后一个人，也要把城门牢牢守住。因为他在，他一直都在。在暴力面前，正义虽然会被打败，但永远不会被征服。

第二天，高阳城破，孙承宗被俘，孙氏一家四十余口，尽数殉国，满门忠烈。

面对这个风烛残年的老人，清军表示出了极大的敬意。虽然他构筑的关宁防线把自己的脚步生生挡在了关外几十年，虽然他培养的学生让自己的军队铩羽而归。但这个人，是个奇迹，是个如神一般的存在。在他的身上，有一种东西，是他们这些人所不能理解的，这种东西，叫作气节。于是，又是一轮一轮的劝降，但似乎清军也明白，让这么一个人投降，是这个世界上最不可能发生的事情。

所以，当孙承宗正如预料的那样拒绝后，清军表示理解，并且给了他一个在他们看来极高的待遇——自尽。

崇祯十四年（1641）正月，李自成部复振，攻克洛阳，杀福王朱常洵。

崇祯十五年（1642）二月，李自成部在襄城大败明军。三月、四月，松山等城相继破，洪承畴被俘，降清。五月，李自成部三围开封。

崇祯十七年（1644年）三月十九日，李自成攻陷北京。崇祯皇帝于煤山自缢身亡。

三百多年的光阴流转，究竟是海棠树，还是古槐背负着罪名，后人已不得而知，但大明王朝已随末代君主的魂飞魄散而走到了尽头。

图书在版编目 (CIP) 数据

明朝其实很有趣 / 穆子苏著 . -- 北京 : 中国华侨
出版社，2021.5（2021.9 重印）
ISBN 978-7-5113-8518-5

Ⅰ . ①明… Ⅱ . ①穆… Ⅲ . ①中国历史—明代—通俗
读物 Ⅳ . ① K248.09

中国版本图书馆 CIP 数据核字（2021）第 069160 号

明朝其实很有趣

著　　者：穆子苏
责任编辑：黄　威
封面设计：冬　凡
文字编辑：贾　娟
美术编辑：盛小云
经　　销：新华书店
开　　本：880mm×1230mm　　1/32　　印张：8　　字数：190 千字
印　　刷：三河市新新艺印刷有限公司
版　　次：2021 年 5 月第 1 版　　2021 年 11 月第 4 次印刷
书　　号：ISBN 978-7-5113-8518-5
定　　价：38.00 元

中国华侨出版社　北京市朝阳区西坝河东里 77 号楼底商 5 号　邮编：100028
发 行 部：（010）58815874　　　传　　真：（010）58815857

如果发现印装质量问题，影响阅读，请与印刷厂联系调换。